世界로 나아가는 韓國의 憲法裁判

李東洽 著

Constitutional Justice of the REPUBLIC of KOREA: Reaching Out to the World

傳英社

머 리 말

이 책은 내가 2006년 9월 헌법재판소 재판관으로 취임한 이래 외국의 사법제도를 시찰하면서 느낀 점이나 우리나라의 사법제도, 특히 헌법재판제도 발전에 도움이 될 만한 사항들을 기술한 訪問記 또는 國際會議參席記와 국제회의에서의 發表論文 및 외국 대학 초청강연에서의 講演原稿 등을 모아 한 권의 책으로 엮은 것이다. 처음부터 책 출판을 염두에 두고 방문기 등을 작성했던 것은 아니나, 우연히 국제회의 참석 또는 초청강연 등의 횟수가 많아짐에 따라 소중한 경험을 책으로 엮어 공유하는 것이 어떠냐는 주위의 권유가 있어 출판할 엄두를 내게 된 것이다.

젊은 시절부터 외국의 사법제도를 둘러보는 것에 큰 관심을 가져온 나에게 외국의 사법제도 중에서도 法廷施設이나 辯論慣行 등을 우리의 그것과 비교하여 어떤 점이 다른지, 어떻게 개선 또는 개혁하는 것이 바람직한지 생각해 보는 것은 흥미로운 일이었다. 또한 젊었을 때부터 외국어 공부에 흥미를 가져 지방법원 배석판사 시절에 SDA 영어 학원을 졸업하여 미국 유학을 할 기회를 가질 수 있었고, 지방법원 부장판사 시절에는 일본 문화원 3년 과정을 졸업하여 큰 불편 없이 일본 법학서적을 읽고, 일본 판사들과 교류할 수 있는 일본어 능력을 갖출 수 있었다. 고등법원 부장판사 시절인 2002년경에는 중국 상하이, 수조우 등을 관광하러 갔던 기회에 중국문화의 우수성과 國力의 浮上을 실감하고 중국어 공부를 시작한 이래 7년 정도 되다 보니 부족하나마 중국어로 된 문장을 이해하고, 쉬운 회화는 할 수 있는 정도가 되었다. 외국어를 공부할 당시에는 뚜렷한 목적의식을 가지고 공부한 것은 아니었으나, 이렇게 틈틈이 공부해 둔 외국어가 헌법재판소 재판관이 된 후에 우리의 헌법재판소와 헌법재판제도를 세계 각국에 소개하는 데 큰 도움이 되었다.

본서 중 제 1 장 "23년 만의 워싱턴 방문"은 2008년 12월 첫번째의 해외 사법제도 시찰에 나섰을 때 미국 워싱턴 D.C.에 있는 연방 대법원, 연방 법원행정처, 연방 항소법원, 연방 지방법원 및 죠지타운 로스쿨, 죠지워싱턴 로스쿨 등을 방문하여 그 곳의 변론법정, 선고법정 등을 직접 참관하고 느낀 점이나 관계자들과의 면담 내용을 내가 직접 정리한 것이다. 별지로는 우리나라와 미국의 口頭辯論을 비교하여 작성한 논문과 미국 연방대법원 홍보 DVD의 해설 번역본을 첨부하였다.

제 2 장 "아시아 헌법재판관회의를 다녀와서"는 2009년 9 월에 참석했던 몽골의 울란바타르에서 개최된 제 6 회 아시아 헌법재판관회의의 내용을 당시 수행한 이명웅 전 헌법연구관이 작성하여 법률신문에 기고한 참관기이다. 별지로는 내가 동 회의에서 발표하였던 두 편의 영문논문, "위헌결정의 입법부에 대한 기속력"과 "한국 헌법재판소의 최근 중요 결정례"를 첨부하였다.

제 3 장은 "獨逸 하이델베르그 국제법회의 참석 및 독일 헌법재판소, 체코 헌법재판소 방문기"이다. 나는 독일 건국 60주년 기념행사로서 MaxPlanc Institut와 독일 아데나워 재단이 공동주최하여 하이델베르그에서 열린 월드 컨퍼런스의 아시아 지역 대표로 초청을 받아 2009년 11월 동 회의에 참석하였다. 동 회의의 내용뿐만 아니라, 그 기회에 방문하였던 독일 헌법재판소 방문기를 당시 수행하였던 황문섭 헌법연구관(현재 서울 고등법원 판사)으로 하여금 정리하게 하였다. 또한 체코 헌법재판소 방문기는 내가 직접 기술하였다. 말미에는 독일 헌법재판소의 Mellinghoff 재판관과의 질의응답 내용과 내가 동 회의에서 발표하였던 영문논문 "Constitutional Courts, Human Rights, Democracy and Development, Country Report: Korea"를 2010년 9월 기준으로 판례, 통계 등의 내용을 업데이트하여 첨부하였다.

제 4 장 "日本 최고재판소 방문 및 국제헌법학회 초청강연회 참관기"는 2010년 2월 국제헌법학회 일본지부의 초청을 받아 도쿄 대학에서 열린 초청강연회의 내용과 그 기회에 방문한 일본 최고재판소 방문 내용을 당시 수행한 소은영 헌법연구원을 통하여 정리한 것이다. 그 뒤 도쿄대학에서의 강연내용은 일본의 유명 법률잡지인 「法律時報」 5 월호에 "韓國의 民主主義 發展과 憲法裁判所의 貢獻"이란 제목으로 게재되었는데, 동 잡지에 게재되었던 논문에 2010년 9 월 기준으로 판례, 통계 등의 내용을 업데이트한 일본어 원고 및 그 번역본을 말미에 첨부하였다.

제 5 장은 "프랑스 국사원, 파기원, 최고사법관회의, 유럽인권재판소 및 제네바 UN 인권이사회 방문기"이다. 내가 2010년 6월 두 번째 사법제도 시찰국으로 프랑스, 스위스 등을 선택한 것은 2008년 프랑스 헌법개정으로 프랑스 헌법위원회가 事前的, 抽象的 규범통제뿐만 아니라 事後的, 具體的 규범통제를 할 수 있도록 제도가 변경되었는데, 이를 확인하는 것이 주된 이유였다. 당시 수행한 박해빈 헌법연구관으로 하여금 파기원, 국사원 및 최고사법관회의 방문 내용을 정리하게 하였고, 유럽인권재판소 및 UN 인권이사회 방문 내용은 내가 직접 기술하였다. 말미에는 나와 프랑스 파기원 대법관 Lacabarats 및 국사원 판사 T. Olson과의 면담내용 요지를 첨부하였다.

제 6 장 "인도네시아에서의 아시아 헌법재판관회의 등 참관기 및 싱가포르 대법원 방문기"는 2010년 7월 인도네시아 자카르타에서 개최된 제 7 차 아시아 헌법재판관 회의 및 아시아 헌법재판소연합 창립 준비위원회 최종회의의 내용을 당시 수행한 예승연 헌법연구원으로 하여금 정리하게 한 것이고, 싱가포르 대법원 방문부분은 내가 직접 기술한 것이다. 말미에는 내가 동 회의에서 발표하였던 영문원고 "한국의 선거제도"와 "아시아 헌법재판소연합 창립 준비위원회 활동보고서"를 첨부하였다.

제 7 장 "中國 人民大學 法學院 特講 및 中國 最高人民法院, 全國人民代表大會 常務委員會 방문기"는 2010년 10월 중국 인민대학 법학원의 초청을 받아 동 법학원에서 발표한 특강의 내용과 아시아 헌법재판소연합 출범에 대하여 중국 측에 알리고 참여를 독려하기 위하여 방문한 최고인민법원과 전국인민대표대회 상무위원회에서의 면담내용을 직접 기술한 것이다. 말미에는 인민대학 특강에서 발표한 중국어 강연원고와 그 번역본 및 중앙일보 베이징 특파원 장세정 기자가 쓴 "곁에서 지켜본 이동흡 헌재 재판관의 중국 특강"을 첨부하였다.

대한민국의 건국 이래 우리나라의 사법제도는 꾸준히 발전하여 이제는 선진국들과 비교하더라도 상당한 수준에 이르렀다는 평가를 받고 있다. 특히 헌법재판소 제도는 22년간의 길지 않은 역사를 가졌음에도 성공적인 정착을 하였다고 세계적으로 평가받고 있을 뿐만 아니라, 아시아 지역에서는 가장 활발하고 성공적인 헌법재판을 하고 있는 국가로서 아시아 헌법재판소연합이라는 국제기구를 창설하는 데 선도적인 역할을 하고 있다. 그래서 이 책의 제목도 「世界로 나아가는 韓國의 憲法裁判」이라고 붙이기로 하였다.

이 책의 출판을 나의 헌법재판관 임기가 종료하는 시점에 하는 것도 고려해 보았으나 時宜에 뒤떨어진 출판은 그 가치를 半減시킬 수도 있다고 생각하여 재임중이나마 출판을 서두르게 되었다. 이 책은 내가 헌법재판소 재판관으로 임명된 후 외국에서의 강연 내용, 기관 방문시의 면담 내용 등을 정리한 것이기는 하나, 한국의 헌법재판제도를 소개하는 내용은 영어뿐만 아니라 일본어, 중국어로도 정리되어 있어 외국에 우리나라의 헌법재판제도를 소개하는 책으로도 이용될 수 있을 것으로 생각된다. 이 책의 출판이 우리나라의 사법제도, 특히 헌법재판제도가 선진국 수준에 이르고, 아시아뿐만 아니라 세계를 선도하는 그 날이 오는 데 조금이라도 보탬이 되었으면 하는 바람이 간절하다.

끝으로 나를 초청하여 외국에서 한국의 헌법재판제도에 관하여 소개할 기회를 제공하셨던 일본 도호쿠(東北) 대학의 츠지무라(辻村) 교수님, 중국 인민대학 법학원 한따위엔(韓大元) 원장님과 독일의 MaxPlanc Institut에 감사드리고, 내가 사법제도 시찰, 국제회의 참석 또는 외국대학 강연을 갔을 때 미국, 독일, 몽골, 일본, 프랑스, 제네바, 싱가포르, 인도네시아 및 중국 주재 한국 대사관의 대사, 공사 또는 법무협력관, 사법협력관 등 여러 분들이 성심껏 도와 주신 데 대하여 감사드린다. 한편 이 책의 출판을 하는 데 여러 가지 조언을 아끼지 아니한 헌법재판소의 헌법연구관들, 특히 전병관 부장연구관, 노희범 공보관, 박해빈 연구관, 황문섭 전 연구관, 조혜수 연구관, 천재현 연구관, 박세영 연구관, 소은영 연구원, 예승연 연구원 등과 흔쾌히 출판을 맡아 주신 박영사 안종만 회장님과 출판섭외를 위해 수고해 주신 박노일 부장께도 감사드린다.

2010년 12월

헌법재판소 재판관

李 東 洽

Abstract

This book is a compilation of reports on visits to foreign legal institutions and participation in international conferences, containing my impressions that I had during the visits and conferences and suggestions that would be meaningful for the development of our judicial system, especially for the constitutional adjudication system; conference papers presented at international conferences; and scripts of invited lectures delivered at foreign universities, since I took office as Justice of the Constitutional Court of Korea in September 2006. Initially, I did not have any special plan in mind to publish the reports and papers when I first drafted them. With increased experience of participating in international conferences or delivering invited lectures, however, many people encouraged me to publish a book to share all the precious experience I had, which eventually leads to the publication of this book.

Chapter 1 of this book, "Back to Washington D.C. in 23 Years," written by myself, is about my first official visit to foreign legal institutions in December 2008. This chapter includes my impression during the visit to the U.S. Supreme Court, the Administrative Office of the U.S. Courts, the U.S. Courts of Appeals, the U.S. District Courts, Georgetown University Law Center, and George Washington University Law School in Washington D.C., where I attended the oral arguments and the announcement of decisions, and the records of meetings with officials and Justices. The attached are a paper that compares the oral arguments between Korea and the U.S., and the translation of the DVD introducing the U.S. Supreme Court.

Chapter 2, titled "Participating in the Conference of Asian Constitutional Court Judges," is about my participation in the 6th Conference of Asian Constitutional Court Judges held in Ulaanbaatar, Mongolia in September 2009. This report was written by the former Constitution Officer, Mr. Myeong-woong Lee who accompanied me, and reported on the Korea Law Times. The attached are two English papers presented by me at the Conference under the title of "Binding Effect of the Decision of Unconstitutionality on the Legislature" and "Recent Important Decisions of the Constitutional Court of Korea."

Chapter 3 is about the "Reports on the Participation in the Conference on International Law held in Heidelberg, Germany and the Visits to the Federal Constitutional Court of Germany and the Constitutional Court of the Czech Republic." I was invited as a regional representative of Asia to the Conference which was jointly hosted by Max-Planc Institute and Konrad-Adenauer-Stiftung in celebration of the 60th anniversary of the foundation of Germany in November 2009 and on the occasion, I also visited the Federal Constitutional Court of Germany. The report on the participation in the Conference and the visit to the Federal Constitutional Court of Germany was prepared by former Constitution Officer, Mr. Moon-seob Hwang who accompanied me. And the report on the visit to the Constitutional Court of the Czech Republic was written by myself. At the end of this chapter, I attached the record of meeting including Q&A session with Justice Mellinghoff of the Federal Constitutional Court of Germany and the conference paper presented at the Conference, titled "Constitutional Courts, Human Rights, Democracy and Development, Country Report: Korea," along with the updates of recent decisions and statistics as of September 2010.

Chapter 4, "Report on the Visit to the Supreme Court of Japan and the Participation in the International Association of Constitutional Law as Invited Lecturer" consists of the special lecture at Tokyo University, delivered at the invitation of the Japanese branch of the International Association of Constitutional Law, and the visit to the Supreme Court of Japan. The report was prepared by Constitution Researcher, Ms. Eun-young Soh who accompanied me. Honorably, the script of the lecture at Tokyo University was later published by the May issue of '*Horitsu Jiho*(Legal Times),' one of the most prestigious law journals in Japan, under the title of "Development of Democracy in Korea and Contribution of the Constitutional Court of Korea." The attached at the end are the updated version of the paper published by the Japanese law journal, reflecting changes in cases and statistics as of September 2010, and its translation.

Chapter 5 is about the "Reports on the Visit to the Council of State, the Court of Cassation and the Superior Council of the

Magistracy of France, the European Court of Human Rights, and the UN Human Rights Council in Geneva." I visited France and Switzerland in June 2010 as my second choice of official visit to foreign legal institutions to increase my understandings towards the backgrounds of the amendment to the French Constitution in 2008 that grants the Constitutional Council the authority to conduct *ex post* and concrete review of statute as well as *ex ante* and abstract review of statute. Constitution Officer, Mr. Hae-bin Park who accompanied me at the visit to France prepared for the report on the visit to the Council of State, the Court of Cassation and the Superior Council of the Magistracy, while I wrote the report on the visit to the European Court of Human Rights and the UN Human Rights Council in Geneva. The attachment at the end is summary of the records of meetings with Justice Lacabarats of the Court of Cassation and Judge T. Olson of the Council of State.

Chapter 6, under the title of "Reports on the Participation in the Conference of Asian Constitutional Court Judges, etc., Held in Indonesia and the Visit to the Singapore Supreme Court," contains the report on the 7th Conference of Asian Constitutional Court Judges and the Final Preparatory Meeting for the Establishment of the Association of Asian Constitutional Courts and Equivalent Institutions held in Jakarta, Indonesia in July 2010, prepared by Constitution Researcher, Ms. Seung-yeon Ye who accompanied me at the visit to Indonesia. And the report on the visit to the Singapore Supreme Court was written by myself. At the end of this Chapter, English translation of the paper named

"Election System in Korea－Concepts and Cases－" that I presented for the Conference and the report on the Preparatory Committee's Activities for the Establishment of the Association of Asian Constitutional Courts and Equivalent Institutions are attached.

Chapter 7 contains the "Report on the Visit to Renmin University of China Law School, the Supreme People's Court of China and the Standing Committee of the National People's Conference in China." In this report, I wrote about the invited special lecture I delivered at Renmin University of China Law School in October 2010 and the interview and discussion I had at the Supreme People's Court of China and the Standing Committee of the National People's Conference of China when I visited the institutions to introduce the launch of the Association of Asian Constitutional Courts and encourage China's participation. Attached at the end of this Chapter are the script of the special lecture in both Chinese and Korean and JoongAng Daily's Beijing correspondent Chang Se－jung's contributed article entitled "Personal Observations on a Lecture by Justice Lee, Dong－Heub in China."

Since the foundation of the Republic of Korea, the judicial system of the country has steadily developed and is currently perceived as almost comparable to those of developed countries. Although the history of the independent constitutional court is not very long, the institution is commended as a successfully established system throughout the world. Moreover, as a country having the most active and successful constitutional adjudication in Asia, the Republic of Korea is playing a leading role in establishing an international organization named "Association of Asian Constitutional Courts and Equivalent Institutions." It is in this context that this book is entitled, "Constitutional Justice of the Republic of Korea: Reaching Out to the World."

I considered publishing this book at the end of my tenure as Justice, but the concern that an untimely publication may reduce its value made me hasten the work. This volume is basically a record of my lectures, meetings with officials and other similar occasions in other countries after being appointed to my current post, but the overview of the constitutional adjudication system of Korea written in Japanese and Chinese as well as English could also serve as a material to introduce the Korean constitutional adjudication system to the world. It is my earnest and humble hope that this publication could help the Korean judicial system, specifically the constitutional adjudication system, grow to rival those of the advanced countries and lead the world as well as Asia.

목 차

제 5 장 프랑스 국사원, 파기원, 최고사법관회의, 유럽인권재판소 및 제네바 UN 인권이사회 방문기

제 7 장 中國 人民大學 法學院 特講 및 中國 最高人民法院, 全國人民代表大會 常務委員會 방문기

제 1 장

23년 만의 워싱턴 방문

제 1. 들어가며

헌법재판관에 임명되고 나서 첫번째의 해외시찰의 기회가 다가왔다. 세계의 여러 나라 중 아직 가보지 않은 나라를 방문할까도 생각해 보았으나, 역시 헌법재판의 메카인 미국 워싱턴 D.C.를 방문하기로 결정하였다. 워싱턴은 내가 단독판사 시절 유학하였던 죠지타운 로스쿨도 있고, 마침 외교관인 둘째 딸이 죠지워싱턴 로스쿨에 연수중에 있어 여러 가지로 도움을 받을 수 있어 이점이 많을 것으로 생각되었다. 한편 워싱턴에는 대법원에서 파견된 강한승 판사가 사법협력관으로서 주미 한국 대사관에 근무하고 있어서 연락을 취하기에도 편리하였다.

방문할 곳은 미국 연방 대법원과 연방 항소법원, 그리고 죠지타운 로스쿨, 죠지워싱턴 로스쿨로 정하였다. 대법원의 경우 구두변론법정과 선고법정은 일정이 잡혔으나 케네디 대법관과의 면담일정은 끝내 성사되지 아니하여 대법원장 대리인(Counselor to Chief-Justice)인 Jeffrey P. Minear와 면담일정을 잡았다. 모교인 죠지타운 로스쿨에서는 Dean과의 면담, 교수들 및 동창회 당직자들과의 오찬, 한국 유학생들과의 리셉션 등 다양한 일정을 잡아 주었고, 죠지워싱턴 로스쿨에서는 비교헌법 과목 담당교수와의 면담일정을 잡았다. 아무튼 이번 방미의 목적은 우리 헌법재판소의 활약상을 연방 대법원과 법률학계에 알리고, 연방 대법원과 우리 재판소의 구두변론과 선고법정 등에 있어서의 차이점 등을 확인하는 것으로 잡았다.

제 2. 주미 공사와의 만찬(12월 9일, 화요일)

도착한 첫날에는 주미 한국대사관의 김규현 공사가 만찬에 초대해 주었다. 김 공사는 목영준 재판관과 고교 동기동창으로서 오전에 공항에 마중까지 나오시고, 만찬에는 우리 부부 외에도 대사관에 파견근무중인 강한승 판사 부부와 정상환 부장검사도 초대하였다. 딸

〈워싱턴 근교에 있는 유명 중국집에서 김규현 주미공사와 만찬을 하는 도중에 기념촬영〉

주원이는 학교 시험이 끝나지 않아 참석하지 못하였다. 만찬 장소는 유명한 차이니즈 레스토랑이었다. 부시 대통령, 아버지 부시 등 미국의 유명인사뿐만 아니라 우리나라의 대통령 영부인, 전직 국무총리 등의 사진들이 벽면 가득히 붙어 있었다. 재미있는 것은 현직에서 물러나면 사진이 걸리는 장소가 차츰 밀린다는 것이었다.

김 공사는 여러 차례 미국에 근무한 경력이 있는 미국통으로서 여러 가지 유익한 대화를 나눌 수 있었는데, 그 중에서도 인상적인 것은 이번에 내가 방미하여 미국의 사법부 요인들과 교류를 하는 것처럼 각 분야의 전문가가 외국의 전문가들과 공식 교류를 하는 것이 전문 외교관들의 외교에도 큰 도움이 된다는 것이었다.

제 3. 연방 대법원 방문(12월 10일, 수요일)

연방 대법원 옆에 있는 국회 의사당 앞은 오바마 신임 대통령 취임식장 마련 공사로 매우 분주한 모습이었다. 내년 1월에 취임식이 열리는데 취임식장 공사는 대통령 선거가 있기 전부터 시작되었다 한다. 대사관에서 마련해 준 자동차로 연방 대법원청사로 들어가는 데도 보안 검색은 엄중하였다. 군인이 폭약 탐지견을 데리고 철저히 냄새를 맡게 한 다음 지하 주차장으로 들어가게 해주었다. 주차장에 내리니까 미모의 여직원 두 사람이 기다리고 있다가 우리 일행을 안내해 주었다. 먼저 marshal 사무실에 들러 가방, 핸드폰, 사진기 등을 맡기고 대법정으로 안내되었는데, 우리 자리는 일반 방청석 중에는 제일 앞자리를 확보해 두었다. 젊은 여직원 한 명은 구두변론이 진행되는 2시간 동안 내내 옆자리에 앉아 질문에 답변해 주는 등 친절하게 배려해 주었다. 내가 23년 전 유학 시에 헌법교수의 주선으로 나 혼자 구두변론을 방청했을 때와는 여러 가지 차이가 있어 감회가 새로웠다.

정각 10시가 되니까 9인의 대법관이 3개 문으로 나누어 입장하였다. 우리와 다른 점은 재판관이 입장해서 바로 좌석에 앉는 것이 아니라 marshal이 일정 문구를 낭독하는 동안 잠시 방청객과 같이 기립해 있다가 재판관들이 먼저 앉고 방청객들이 앉는 것이었다. 우리의 법정입장 관행도 재판관이 입장하여 입장한 순서대로 바로 엉거주춤 의자에 앉을 것이 아니라 재판관 전원이 좌석 앞에 잠시 섰다가 다 같이 착석하는 것이 좀더 모양이 좋지 않을까 생각되었다.

구두변론을 시작하기에 앞서 연방 대법원에서 변론할 수 있는 자격을 인정하고 그 선서를 받는 의식이 있었다. Roberts 대법원장이 호명을 하니까 기성회원인 변호사가 진술대(lecturn) 앞에 나가고, 그가 추천하는 주에서 올라온 신입회원인 변호사들은 좌측에 있는 counselor 좌석에서 일어나니까 대법원장이 신청을 허가한다고 선언하고, 마지막에 추천 변호사 및 신입회원 변호사들이 모두 자리에서 일어나 clerk의 주재 하에 선서의식을 거행하였다. 특이한 것은 법대의 정면에 20여 석의 counselor석이 있어 연방대법원 변호사회 회원인 변호사는 자신의 사건이 아닌 경우에도 대법원 법정에 출석하여 구두변론을 방청한다는 것이었다. 그만큼 미국 변호사들은 연방 대법원 대법정에서 구두변론을 해보는 것을 변호사로서 최고의 꿈으로 생각하고, 일류 변호사들이 구두변론하는 것을 직접 보고 배우는 것이 아닌가 생각되었다.

10분 정도의 선서의식에 뒤이어 바로 첫째 사건의 구두변론이 시작되었다. 첫번째 사건(JOHN D ASHCROFT, FORMER ATTORNEY GENERAL, ET AL. v JAVAID IQBAL, ET AL.)은 9.11 테러 직후에 FBI와 미 법무성이 추가 테러리스트 활동을 방지하고 테러공격 혐의자의 신원확인을 위하여 방대한 조사를 시작하였는데, 그 때 억류되었던 파키스탄인 Javaid Iqbal이 전직 법무장관, FBI 국장 등 전직 고위 공직자를 상대로 위헌적 억류를 이유로 소송을 낸 사건이었다. 쟁점은 고위 공직자가 소위 위헌적 억류 정책을 이유로 소송을 당할 수 있느냐, 다시 말해 공적 자격에서 한 행위가 소송에서 면책(qualified immunity)이 되느냐 하는 문제였다.

재판장인 대법원장이 호명을 하니까 신청인(petitioner) 측 대리인인 법무성 송무차관(Solicitor General)이 진술대(lecturn) 앞으로 나아가 변론을 시작하였다. 그런데 20여 년 전에 내가 유학 시 구두변론을 방청했을 때와는 달리 청구인 측 대리인이 진술한 지 채 5분이 지나지 않았을 때 Ginsburg 재판관을 시작으로 재판관들로부터 무작위적으로 질문이 쏟아졌고, 당사자의 변론이란 자신의 주장을 구두로 진술한다기보다 재판관의 질문에 답하는 형식으로 이루어졌다. 우리 현재의 관행과 차이가 있는 것은 답변이 끝나지도 않았는데 다른 재판관이 질문을 한다든지, 한 재판관이 여러 차례 반복해서 질문을 하고, 대법원장도 마지막에 질문을 하는 것이 아니라 다른 재판관과 마찬가지로 중간에 질문을 하는 것 등이 눈에 띄었다. 어떤 경우는 재판관들끼리의 질문이 동시에 중복되어 아슬 아슬한 장면이 연출되기도 하였다. 그런데 신청인 대리인은 자신에게 배정된 30분을 한꺼번에 다 사용하지 아니하고, 그 중 5분은 반론시간(rebuttal time)으로 남겨 두었다가 상대방(Respondent) 측 변호사의 변론이 끝난 후에 다시 진술대에 나와 구두 변론을 하고 재판관의 질문에 답하는 것이 특이하였다.

상대방 측 변호사는 30분 동안 앞서와 같이 거의 대부분의 시간을 재판관의 질문에 답하는 형식으로 구두변론이 진행되었다. 그런데 상대방 측 대리인에게는 청구인 측과는 달리 그 중 5분을 남겨 두어 나중에 사용하는 것이 허용되지 않는다고 하였는데, 그 이유는 상대방 측은 신청인 측 변론을 듣고 난 후에 변론을 하므로 신청인 측 변론에 대응하여 진술할 기회가 있으므로 그러한 기회가 없는 신청인 측에 부여하는 반론을 위한 reserve 제도가 필요하지 않다는 것이었다.

두 번째 사건(AT&T CORPORATION v NOREEN HULTEEN, ET AL.)의 구두심리가 연이어 열렸다. 두 번째 사건의 개요는 임신차별법(Pregnancy Discrimination Act)이 발효된 1979년 전에 AT&T 회사

는 근로자의 다른 일시적 장애휴가는 복무기간으로 산입하는 데 반해, 여성 근로자의 임신휴가기간을 복무기간에 산입하지 않았는데 사건의 주요쟁점은 타이밍 문제였다. 즉 종업원의 임신휴가는 PDA가 발효되기 전인 1968년과 1976년에 이루어졌지만, AT&T 회사의 임신휴가기간을 복무기간에 산입하지 아니한 연금급여 계산은 법 발효 이후인 1994년에 이루어진 경우 회사가 PDA 법을 위반한 것으로 볼 것이냐의 문제였다.

변론이 진행되는 형태는 거의 첫번째 사건과 대동소이하였으나, 이 사건에서의 특징은 신청인 측 이해관계인(amicus curiae)으로서 미국 법무성 법무차관(Assistant Attorney General)이 나와 이해관계인 진술을 하였는데 그 진술시간은 신청인 측인 AT&T 회사 대리인에 배정된 30분 중에서 10분을 할애하여 배정하였고, 따라서 신청인 측 대리인은 20분밖에 사용하지 못하는 것이었다. 그런데 진술대에는 2개의 작은 램프가 있는데 흰 불이 들어오면 제한시간 중 5분이 남았다는 표시이고, 빨간불이 들어오면 할당된 시간을 넘겼다는 뜻이라고 했다. 23년 전에 볼 때는 커다란 경광등이 marshal 석에서 빙글 빙글 돌아갔었는데, 그 동안 바뀐 것 같았다. 그런데 우리와 차이가 나는 부분은 미국에서는 대법원에서 구두변론이 있는 사건에 대하여 사전에 사건의 개요와 쟁점사항 등을 정리하여 인터넷에 올린다는 것이고, 변호사회에서도 Preview of US Supreme Court Cases라고 하여 이슈, 사실관계, 사건분석 등의 항목으로 자세히 정리된 소논문을 발행하는 것이었다. 안내직원 ms Griffin도 변호사회에서 발행한 문건을 나에게 참고하라고 주었다. 우리나라는 전혀 그런 서비스를 못하고 있는데, 미국의 예를 참고삼아 구두변론 사건의 개요와 쟁점 등이라도 사전에 헌재에서 외부로 공표하는 것이 좋지

않을까 생각되었다.[1)]

구내식당에서 점심식사를 마친 후 1시 경에 대법원 curator 사무실에서 직원이 나와 우리 일행을 위한 청사안내를 1시간 정도에 걸쳐 상세하게 해주었다. 먼저 대법정으로 다시 들어가 좌석배치, 천장의 부조조각 등에 대하여 자세히 전문적 식견을 가지고 설명해 주었다. 법대의 재판장 석 바로 앞에는 진술대(lecturn)가 놓여 있었는데 높이 조절도 가능하다고 하였다. 그런데 우리 헌재의 경우에는 진술대가 청구인 측과 상대방 측 2개가 따로 있는데, 하나를 재판장석 정면에 두고 양쪽에서 사용하게 하는 것이 더 좋지 않을까 생각되었다. 법대 바로 앞 우측에는 재판관들의 초청자를 위한 장의자가 옆쪽을 향해 9개 마련되어 있었는데 재미있는 것은 남성 재판관의 경우는 예컨대 ms Breiyer라고 명찰이 붙어 있는 데 반해, 여성 재판관의 경우는 예컨대 mr Ginsburg라고 명찰이 붙어 있었다. 주로 재판관의 배우자가 방청하는 경우가 많으므로 재판관의 배우자 석으로 표시한 것이라고 했다. 우리나라도 앞으로 중요사건의 경우 재판관의 배우자나 특별손님을 구두변론 법정에 초청하는 것을 고려해 볼 만하다는 생각이 들었다. 특별손님 석 앞줄에는 검은색의 팔걸이 의자가 여러 개 놓여 있었는데, 거기에는 판례편찬 책임자(Reporter of Decision), 도서관장, Curator 외에 대법원 행정최고 책임자 등이 앉는다고 하였다. 오전의 구두변론에도 오늘 내가 면담하기로 약속되어 있는 대법원장 대리인 Jeffrey Minear도 앉아 있다고 안내원이 설명해 주었었다. 특별손님 석 뒤에는 law-clerk이 앉는 의자가 마

1) 필자는 법원의 재판장 시절부터 구두변론의 형태에 관하여 관심을 가지고 있었는데, 헌재 재판관이 되어 헌재의 구두변론을 보고 우리나라의 구두변론과 미국의 그것을 비교하여 우리가 나아가야 할 바를 생각한 논문을 작성한 바가 있다. 그 논문을 [별지 1]로 첨부하기로 한다.

련되어 있었고, 반대편인 왼쪽 끝에는 역시 옆쪽을 향해 기자석으로 몇 줄의 장의자가 마련되어 있었다. 우리 현재 대법정은 방청석 제일 앞줄에 따로 기자석을 정면으로 배치해 둔 것과는 차이가 있었다.

대법정 천장에는 다양한 중세풍의 문양이 조각되어 있었고, 천장의 벽면에는 사방으로 인물상이 조각되어 있었는데, 두 면은 전설 속에 나오는 법관련 인물을 부조로 조각해 놓은 것이고, 나머지 두 면에는 인류 역사에 등장하는 실제 인물을 천사들과 같이 조각해 놓은 것이라고 설명하였다. 그런데 재미있는 것은 공자, 마호메드, 모세, 함무라비 등은 조각되어 있었는데, 왜 부처님은 없느냐고 했더니 자기도 잘 모르겠다고 했다. 부처님은 인류의 법에 관해서 특별히 기여한 바가 없다고 생각해서 조각에서 빠트린 것일까?

다음으로는 2층에 있는 conference room으로 안내되었다. 큰 방이 복도를 사이에 두고 대칭으로 2개 있었는데, 방의 벽면에는 역대 대법원장의 대형 초상화들이 가득 장식되어 있었다. 얼마 전 작고한 Rehnquist를 위시하여 Burger, Warren, Huber, Taft 대법원장 등이 눈에 띄었다. 안내직원은 그 중에서도 Taft 대법원장에 대해서는 칭찬이 대단하였다. 그는 대통령을 역임한 다음에 대법원장 취임을 강력히 희망하여 차기 대통령의 임명을 받아 당시로서는 거액의 예산을 의회로부터 배정받아 현 대법원 청사를 준공하였고, certiorari 제도 등 현재의 대법원 재판관행의 골격을 완성하였다는 것이다. 그런데 막상 본인은 청사준공을 보지 못하고 세상을 떠났다고 아쉬워하였다.

뒤이어서 대법원 도서관으로 안내하여 나무조각이 가득한 벽면 등을 보여 주었고, Lawclerk이나 변호사 등이 주로 이용한다고 하였다. 한편 로비에 진열되어 있는 작고한 재판관들의 흉상을 보여 주면서 Rehnquist의 흉상은 아직 제작중이라고 하고, 이제 로비 전면에는 흉상을 둘 여유 공간이 없다고 하였다. 마지막으로 국선변호사 제도를 도입케 한 장본인이 Gideon의 옥중에서 쓴 육필 편지와 최초의 국선변호인이 된 변호사의 사진 등이 진열된 진열대를 보여 주었다. 그 변호인은 후에 대법원 재판관을 역임하였다고 덧붙였다.

2시 경에 2층에 있는 한 방으로 안내되었다. 곧바로 오전에 법정에서 보았던 mr. Minear가 한 손에 작은 책자 뭉치를 들고 들어왔다. 인사를 나눈 다음 그 방이 Solistor General이 구두변론이 있는 날 준비하고 기다리는 방이라고 소개하였다. 테이블에 마주 앉은 다음 재판관께서 사전에 여러 가지 질문사항을 보냈지만, 자신이 자연

〈미국 연방 대법원 청사를 안내해 준 Curator와 함께 역대 대법원장의 초상화가 걸려 있는 대회의실에서(우측은 워싱턴 주재관인 강한승 부장판사, 좌측은 유학중인 딸 주원이). 이 방에서 대법원장이 전국에 있는 연방법원 판사들을 초청하여 리셉션을 연다고 설명하였다〉

스럽게 대법원의 심리절차, 선고방법, 연구관 운영 등에 관하여 설명하겠다고 하였다. 들고 온 작은 책자뭉치는 실제 사건의 신청서, 준비서면, 의견서 등이라면서 각 해당 부분을 설명할 때 우리에게 보여주고 나중에 그 전체 서류를 기념으로 나에게 준다고 하였다. mr. Minear는 다양한 법조경력을 가진 변호사이고, 특히 Roberts 대법원장에 의해서 대법원장 대리인 직에 임명되기 전까지 법무성에서 20여 년간 Assistant Solicitor General로서 근무하면서 대법원 구두변론 경력만 56회 기록을 가지고 있다고 하였다. 그가 설명한 내용과 뒤이어 내가 질문한 내용을 종합하여 정리해 보면 아래와 같다.

“Ⅰ. 우선 재판관님께서 궁금해 하시는 저희 대법원의 심리 절차에 대하여 잠시 설명을 드린다면, 대법원의 재판 관할권은 Review 성격의 제한적인 것입니다. 대부분 다음과 같은 절차로서 대법원에서 해당 사건을 받아들일지의(hear or not to hear) 여부를 판단합니다. 여러분의 이해를 돕고자 오늘 아침 재판관께서 참관하신 case는 아니지만, 전반적인 흐름 이해에 도움이 될 수 있는 실제 사례의 문서를 준비하여 왔습니다.

Ⅱ. 미국 대법원의 Review 심사 절차

1) Review 결정을 위한 최초 해당 문서들

1. 흰색 문서: 신청인(Petitioner)이 작성하는 문서로 대법원에 사건에 대한 Review를 요청하는 내용의 문서입니다.

2. 오렌지색 문서: 응답자(Respondent)가 작성하는 위 흰색 문서의 답변 문서입니다.

3. 회색(Grey) 문서: 만약 대법관님들이 위의 두 가지의 문서로 사건을 받아들여야 하는지의 판단이 어렵다고 판단한다면 연방

정부 변호사에게 정부의 의견(Federal Government Opinion)을 물으며, 그에 대한 정부의 답변 문서입니다. 참고로 정부에서 제출하는 모든 의견서는 회색 커버로 된 문서입니다. 이와 같이 대법원의 모든 문서들의 각 성격상 고유의 색깔 커버를 사용하도록 되어 있습니다.

4. 그 외 다른 사건 이해관계자들의 사건관련 제출 문서들

2) 각 대법관님들과는 4명의 Law Clerk들이 배정되며, 이들 Law Clerk들에게 random으로 사건이 배정되어 memorandum을 작성하게 합니다. 작성된 memo는 모든 대법관들에게 보고가 됩니다.

3) 위의 문서들과 memorandum을 검토 후 Conference를 통하여 사건의 대법원 심리 수락 또는 거부 여부를 결정합니다.

4) 대법원의 Review가 허락된 경우의 제출 문서

5. 파란색 문서: 신청인의 사건 준비서면(Brief)

6. 빨간색 문서: 응답자의 사건 준비서면(Brief)

7. 노란색 문서: 신청인의 답변 문서

8. 회색 문서: 정부 의견 문서

9. 초록색 문서: Amicus Curiae Brief

10. Joint Appendix Summary: 해당 사건의 핵심을 Clerk이 정리한 가장 중요한 문건으로, 실제 구두변론 시 변호인단이 가장 많이 참조하는 문건

Ⅲ. 연방 대법원 변호인단 자격 및 Oral Argument

1) 참고로 저희 대법원에서는 대법원에서 허락한 변호인단 외에 다른 전문가들의 증언 및 발표는 이루어지지 않습니다. 모든 Fact 및 증언은 이미 아래의 하급 법원에서 이루어지며, 대법원에서는 변호인단이 제출한 문서에 근거하여 법률적인 사항(Legal as-

pect)만 판단합니다.

1. 연방 대법원에서는 사전에 대법원이 허락한 대법원 변호인들만(Supreme Court Bar Member) 활동할 수 있으며, 다음과 같은 조건을 충족하여야 합니다.

1.1. 소속된 주(State) 대법원에서 최소 3년의 경력

1.1.1 변호인단의 자질 및 도덕성에 대한 심사는 주(State)가 관할함.

1.2. 소속된 주의 현 연방 대법원 변호인단 2 명의 추천

2. 위의 조건이 충족되는 주 변호사들은 누구나 연방 대법원 변호인단에 가입할 자격이 있습니다. 하지만 실제로 연방 대법원에 법정에 서서 활동하게 되는 경우는 극히 소수입니다.

2) Oral Argument

1. 대법원에서 받아들인 대부분의 사건들은 Oral Argument 형식으로 진행됩니다.

2. 이미 제출된 문서들을 통해 대법관들이 사건에 대한 이해가 충분하기에 최근에는 바로 대법관들의 질문으로 진행됩니다(Justice Scallia의 적극적인 질문 성향에서 비롯되어 다른 대법관들에게도 영향을 미쳤다고 생각합니다).

3. 이 때 대법관들은 주로 변호인단에게 질문을 하지만, 대법관들 서로가 질문을 하기도 합니다. 그 이유는 절차상 사건의 수락 여부를 결정하는 Conference에서 Hearing까지는 약 1달이 소요되며, 그 기간 사이에는 대법관님들이 서로 해당 사건에 대한 논의가 거의 이루어지지 않다가 실제 Hearing에서 다시 처음으로 사건에 대한 논의가 이루어지기 때문이라고 생각합니다.

Ⅳ. Conference(금요일 이루어짐)

1) Conference에서 결정되는 사항은 대부분 다음과 같습니다.

1. 대법원에서의 Review가 수락 또는 거부된 사건 결정

1.1. 금요일에 모이는 Conference에서는 위의 Ⅱ. 1) 1. 내지 4.의 문서들을 근거로 대법원에서 사건을 받아들일지의 여부를 판단합니다.

1.2. Chief-Justice부터 Seniority 순서로 해당 사건을 받아들일지 거부할지의 잠정적 의사를 표명합니다. 이 때 대법관님들 9분 모두가 Seniority 순서대로 의사를 표명하도록 되어 있으며, 모든 분들의 의견 표명 후 자율적인 토론 및 의견을 주고받는 시간을 가집니다. 재판관은 한 번 발언하면 다른 재판관의 발언이 한 차례 마쳐진 후가 아니면 재차 발언할 수 없는 것이 관행입니다.

2. 대법원의 Opinion 작성자 선정

2.1. Opinion의 작성은 대다수의 의견 또는 그 반대의견 중 가장 Senior인 대법관님이 지정하는 대법관께서 작성하도록 되어 있습니다.

2) 대법관의 Opinion 작성 방법

1. Opinion이 작성이 되면 그 문서가 다른 대법관님들 모두에게 전달이 되며, 그 후 (대부분 서면 상으로) 계속적인 대법관님들 사이의 조정과 의견 나눔을 통하여 최종 Opinion이 준비됩니다.

2. 이 과정을 통하여 종종 대법관님들은 처음 Conference에서 표명한 자신의 의견을 바꾸는 경우도 종종 있습니다.

V. 월요일에 있는 Non-Argument Session

1) Review의 허가 여부 목록 발표

2) 준비된 Opinion 발표

1. 발표는 Opinion을 작성한 대법관이 직접 낭독합니다.

2. 전문 낭독보다는 대법관께서 준비한 Summary를 낭독하는 형식을 취하며, 길이는 각 대법관의 재량에 따라 다릅니다.

3. 보통 반대의견은 중요한 사항이 아닌 경우를 제외하고는 소수 재판관의 반대의견이 있다는 것을 소개할 뿐 그 내용은 발표하지 않습니다.

4. Opinion의 확정 및 발표까지는 위 4) 7.의 노란색 문건이

〈미국 연방대법원의 재판절차 등에 관하여 상세하게 설명해 준 대법원장 대리인인 Jeffrey Minear 씨와 함께 Solicitor General 대기실에서 기념촬영〉

접수된 후 약 1달의 시간이 소요되지만, 사건의 중요성 여부에 따라 차이가 날 수 있습니다.

3) 대법원은 매년 10월에서 다음 해 4월까지 구두변론을 가지며, 그 해 6월 말까지는 모든 Opinion을 발표하게 되어 있습니다. 그러하기에 대법관님들은 매년 4~6월까지 가장 바쁜 일정을 소화해 내십니다.

1.1. 2008년 12월 현재까지는 약 6건의 Opinion이 발표되었습니다."

30분가량의 설명이 있은 후 마련해 간 우리 헌재의 20년사 책자와 안내 브로셔, 그리고 1994년부터 2007년까지의 영문 판례집, 자개 보석함 등을 선물로 주면서 한창 설명을 하고 있는 도중에 갑자기 옆 방문을 열고 한 사람이 들어왔다. 처음에는 갑작스런 일이라 누구인 줄 몰랐으나 정신을 차리고 보니 Roberts 대법원장이었다. Roberts 대법원장은 인사하고 나서 첫마디가 한국의 헌법재판소가 창립 20주년을 맞이한 것을 축하한다고 하였다. Minear 씨가 그 동안 나와 대화를 나눈 이야기를 소개하니까(예컨대 한국 헌재에서는 구두변론이 전문가인 참고인 진술 중심으로 진행된다는 등) Roberts 대법원장은 한국에서는 전원 부(Full Bench)가 아닌 소부(Small Bench) 중심의 심리를 하지 않느냐고 질문하였다. 나는 소부에서는 부적법각하 헌법소원 사건만 처리하고 대부분 전원 부 중심의 재판을 한다고 대답하였다. 나중에 생각하니 아무래도 우리나라의 대법원의 재판관행에 대해서 들은 적이 있어 그런 질문을 한 것으로 생각되었다. 5분 정도의 대화가 끝난 후에 Minear 씨가 같이 사진을 찍자고 하니까 좋다고 하면서 옆방에 대기시켰던 전속 사진사를 들어오게 하여 기념 촬영을 하였다. 로버츠 대법원장이 나이는 50대 중반으로 젊지만 워낙 탁월한

능력을 가지고 있고 인격도 매우 훌륭하다는 말을 들은 적이 있는데, 과연 직접 만나 보니 대인의 풍모를 느낄 수 있었다. 나중에 생각해 보니 Minear 씨가 내가 방문한다는 사실을 대법원장에게 보고하여 Roberts가 구두변론이 있는 그 바쁜 와중에도 잠시 시간을 내어 외국 재판관을 배려해 준 것으로 생각되었다.

그런데 우리 헌재의 구두변론은 전문가인 교수들의 참고인 진술에 많은 시간이 할당되고, 당사자의 변론 중심이라기보다 참고인 진술 중심으로 진행되고 있는 것은 재고할 필요가 있지 않나 생각되었다. 미국에서는 신청인 측 및 상대방 측 대리인이 그 분야의 전문가이므로 따로 전문가의 진술을 법정에서 들을 필요가 없고, 특별히 전문가 의견이 필요한 경우에는 amicus curiae brief를 제출하게 하여

〈미리 약속을 하지 않았는 데도 친절하게 시간을 내어 면담을 해 준 Roberts 대법원장과 기념촬영. 대법원장은 전속 사진사까지 대기시켰다가 사진을 찍는 호의를 베풀어 주었다〉

심리에 참고한다는 Minear 씨의 설명은 우리에게도 참고가 되는 말이라고 생각되었다. Roberts 대법원장이 나간 후 간담회를 마무리하였는데, 내가 주로 아시아 지역의 헌법재판기관 협의체에 관하여 말했다. 그 동안 5년 정도 독일 아데나워 재단에서 후원하여 아시아지역 5~6개 국의 헌법재판관들이 연 1회씩 모여 심포지엄을 개최하였는데, 앞으로는 아시아지역 국가들이 헌법재판기관 협의체를 상설기관으로 창설하려는 움직임이 있고 내가 그 준비위원장으로 선출되어 3년 정도 내에 창설을 목표로 열심히 활동하고 있다고 소개하였다. Minear 씨는 좋은 성과가 있기를 기대한다고 화답하면서 나에게 2005년 발행 John Marshal 기념은화를 선물로 주었다.

제4. 연방 법원행정처 방문(12월 11일, 목요일)

점심 때는 딸의 클라스메이트인 일본, 중국 학생과 우리 가족이 같이 식사를 한 다음, 오후에 강 판사와 같이 연방법원 행정처(Administrative Office of the United States Court)를 방문하였다. 지난번 9월 헌재 20주년 기념행사에 Wood 제7 연방항소법원 판사와 같이 참가하였던 Peggy Irving 여사를 만나기 위해서다. Irving 여사는 이번 연방대법원 방문에도 주선을 담당하여 많은 수고를 하였다. 연방법원 행정처는 유니온 역 옆에 있는 멋진 큰 건물(Thurgood Marshal Federal Judiciary Building)에 있었다. Irving 여사에게 덕분에 대법원 방문이 매우 뜻 깊었고 예상외로 Roberts 대법원장까지 면담할 수 있었다고 감사의 뜻을 표했다. 여사는 아주 반가워하면서 미국 연방법원 행정처 안내 브로셔를 주면서 또 더 도와 줄 일이 없느냐고 하였다. 월요일의 대법원 선고법정 방청은 이미 예약이 되어 있고, 내일 DC Circuit 연방 항소법원 재판 방청을 할 예정인데, 그냥 가보면 되지 않겠느냐고 했더니 그 쪽에 미리 연락을 해서 방청 후에 담당 재판부와 인사를 나눌 수 있도록 주선해 주겠다고 했다. 다음 날 항소법원에 가보고 알았지만 사전에 연방법원 행정처에서 연락을 해 두지 않았으면 그렇게 충실한 법원참관이 될 수 없는 것이었다.

저녁에는 워싱턴 D.C.에서 유학중인 헌재 연구관과 법원 판사들과 만찬자리를 내가 마련하였다. 현재 판사 5명과 연구관 2명이 유학중이고 강한승 판사가 대사관에 근무중이니 옛날에 내가 유학할 때와는 많은 차이가 있었다. 그 때는 나 외에 검사 한 분이 유학하였었다. 마침 헌재의 김주경 연구관은 저녁시간에 시험이 있어 참석하지 못했고, 판사 두 분은 여행 등 개인적 사정으로 참가하지 못했다. 내가 유학할 때의 경험담이랑 대법원의 구두변론 참관 등을 화제로 즐거운 시간을 보냈다. 특히 헌재의 신미용 연구관은 대법원 구두변론을 여러 번 참관하였고, 구두변론 관련 강의를 수강하기도 하였다고 하였다.

제 5. 연방 항소법원 및 연방 지방법원 방문(12월 12일, 금요일)

9시 30분부터 구두변론이 시작된다고 하여 15분 전에 항소법원 청사에 도착하였다. 역시 어제 연방법원 행정처로부터 연락을 받고 직원 한 분이 주차장 입구에서 우리 차를 기다리고 있었다. 약속이 되면 매번 직원이 상당한 직급인 데도 불구하고 주차장 입구까지 내려와 마중을 한다는 점이 우리와는 문화가 다른 것 같았다. 워낙 청사보안이 철저한 때문이 아닌가 생각되었다.

구두변론이 열린다는 법정에 들어가 보니 예상 외로 법정의 규모가 거창하고 분위기가 엄숙하였다. 벽면에는 전직 항소법원 판사들의 대형 초상화가 여러 개 걸려 있었고(그 중에는 그저께 대법원에서 만났던 Ginsgurg 재판관의 초상화도 보였다), 법대 뒤에는 큰 독수리 문장이 있었으며, 법대의 크기도 워낙 커서 판사 3인 간의 간격이 아주 멀리 떨어져 있었다. 대리인 석은 법대를 향하여 원고 측, 피고 측 좌석이 마련되어 있었고, 법대 바로 정면 재판장 석 앞에는 대법원에서 본 것과 같은 진술대(lectern)가 마련되어 있었다. 우측 옆 좌석에는 lawclerk 3사람이 노트북을 켠 채 앉아 있었고, 좌측 옆 좌석에는 흑인 여자 mashal이 앉아서 판사 입장 시 의식, 변론시간 체크 램프 작동 등을 담당하였다. 각 판사들 앞에도 노트북이 놓여 있었는데, 나중에 들으니 구두변론 시 재판관의 질문사항 등을 Lawclerk이 재판관에게 보내기도 한다고 하였다.

판사들의 입장 시의 의식은 대법원의 경우와 동일하였다. 그런데 재판장인 Doglus H. Ginsburg와 좌배석인 Stephen F. Williams는 70대 초반의 노신사였는 데 반해, 우배석인 Brett M. Kavanaugh는 40대 초반의 젊은 영화배우같이 잘 생긴 판사였다. 자식보다 젊은 동료와 똑같은 권한을 가지고 재판에 참여한다는 것이 우리 눈에는 특이하게 비칠 뿐이었다.

변론시간은 첫번째 사건은 원·피고 각 10분씩 배정되었고, 두번째 사건은 각 15분씩 배정되었다. 원고, 피고 모두 2사람씩 대리인 석에 앉았다가 실제 구두변론은 그 중 한 사람이 나가서 하였고, 대리인이 변론을 하는 도중에 재판관이 말을 끊고 질문을 하고, 한 판사가 수차례 질문을 하는 것은 그저께 본 대법원의 구두변론 양상과 동일하였다. 또한 원고 대리인은 자신의 변론 시간 중 1분을 반론 시간으로 유보해 두는 것도 동일하였다. 재판장 석 앞에 파란색, 노란색, 빨간색 3가지가 있는 램프가 있어 변론을 시작하면 파란불, 5분이 남으면 노란불, 시간이 지나면 빨간불로 바뀌었다. 그리고 우리의 관행과 좀 달라 보이는 것은 두 번째 사건의 대리인들이 10분 전에 도착하여 방청석에 있다가 자신의 사건 차례가 되었을 때 대리인석에 나가는 것이었다. 우리나라의 일반법원 법정에서 변호사 대기좌석이 따로 마련되어 있는 것은 변호사들에게 상당한 배려를 한 것으로 생각된다(일본 법정의 관행도 미국과 동일하였다).

두 사건의 변론이 끝난 후 법정 뒤로 우리를 안내하였다. 서로 복도에 선 채로 인사를 나눈 후 갖고 간 헌재 안내 브로셔 한 권을 Ginsburg 재판장에게 선물하였고, 마침 갖고 있던 명함이 한 장밖에 없어 Kavanaugh 판사에게 주면서 가장 젊으셔서 한국에 올 기회가 있을 것이니 연락하시라고 하였다. Ginsburg 판사는 20여 년 전 자신이 공정위(Fare Trade Commission)에 근무할 때 한국에 출장을 간 적이 있다고 말하고, 아직도 경제기획원이 있느냐고 물었다. 나는 그 당시는 죠지타운 로스쿨에 유학하고 있었고, 우리나라는 지금 경제기획원이 없어졌고 공정위가 설치되어 있다고 대답하였다. 내가 그저께 본 대법원의 구두변론과 오늘 항소법원의 구두변론 분위기가 아주 비슷하고, 20여 년 전 유학 시 봤을 때와는 많이 바뀐 것 같다고 하였더니 어떻게 바뀐 것 같으냐고 큰 호기심을 가지고 물었다. 전에는 변호사가 일정 시간 변론하고 나서 재판부에서 질문하는 것으로 진행되었는데, 이제는 대리인의 변론이 시작되자마자 얼마 지나지 않아 재판부가 질문하는 것으로 바뀐 것 같다고 대답하였다.

Ginsburg 판사는 대법원의 구두변론 분위기가 주로 재판관의 질문에 답하는 방식으로 바뀐 것은 DC 서키트 출신 판사들이 대법원 재판관으로 많이 진출했고, DC 서키트의 구두변론 방식이 대법원으로 옮겨 갔기 때문이라고 자랑하였다. 그러면서 DC 출신 재판관들의 이름을 나열하기 시작하였는데, Roberts 대법원장을 위시하여 Scalia, Ginsburg, Thomas 등 9 명 중 4 명이나 자신들과 같이 근무하다가 대법원으로 자리를 옮긴 것이라 했다. 과연 10여 개 항소법원 중 DC 서키트 출신이 거의 반수에 이른다는 것은 DC 서키트의 판사로 얼마나 뛰어난 자질을 가진 판사가 임명되는지를 반증하는 것이라 하겠다.

뒤이어서 안내하는 직원은 나와 강 판사를 연방 지방법원장실로 안내하였다. 연방 지방법원 chief-judge인 Royce C. Lamberth 판사는 거구의 체격을 지닌 초로의 판사였다. 법원장은 친절하게도 자신의 방에서 벽에 걸린 레이건 대통령으로부터 임명장을 받는 사진을 보여 주며 그 당시 일을 자랑스럽게 이야기하고, 조금 전에 방청했던 항소법원 재판부의 판사들에 화제가 미치자 Kavanough 판사에 대하여 칭찬이 대단하였다. Kavanough 판사는 젊지만 판결도 아주 잘 쓰고 자신과 같은 공화당 파(republican)인데, 로버츠 대법원장의 대를 이을 사람이라고 격찬하였다. 이어서 다른 일정이 있느냐고 물어 없다고 하였더니 얼마 전 자신의 lawclerk을 한 연방 검찰청 검사가 Korean인데 전화해서 당장 부르겠다고 했다. 그리고 자신의 법정에 우리를 안내하여 나를 재판관 석에 앉게 하고 사진을 찍게 해 주었다. 법대 우측 끝에는 작은 의자가 하나 더 놓여 있었는데, 그 의자는 변호인을 따로 법대 아래로 불러 배심원 등이 듣지 못하게 작은 소리로 이야기할 때 쓰는 것이라고 설명해 주었다. 그 법정은 배심재판을 하는 형사 법정이었는데, 변호인 석이 법대를 향해 있지 않고

〈워싱턴 D.C. 연방지방법원장 Lamberth 집무실에서. 법원장은 미리 약속을 한 것이 아닌 데도 친절하게 접대해 주고, Lawclerk였던 사람이 한국인이라고 하면서 연방검사 Michael 송을 전화로 호출까지 해 주었다〉

배심원 석을 향해 있는 것이 특이하였다. 또한 증인석도 법대 옆에서 배심원들이 보이는 방향으로 앉도록 되어 있었다. 배심원 석 앞에도 컴퓨터 화면이 설치되어 있었는데, 증거물 등을 화면으로 보여 주는 것이라고 설명하였다. 또한 우측에 따로 테이블이 설치되어 있었는데 통역인 석이라 하였다. 주로 마약 사건을 심리하는데 콜롬비아 출인들이 많다고 하였다. 구속된 피고인이 법정에 들어오는 방을 보여 주기도 하였는데, 죄수복을 입고 거기까지 와서 그 방에서 사복으로 갈아 입는다고 친절히 설명해 주었다.

법정을 둘러보고 있는 도중에 연방검사인 Michael Song 검사가 도착하였다. 송 검사는 2살 때 부모님을 따라 이민왔는데, 웨스트포

〈Lamberth 법원장은 자신의 개인 형사법정을 안내하면서 나를 재판장석에 앉게 하여 기념촬영을 하였다.Lamberth 법원장의 명패가 법대 위에 놓여 있다〉

인트를 졸업하여 육군 장교로서 6 년간 복무하다가(한국에서 근무하여 그 때 우리말을 배웠다고 했다) 다시 진로를 바꾸어 경영대학을 졸업하고, 텍사스 로스쿨을 졸업한 다음 Lamberth 법원장의 lawclerk을 한 인연으로 그의 추천을 받아 연방검사에 임명되어 3 년 정도 되었고, Lamberth 판사는 자식이 없어 그의 양아들처럼 가깝게 지내고 있다고 설명하였다. 송 검사가 온 후에 다시 법원장실로 올라와 옆방에 있는 Lawclerk 실과 서류보관실도 둘러보았는데, 그 중 한 Lawclerk의 방에는 사건기록을 바닥 가득히 늘어 놓은 곳도 있었다. 아래층으로 내려가 판사들 식당, 회의실 등도 구경하였다. 연방 지방법원 판사는 14명 정도(senior 판사 제외)밖에 되지 않는데, 그 중 제일 seniority가 높은 판사(다만, 65세 미만인 경우)가 법원장직을 맡고,

법원장은 자신이 재판할 사건을 선택할 권한이 있다고 하였다. 회의실 벽면에는 법원장 임기별로 전체 판사들의 기념사진이 걸려 있었다. 우리의 법원장 인사제도와는 완전히 다르다는 것을 알 수 있었다.

그런데 송 검사는 연방 검찰청 구경을 할 것을 권유하여 그를 따라 연방 검찰청으로 건너가 지하의 피의자 조사실, grand jury 실(실제 심리를 하고 있는 방에 들어가 보았다), 자신의 집무실 등을 둘러보았다. gand jury는 23명이 8주 동안이나 매일 출근하며 보수를 받고 기소 여부에 관한 jury일을 하는데, 12명 이상의 동의만 받으면 되므로 기소하는 것이 검사로서는 식은 죽 먹기라고 했다. 역시 검찰청은 우리나라의 경우와 비슷하게 법원과는 분위기가 전혀 다르고 어딘지 살벌한 인상을 풍겼다. 점심식사는 송 검사와 같이 일류 식당에서 하였는데, 이 때 재미있는 일화가 있었다. 웨이터가 식당에 빈자리가 없으니 기다려야 한다고 하자 Lamberth 판사가 곧 올 거라고 송 검사가 말하니까 제일 좋은 자리로 우리를 안내해 주는 것이었다. 송 검사 말이 미국에서는 이 정도 거짓말은 해야 대접받는다고 하였다. 송 검사는 체격은 작으나 매우 민첩하게 생겼고, 아주 적극적인 성격으로 검사로서는 적격으로 보였고, 미국 경찰들도 자신의 육군장교 경력이 있는 것을 알고 존경한다고 자랑하였다. 송 검사는 검사직을 경험해 본 다음 판사직이나 정치 쪽으로 도전해 보겠다고 하였다. 아무튼 송 검사를 통하여 미국 사법부나 검찰의 behind story, 예컨대 Roberts 대법원장, Lamberth 법원장, Kavanaugh 판사 등 워싱턴 D.C.에 거주하는 republican 판사들의 poker 모임, 마음에 들지 않는 판사가 법원장이 되는 것을 막기 위해(그 판사가 65세를 넘으면 법원장이 될 수 없는 것을 이용하여) 법원장 자신이 senior 판사가 되는 것을 미루는 경우도 있다는 등 재미있는 이야기를 들을 수 있는 시간

〈Michael 송은 연방 검찰정 청사를 자세히 보여 주면서 자신의 방까지 안내하여 기념촬영을 하였다. 뒤쪽 탁자 위에 송 검사의 가족사진이 보인다〉

이었다.

저녁에는 코스모스 클럽이라는 일류식당에서 김석한 변호사가 우리 가족과 강 판사를 만찬에 초대하였다. 김 변호사는 내가 죠지타운 유학 시 만났던 분으로 워싱턴에서만 30년 이상의 변호사 경력이 있고 Akin Gump라는 법률회사의 파트너십을 가진 분이다. 몇 달 전 김 변호사가 귀국했을 때 서울에서 20여 년 만에 만난 적이 있는데, 고맙게도 미국에서 이렇게 저녁초대를 해 주셨다. 김 변호사는 특히 한국정부의 미국 정부 내지 의회에 대한 로비 전문가로서 활동하고 있다고 들었다. 미국과 우리나라의 문화적 차이, 법원의 구두변론 방청, 딸의 외교관으로서의 공부 방향 등을 화제로 즐거운 한때를 보낼 수 있었다. 한 가지 기억에 남는 일은 이번 미국 대선 후보자였던 메

〈워싱턴 D.C.의 고급 사교장인 코스모스 레스토랑에서 김석한 변호사와 함께 우리 가족이 기념촬영〉

케인 씨의 어머니를 그 클럽에서 만나 우리 가족과 인사를 나눈 것이다. 김 변호사와는 한 아파트에 산다는데, 95세인 할머니가 피부만 나이가 들었지 몸은 얼마나 정정한지 젊은 사람 뺨칠 정도였다.

제 6. 대사님과의 오찬(12월 13일, 토요일)

대사님과의 오찬은 원래 월요일에 일정이 잡혀 있었으나 대사님의 다른 일정 관계로 토요일에 대사님 부부, 강 판사 부부, 우리 부부 및 딸이 참석하여 Four Season Hotel에서 오찬을 가졌다. 이태식 주미 대사는 나와는 동향 선배로 전문 외교관으로서 180센티가 넘는 장신으로서 주영 대사, 외교부 차관 등을 역임하고 주미 대사로 부임하여 3년 여 근무한 분으로 한미 FTA, 비자면제협정 등 주요한 현안들을 성사시켰으며, 열심히 업무에 매진하는 분이라고 소문이 났다고 들었다. 이번에 나의 워싱턴 방문에 대사관에서 여러 가지로 배려를 많이 해 주신 것에 대해 감사의 말씀을 드리고, 연방 대법원, 항소법원 등의 구두변론 방청에 대해 이야기하였더니 대사께서는 많은 흥미를 보이며 강 판사에게 자신도 연방 대법원, 항소법원, 지방법원 등을 참관할 수 있도록 일정을 잡아 봐 달라고 부탁하셨다. 이 대사께서는 법원에서 파견된 사법협력관이 대사관에서도 많은 도움이 된다고 하였다. 돌이켜 생각해 보아도 강 판사가 대사관에 없었다면 나의 대법원, 항소법원 등의 방문이 이 정도 성과를 올렸을까 의문이다. 일본에서는 검사들보다 더 많은 수의 판사들이 외교부로 출향하여 법률관계 일을 도운다고 들었는데, 우리나라도 좀더 많은 수의 판사들이 외국에 나와 근무할 수 있었으면 좋겠다. 대사 부부로부터 외교관으로서 젊었을 때 아프리카 등 벽지에서 고생하며 근무한 얘기를 들었다. 딸 주원에게는 좋은 교훈이 될 수 있는 이야기들이었다.

제 7. 대법원 선고법정 방청(12월 15일, 월요일)

10시부터 Non argument session이 열린다고 하여 지난번처럼 대사관 차로 15분 전에 대법원에 도착하였더니, 이번에도 2 명의 직원이 나와 우리 일행을 안내해 주었다. 이번에는 강 판사 외에 처와 딸도 동행하였다. 대법정에 들어가서 개정 전까지 약간 시간이 있었는데, 안내직원인 ms Griffin이 Clerk을 데리고 와 나에게 소개시켜 주었다. 연방 대법원 Clerk인 William K. Souter 씨는 한국에서 군

복무를 한 적이 있다고 하면서 자기는 불고기, 순두부, 야끼만두를 아주 좋아한다고 하였다. 오늘 판결선고가 있느냐고 물으니까 한쪽 눈을 찡그리면서 자신도 모른다고 했다. 미국 대법원에서는 판결선고가 있는 것을 사전에 알리지 않는다고 하였고, ms Griffin도 내가 구두변론 방청하던 날부터 월요일에 판결선고가 있는지는 자신들도 사전에 알 수 없고, 판결선고가 없어 볼 만한 것이 없을 수도 있다고 수차 말했었다. 그러나 Souter 씨가 한쪽 눈을 찡그리면서 말하는 것으로 미루어 보아 오늘 선고가 있다는 것을 암시한 것이라고 느꼈다.

과연 10시 정각이 되자 지난번처럼 대법관이 입장하였는데, 이번에는 9명 중 5인밖에 입장하지 않았다. 역시 먼저 지난번처럼 신입 변호사 회원들의 선서식이 5분 정도 있은 다음 Roberts 대법원장이 사건의 판결선고가 있음을 알리고, 법정의견의 집필자인 Stevens 대법관이 출석하지 않았으므로 Kennedy 대법관이 대신 판결이유를 설명한다고 고지하였다. Kennedy 대법관은 사안의 개요, 쟁점 등과 판결이유를 10여 분에 걸쳐 낭독하였고, 법정의견 외에 Thomas 대법관, Roberts 대법원장, Scalia 대법관, Alito 대법관 등 4인의 반대의견이 있다는 것도 소개하였다. 우리나라의 법정관행에 비추어 보면 법정의견 집필자가 선고법정에 나오지 않는 것도 이상하였고, 법정의견 집필자가 출석하지 않은 경우 재판장이 대신 판결이유 설명을 하는 것이 아니라 법정의견을 낸 재판관 중 차순위자가 판결이유 설명을 하는 것이 특이하였으며, 9인 중 5인밖에 출석하지 아니한 채 판결선고를 하는 것도 특이하게 느껴졌다. 우리나라에서도 판결선고의 정족수에 대해서는 논란이 있다는 정도로 알고 있을 뿐이다.

ms Griffin이 판결내용에 관심이 있느냐고 물어 그렇다고 했더니 방금 선고된 사건의 판시요지(syllabus)까지 있는 판결전문이 인쇄된 것을 몇 부 가져왔다. 선고된 ALTRIA GROUP, INC v GOOD 사건의 내용은 흡연자인 GOOD이 라이트 담배 생산회사를 상대로 담배회사가 라이트 담배가 보통 담배보다 타르와 니코틴이 적게 들어 있다고 기만적으로 광고함으로써 Main Unfair Trade Practices Act를 위반했다고 주장하여 사기청구소송을 제기했는데, 1 심에서 주법 사기 청구(state-law fraud claim)는 Federal Cigarett Labeling and Advertising Act가 우선 적용된다는 이유로 담배회사가 승소했다가 항소심에서 Labling Act는 사기청구에는 우선 적용되지 않는다는 이유로 흡연자가 승소했는데, 대법원에서 최종적으로 흡연자의 손을 들어 준 사건이었다. 우리나라에서는 종전 제 3 기 재판부까지 결정원본 선고를 하지 않다가 제 4 기에 들어서야 원본선고를 하고 있으나 판결문 전문이 선고 직후에 배부되는 것은 상상하기 어려운

〈연방 대법원 법정 방청을 처음부터 끝까지 동행하며 도와 준 연방 대법원 소속 직원들과 기념촬영. 뒤에 있는 동상은 미국 연방 대법원의 위헌법률심사권을 확립한 JOHN MARSHALL 대법원장〉

데, 미국처럼 판시요지까지 포함된 판결전문을 준비해 두었다가 선고와 동시에 외부에 공개하는 것이 보도의 정확성, 관련자의 판례연구의 신속성을 위해서 바람직하다는 생각이 들었다. 아무튼 판결선고는 5 월, 6 월에 집중되고 2008년 session 들어 그 동안 6 건밖에 선고되지 않았는데, 12월 선고에 1 건이라도 선고되어 그 선고장면을 직접 목격할 수 있은 것은 큰 행운이었다.

법정에서 나와서는 기념품점에 들러 몇 가지 연방 대법원 기념품과 Scalia 대법관이 저술한 「판사를 설득하는 기술(*the art of persuading judges*)」이라는 제목의 구두변론에 관한 책자를 기념으로 구입하였다. 여행 도중 틈틈이 읽어 보니 문장이 간결하면서도 아주 알찬 내용으로 가득 차 있었는바, 우리나라에도 앞으로 그러한 구두변론에 관한 책이 출판되어 변호사들의 필독서가 되는 날이 올 것을 기대해 본다. 대법원의 역사와 심리절차, 구두변론 등에 관하여 전문가의 주재로 대법관들이 참여한 영사물이 방영되는 방이 있어 관람하였는데, 그 내용이 너무 좋아 DVD 한 개를 구입해 왔다.[2] 특이한 것은 Rehnquist 대법원장 시절 찍은 영사물이었는데, 대법원장이 Roberts로 바뀌었어도 그대로 방영된다는 것이었다. 우리나라는 어떨까 하는 생각이 들었다.

돌아오는 길에는 총영사관에 들러 권태면 총영사님과 인사할 기회가 있었다. 총영사관은 내가 유학하던 시절에 대사관으로 쓰던 건물에 있었고, 그 뒤에 대사관 건물은 인근에 따로 신축하여 이사하였다고 하였다. 영사관 앞에는 서재필 박사의 동상이 새로 세워져 있었

2) 귀국하여 DVD를 다시 보았더니 우리 법조인들에게 귀감이 될 만한 내용이 아주 많아 그 영사물의 대사나 해설을 우리말로 번역하여 현재 연구관들도 보게 하였다. 그 영사물의 번역본은 [별지 2]와 같다.

〈권태면 워싱턴 주재 총영사와 함께 총영사실에서 기념촬영〉

는데, 총영사께서는 워싱턴에는 각국의 위대한 인물들의 동상이 세워져 있는데, 우리나라의 미국 역사 속 인물 중에는 서 박사가 제일 뛰어나 그 동상을 세우게 되었다고 설명하시고 서재필 박사에 관한 책자를 한 권 선물하셨다. 강한승 판사도 영사관 건물에서 근무하고 있다고 하였다.

제 8. 죠지워싱턴 로스쿨 방문(12월 15일, 월요일 오후)

죠지워싱턴 로스쿨에서 비교헌법 과목을 가르치는 30대의 젊은 교수인 David Fontana와 미리 약속을 하여 그 교수 연구실로 딸과 같이 찾아 갔다. 우리 헌재의 20년사 책과 영문 판례집 전부를 주면서 학생들에게 비교헌법을 가르칠 때 활용해 줄 것을 부탁하였다. Fontana 교수는 아주 반가워하면서 어떻게 이렇게 영문으로 책자를 발행할 것을 생각하였느냐면서 다음 학기 강의에 유용하게 사용하겠다고 하였다. 그런데 미국에서 비교헌법 교과서로는 죠지타운 로스쿨의 Vicki Jackson 교수 외 1인이 집필한 책과 뉴욕 로스쿨의 Norman Dorsen 등 4 인이 집필한 또 다른 책 1 권이 있다고 하면서 내보여 주었다. 그 두 책은 내가 출국 전에 도서관에서 확인한 것인데, Dorsen 교수 책에 딱 한 건 우리 헌재 판례가 인용되어 있고, Jackson 교수 책에는 우리 판례가 한 건도 언급되지 않았던 것이다. 그래서 죠지타운 로스쿨에는 내일 가서 책자를 전해 줄 예정이니 되었고, 뉴욕 로스쿨의 교수 등에게 연락해 줄 수 없겠느냐고 말했으나 개인적으로 연락할 수 있는 사이가 아니라고 했다. 아무튼 그 교수의

〈죠지워싱턴 로스쿨의 Fontana 교수의 연구실에서 딸과 함께. 책상 위에 책들이 어지럽게 쌓여 있다〉

수강학생이 70여 명 된다니 그들에게나마 한국의 헌법재판에 대해 알릴 수 있는 계기를 마련해 준 것이어서 보람을 느낄 수 있었다. 딸도 다음 학기에 그 과목을 수강하겠다고 하였다. 옛날에 유학 시에도 죠지워싱턴 로스쿨에는 가보지 않았는데, 이번에 딸의 안내로 캠퍼스를 둘러 볼 수 있었다. 어떻게 도심에 건물들만으로 캠퍼스를 차렸는지 신기하기만 했다.

제 9. 죠지타운 로스쿨 방문(12월 16일, 화요일)

약속대로 10시 30분에 강 판사와 딸과 같이 대사관 차를 타고 학교에 도착하였다. 처는 마침 감기가 들어 동행하지 못했다. 역시 동창회 담당 행정직원이 주차장 입구까지 마중을 나와 주어 우리 일행을 바로 법대 학장실로 안내하였다. 학장실에는 전에 내 사무실에도 다녀간 적이 있는 Susan Roosevelt Weld 교수와 Dorothy Mayer 교수도 동석하여 Dean인 Aleinikoff 교수와 한국의 헌법재판, 연방대법원과 항소법원의 구두변론, 판결선고 방식 등을 화제로 하여 장시간 대화를 나누었다. 우리 헌재에서는 소수의견의 요지도 선고법정에서 고지하는데, 미 연방 대법원에서는 소수의견이 있다는 것을 법정의견 집필자가 소개만 할 뿐 그 내용은 설명하지 않는 것이냐고 물었더니 Aleinikoff 학장은 미국 연방대법원에서도 주요사건은 소수의견 집필자가 그 요지를 법정에서 설명한다고 하였다. 역시 헌재 20년사 영문판과 영문 판례집 전질, 홍삼 등을 선물하면서 판례집은 비교헌법 저자인 Vicky Jackson 교수에게 전해 달라고 부탁하였다. Jackson 교수는 마침 뉴욕에서 강의가 있어 오늘 참석하지 못하였다는 것이다. 특히 Aleinikoff 학장은 죠지타운 로스쿨에서 저개발 국가를 대상으로 헌법재판제도에 관해 소개하고 그런 재판기관을 설립하는 것을 도와 주는 프로젝트를 구상중인데, 헌법재판제도가 정착된 한국의 재판관도 같이 참여할 수 있겠느냐고 물었다. 속으로는 같이 참여하면 우리나라를 위해서도 참 좋겠다고 생각되었으나 재판일정, 언어문제 등이 걱정이 되어 시원한 대답을 하지 못한 것이 아쉬웠다. 아무튼 나중에 구체적인 제의가 들어오면 적극적으로 검토해 보아야겠다. 학장은 우리 일행에게 여러 가지 대학 기념품과 죠지타운 로스쿨 발전사 책자 등을 선물하였다.

뒤이어 그 동안 새로 신축한 건물들을 하나 하나 다니면서 자세히 설명해 주었다. 내가 유학 시에는 큰 건물이 한 개밖에 없었는데, 그 동안 4개 동이나 새로 신축되어 교세가 많이 확장된 것을 느낄 수

〈죠지타운 로스쿨 학장인 Aleinikoff 교수와 학장실에서. 동창인 외국 재판관이 모교를 방문하였다고 특별한 배려를 해 주었다〉

있었다. 다니는 동안에는 전문 사진사가 따라다니며 수십 장도 넘는 사진촬영을 하였다. 대학 매거진에 내 기사를 싣기 위해서 준비하는 것이라 했다. 우리나라에 있는 각종 모교에서 이런 대접을 받아 본 적이 없는데, 외국의 모교에서 최상의 대접을 받는 기분이 들었다. 11시 반 경에는 한국 유학생들을 위한 리셉션장으로 안내되었다. 시험기간중이라 빠진 학생들도 많다고 하였는 데도 20명 가까이의 JD 및 LLM 코스 한국 유학생들이 모였다. 국적별로는 한국이 외국 국적으로는 숫자가 가장 많다고 하였다. 나는 내 유학 시절 이야기를 간단히 언급하고 열심히 공부할 것을 당부하였다. 이어서 모의법정으로 안내하여 모의법정 담당 교수로부터 Moot Court 운영에 대하여 자세한 설명을 듣고 기념촬영까지 하였다. 그 사이 한국을 다녀간 적이 있는 Asian Law 담당의 Feinerman 교수도 참여하였다. Feinerman 교수는 중국어와 일본어도 유창하여 중국, 일본 대학에서 그 나라 말로 강의도 한다고 하였다. 어떻게 그렇게 외국어를 유창하게 하느냐고 물었더니 14살 경 어릴 때 공부를 했기 때문이라고 대답하였다.

오찬은 전망이 아주 좋은 동창회 전용 식당에 마련해 주었다. 교수 4 사람과 행정담당자 4 사람, 그리고 우리 일행이 두 테이블에 나누어 앉아 격조 높은 대화를 나누면서 즐거운 한때를 보낼 수 있었다. 마침 선물로 마련해 간 홍삼 절편을 참석자들에게 나누어 주니 모두들 좋아하였다. 특히 딸에게 아버지의 좋은 모습을 직접 목격할 수 있게 해 준 것에 뿌듯한 마음이 들었다.

오찬 후에는 오전에 미처 둘러보지 못한 도서관, 김나지움 등을 안내하였는데, 특히 International Law Library는 John Wolff 교수가 유산을 기증하여 건축한 것이어서 감회가 깊었다. Wolff 교수는 내가 유학 시에도 70이 넘은 고령인 데도 정렬적으로 강의를 하였고

〈죠지타운 로스쿨의 모의법정에서 Feinermann 교수 등과 함께. 미국 연방 대법원의 재판 등에 대하여 30분 가까이 상호 토론을 하였다〉

그 당시 나를 좋게 봐주어 부인과 같이 식사에도 초대하고 귀국 후에도 10여 년 이상 연하장을 보내 주신 분인데, 돌아가시기 직전까지도 강의를 하셨고 100세를 며칠 앞두고 별세하셨다고 하였다. 그런데 돌아가시기 전에 자신의 전 재산을 학교에 기증하여 도서관 건물을 신축하였다고 들었다. 정년 제도가 없고 기부문화가 발달한 미국 사회의 특징을 잘 볼 수 있는 예가 아닌가 생각되었다.

제 10. 마 치 며

여행계획을 세울 때 목표로 삼았던 미국 법원의 구두변론 관행과 우리의 그것과의 비교, 선고법정 관행의 우리 헌재와의 비교 및 미국 법조계와 학계에의 우리 헌법재판소의 활약상 소개 등을 기대했던 이상으로 달성하였다는 생각이 들었다. 이렇게 충실한 성과를 올릴 수 있었던 것은 대사관 측의 적극적인 협조가 있었고, 사법협력관으로 판사가 주재하고 있었던 것도 큰 힘이 되었다. 연방 대법원뿐만 아니라 대학에서도 Justice의 격에 어울리는 대접을 해 준 것도 가슴 뿌듯한 일이었다. 이것이 다 우리나라의 국력이 신장되어 세계적으로 인정받는 징표가 아닌가 생각되었다. 앞으로는 한 걸음 더 나아가 선진국 판사가 우리나라를 방문했을 때처럼 우리나라의 Justice가 미국을 방문했을 때도 대학에서 학생들에게 강연회를 가질 수 있는 날이 하루빨리 올 것을 기대해 보며 글을 마친다.

[별지 1]

口頭辯論의 機能과 口頭辯論하는 辯護士의 類型

이 동 흡*

1. 서 설

지난 해에는 신임 대법원장의 취임 이후 전국 법원에서 口頭辯論이 話頭가 되어 민사 법정에서 구두변론의 活性化를 위하여 裁判長은 어떻게 변호사들의 구두변론을 이끌어야 하며, 辯護士는 어떻

* 헌법재판소 재판관.

게 구두변론을 하는 것이 바람직한 모델인가가 널리 논의되었다. 한편 얼마 전 헌법재판소에서는 제4기 헌법재판소가 출범한 이후 최초로 사립학교법 위헌소원 사건에서 구두변론이 열렸다. 필자는 1986년 미국 죠지타운 로스쿨 유학 시 미국 연방대법원의 구두변론 법정을 직접 방청해 본 경험이 있을 뿐만 아니라, 지방법원 재판장 시절부터 구두변론의 필요성을 실감하고 필자가 재판장으로서 진행하는 법정에서는 구두변론이 실질적으로 시행되도록 노력하여 온 경험을 가지고 있어 우리나라의 법원과 헌법재판소에서의 구두변론의 實相을 先進 外國의 그것과 비교하여 논의할 필요가 있다고 생각하였다. 본고에서는 2005년 9월에 작고한 전 미국 연방대법원장인 렌퀴스트의 自敍傳에서 그가 묘사한 미국 연방대법원에서의 구두변론의 기능과 구두변론을 하는 변호사들의 유형들을 설명하고, 우리나라의 경우와 비교하여 서술해 보기로 한다.

2. 구두변론의 機能

렌퀴스트는 그의 自敍傳인 「*The Supreme Court*」에서 구두변론의 機能에 관하여 다음과 같이 말하고 있다. "나에게 구두변론이 정말 효과가 있는가라고 質問하는 법률가가 종종 있다. 이 質問에는 종종 실제에는 재판관은 법정에 오기 전에 結論은 이루어졌고, 구두변론은 거의 儀式이 아닌가 하는 懷疑를 품고 있다는 底意가 내포되어 있다. 내 경우에 관하여 말한다면, 구두변론은 효과가 있다고 하는 것이 그 답변이다. 많지는 않지만 무시할 수 없는 수의 사건에서 나는 구두변론을 위해 法廷에 올 때와 마치고 法廷을 떠날 때에 사건에 관하여 다른 感을 갖고 있다고 생각한다. 다만, 결론이 180도 바뀌는 것은 드물다. 그리고 이 변화는 내가 잘 알지 못하는 분야의 법에 관한 사건의 경우에 잘 일어난다. 구두변론에는 눈이나 귀에 닿는 이상의 것이 있다. 名目的으로는 구두변론은 쌍방의 변호사가 각각의 입장을 판결을 내리는 재판관에게 주장하기 위하여 割當된 時間이다. 구두변론은 실제에는 儀式의 면이 많다고 해도 여전히 많은 公的인 세리모니(ceremony)가 가지고 있는 價値를 갖고 있다고 생각한다. 즉 사건에 판결을 내리는 裁判官과 그 운명이 판결의 결과에 좌우되는 依賴人을 대리하는 辯護士가 1 시간[1] 동안 서로 얼굴을 맞대고 사건의 판결이 어떻게 되어야 하는가에 관하여 이리 저리 論議하는 것이다. 그러나 변호사의 구두변론이 효과적이면 그가 구두변론에서 그 입장을 어떻게 주장하는가가 사건의 결과에 어떠한 關係를 가질 것이다. 대부분의 재판관은 법정에 올 때에 사건에 관하여 一應의 見解는 가지고 있다. 그것조차 갖고 있지 않다는 것은 이상할 것이다. 재판관은 당사자가 제출한 상소이유서를 읽고, 아마 재판연구관 1 인과 사건에 관하여 의견을 교환하고 재판연구관이 사건에 관하여 쓴 메모를 받았을 것이다. 구두변론의 준비를 전혀 하지 않은 재판관은 보다 偏見이 없을지도 모른다. 그러나 그것은 公平의 無偏見이 아니라 無知의 無偏見일 뿐이다. 그러나 구두변론의 두 번째 중요한 기능은 그것이 週 後半의 裁判官評議[2]에서의 사건의 논의 전에 전체 재

---

1) 연방대법원 규칙 제38조 제 3 항에서 "달리 명하지 않는 한 변론시간은 쌍방 각 당사자 측에 한 번의 30분씩의 변론시간이 배정된다. 소송대리인은 배당된 시간을 모두 채워야 하는 것은 아니다"라고 규정되어 있다.

2) 구두변론이 열리는 週(보통은 제 1 주 및 제 2 주째)는 월요일 오전에 열린 구두변론 사건은 수요일 오후에, 화요일 오전 및 수요일 오전에 구두변론이 열린 사건은 금요일에 재판관 회의를 열어 評議를 한다.

판관이 在廷하여 하나의 사건에 集中하는 唯一의 機會라는 사실에 유래한다. 거기서 재판관의 質問은 名目的으로는 구두변론을 행하고 있는 변호사에게 향하고 있는 것이지만, 實際에는 同僚 裁判官을 위한 것일 수도 있다. 좋은 변호사는 이것을 알고 있어 변론 도중에 그것을 利用한다. 질문에 따라 어떤 재판관이 사건의 중요한 事實을 誤解하고 있다든지, 특정의 先例를 변호사가 옳다고 생각하는 것과 相異한 이해를 하고 있는 것이 밝혀질지도 모른다. 그 재판관이 구두변론의 도중에 입 다물고 앉아만 있다면 변호사에게는 사실에 관한 오해를 바로잡는다든지, 어떤 先例를 이렇게 읽어야 한다는 이유를 설명할 機會가 없어지는 것이 된다. 구두변론을 행하는 쌍방의 변호사는 판결을 내리는 재판관보다도 훨씬 사건에 관한 事實과 法에 精通하지 않으면 아니 된다. 연방대법원의 9 인의 재판관은 각각 週에 3 일 연속, 하루 2 건의 구두변론[3]의 준비를 하지 않으면 아니 된다. 재판관은 上訴理由書나 판결을 내리는 데 필요하다고 생각되는 다른 資料의 의미를 이해하는 데 全力을 다한다. 그래도 사건의 법이나 사실의 어떤 점에 관하여 不足이 있다고 생각되는 것이다. 구두변론은 이러한 不足을 補充해 주는 것이다."

구두변론의 기능에 관하여 렌퀴스트 대법원장이 서술한 견해에 대하여 필자도 전체적으로 공감하는 바이다. 구두변론이란 일종의 儀式에 지나지 않을 뿐이고, 실질적으로 재판의 결과에 영향을 미치는 경우는 드물다고 생각하는 법률가가 우리나라에도 있는 것으로

---

3) 연방대법원은 과거에는 연간 150건 정도의 구두변론을 열었으나, 근래에는 80건 내지 100건의 사건만 구두변론을 열고 있다. 연방대법원에 접수되는 연간 7,000여 건의 사건 중 재판관 9 인 중 4 인 이상의 표를 받은 사건에 대해서만 이송명령(certiorari)이 발해져서 구두변론이 열리게 된다. 구두변론은 월요일, 화요일, 수요일 오전에 각 2 건씩(한 사건에 1 시간씩) 열린다.

안다. 그러나 필자의 재판장으로서의 경험에 의하더라도 구두변론을 위해 법정에 들어가기 전에 재판관은 나름대로 최선을 다해 준비를 하고 들어가지만, 사건의 사실관계나 법적 쟁점에 관하여 또렷하지 않은 상태로 있던 인식이 구두변론을 거침으로써 또렷해진다든지, 간혹은 원래 생각했던 것과 전혀 다른 결론에 이르게 되는 경우도 있을 뿐만 아니라 재판관이 사실과 법에 대하여 誤解하고 있었던 것이 밝혀질 때도 있다. 뿐만 아니라 사건의 쟁점에 관하여 구두변론을 거침으로써 사건 의뢰인을 대리하는 변호사들과 판결을 내리는 재판관이 共通認識을 갖게 됨으로써 판결에 대한 承服度를 높이는 間接的인 효과도 있다고 하겠다. 다만, 위와 같은 구두변론의 기능을 확보하기 위해서는 변호사뿐만 아니라 재판관도 事實과 法的 爭點에 대한 파악과 해결을 위해 필요한 法理의 理解 등 구두변론을 위한 事前準備를 철저히 하는 것이 요망된다고 할 것이다.

3. **구두변론을 하는 변호사의 類型** — 미국 연방대법원의 경우

렌퀴스트 대법원장은 "연방대법원에서 의뢰인을 대리하는 최저한의 레벨에도 도달하지 못한 辯護士가 눈에 띄는 경우도 물론 있다. 이유는 訓練不足이나 能力不足, 가장 지독한 때는 準備不足인 경우도 있다. 그러나 우리들 앞에 등장하는 변호사의 대다수는 기대되는 최저한의 레벨을 넘고 있고, 변호사의 平均을 훨씬 초월하는 자가 많다"라고 하면서 연방대법원에서 구두변론을 행하는 변호사의 종류 몇 가지를 다음과 같이 분류하고 있는바, 이를 그대로 번역해 본다.

"첫번째가 朗讀者(lector)이다. 그는 글자 그대로 그의 주장을 읽는 것이다. 最惡의 예는 上訴理由書 자체를 실제로 읽는 변호사이다. 이러한 행동거지는 너무나 터무니없어서 별로 눈에 띄지 않지만, 그러나 상소이유서를 바꾸어 말한 것(paraphrase한 것)을 읽는 경우는 자주 있다. 재판관의 눈을 맞추기 위하여 이따금 원고에서 눈을 떼는 훈련은 되어 있지만, 재판관으로부터의 질문은 그것에 대답함으로써 자신의 주장을 다시 제시하는 기회로 사용하는 것이 아니라 변호사의 演說을 妨害한다고 보아 변호사는 질문에 답변하고 나면 인쇄된 원고의 바로 중단된 곳에 되돌아간다. 구두변론의 최후에 낭독자가 '오늘 授業은 여기서 마친다'고 말하는 것으로 느껴질 때도 자주 있다.

낭독자는 良好한 구두변론을 하는 변호사가 되기 어렵다. 확실히 변호사가 변론의 가이드가 되는 메모 같은 것을 아무것도 갖지 않은 채 상소법원의 변론에 나선다는 것은 터무니없는 일일지도 모른다. 그러나 참고로 하기 위하여 메모를 사용하는 것은 인쇄된 일련의 원고를 읽는 것과는 전혀 다른 효과를 가져온다. 辯護士側 관점에서 구두변론의 最終的인 目的은 재판관의 意識 속에 들어가 변호사가 재판관이 생각하기를 바라는 것을 생각하게끔 하는 것이다. 이것을 가능하게 하는 최선의 방법 중 하나는 그의 눈을 재판관의 눈과 가능한 한 많이 맞추는 것이다. 주장을 읽고 있는 동안은 재판관과의 눈맞춤은 전혀 할 수 없는 것이다. 구두변론을 행하는 변호사는 재판관석으로부터의 질문을 歡迎해야만 한다. 질문은 적어도 한 사람의 재판관이 그 사건의 특정 측면에 관하여 변호사가 생각하고 있는 것을 말하도록 하는 증거가 되기 때문이다. 질문은 또한 변호사의 변론에 다른 목소리를 넣음으로써 변호사의 변론으로부터 한 동안 벗어나 있을지도 모르는 재판관의 마음을 이 다른 목소리에 의해 원래로 되돌아가게 하는 價値 있는 心理的 效果도 있는 것이다. 그러나 낭독자는 좋은 구두변론을 행하는 변호사에 비하여 질문을 더 적게 받기 쉬운데, 이는 낭독자가 질문에 주의 깊게 답변하는 것을 반기지 않는 것처럼 보이기 때문이다. 변호사가 연방대법원에 주장을 읽는 것을 마치면 그가 한 것은 의뢰인을 위하여 그 立場의 根據가 되는 論理的인 理由를 말한 것이 된다. 그러나 그러한 것은 이미 上訴理由書에 의해 달성된 것이다. 구두변론이 상소이유서의 要約을 제공하는 것에 지나지 않으면 연방대법원에게는 거의 無價値한 것이다.

구두변론을 행하는 변호사의 두 번째 유형은 '論爭의 참피온(debating champion)'이라고 불리는 자이다. 그는 사건에 관한 자신의 이론과 그것을 지지하는 주장을 확실히 파악하고 있고, 약간의 기억과 메모의 도움을 받아 마음내키는 대로 인쇄된 원고로부터 떨어질 수가 있다. 그러나 그는 말하고 싶은 것이 너무 많이 있고, 그것을 다른 사람에게 보이는 데 너무 열심이어서 질문에 주의 깊게 귀를 기울일 수가 없다. 그가 權威者이고, 재판관으로부터의 모든 질문은 몇 개의 在庫答辯 중 하나를 요구하고 있다고 여긴다. 그러나 이 답변은 어느 것도 질문한 재판관에게 특히 有益한 것이 못된다. 그는 최대의 노력을 다해서 질문을 환영하고 自信에 차 있다. 변론이 끝나고 그가 앉을 때, 재판관은 다른 재판관을 뒤돌아 보며 '저 사람 자신의 문제는 확실히 이해하고 있구먼.'이라고 말할지 모른다. 그러나 그 문제를 어떻게 이해하고 있는가 보여 주는 것만으로는 질문에 주의 깊게 귀를 기울인 다음 그것에 주의 깊게 대답함으로써 의문을 갖고 있는 사람을 納得시키는 데는 불충분하다.

제 3 의 유형은 '케이시 죤즈(Casey Jones)'(순직한 미국의 철도 기관사의 이름)이라고 부른 유형이다. 이 변호사는 그의 주제를 완전히 파악하고 있고, 질문에 귀를 기울여 그것에 주의 깊게 대답하려고 노력하지 준비된 원고를 읽지는 아니한다. 그의 구두변론은 좋은 것이지만 최고의 구두변론에는 조금 부족하다. 그것은 그가 납득시키려고 하는 문제의 한계를 잊고 있기 때문이다. 이러한 변호사를 케이시 죤즈라고 부른 이유는 멈추지 아니하는 열차의 기관사 — 沿線의 승객을 태우는 것을 멈추지 않는 — 와 닮았기 때문이다.

그는 문제의 복잡성을 알고 있고, 만약 허용되면 이 하나의 사건의 변론에 동일한 것을 반복하지 않아도 1 시간 30분은 쉽게 소비할 수 있다고 생각한다. 그가 아마 옳을 것이다. 이 때문에 실제로는 30분밖에 없는 시간 중에 그의 주장을 가능한 한 많이 하기 위하여 아주 빨리 말하게 된다. 9 인의 재판관의 앞에서 변론하고 있을 때 그가 말하고 있는 것을 소화하는 데는 재판관에게도 약간의 시간이 필요하다는 것을 이해하지도 않고서 말이다. 변호사가 30분간 쭉 질문 이외에 약간의 휴식도 없이 계속 지껄여 대면 아무리 유능하고 준비를 잘 하고 있는 재판관이라도 따라 갈 수가 없다. 진실로 제 1 급의 구두변론을 하기 위해서는 이 변호사는 부차적인 포인트는 상소이유서에 맡기고, 말하는 속도를 떨어뜨려 6 개의 포인트를 설명하여 그 중 3 개를 재판관에게 기억하게 하는 변호사가 12개 포인트를 말하여 하나밖에 기억시키지 못하는 변호사보다 우수한 것이라는 것을 이해하여야만 한다.

마지막 유형이 雄辯家(spellbinder)형이다. 다행스럽게도 웅변가형은 내가 재판연구관을 하고 있을 때와 비교할 때 오늘날에는 훨씬 드문 존재가 되었다. 웅변가는 목소리가 좋고, 설명할 수 없는 무언가를 많이 가지고 있다. 무언가라는 것은 風采라고도 불리는 것이지만, 이것에 의해 그는 연방대법원에 말을 하는 것이 아니라 연방대법원과 말을 하는 것이다. 이 종류의 구두변론을 하는 변호사에게는 좋은 점이 여러 가지가 있다. 그러나 그는 天性의 長點으로써 사건의 法的 爭點을 주의 깊게 分析하는 것을 대신하는 경향이 있다. 웅변가는 재판관에게 머리를 조금 쉴 여유도 주지 않고 법적 분석을 계속하는 '케인즈 죤즈'와 銅錢의 兩面 관계에 있다. 웅변가의 과장된 표현은 '케인즈 죤즈'에게 부분적으로밖에 본보기가 되지 않지만, '케인즈 죤즈'의 문제에 대한 상세한 注目은 웅변가의 본보기가 되는 것이다. 웅변가의 최대의 무기는 그의 熱辯이라고 그는 생각한다. 그러나 권리장전을 정부로부터 구하는가, 정부를 권리장전으로부터 구하는가를 연방대법원에 설득하는 화려한 열변은 현재의 연방대법원에는 그다지 잘 통하지 아니한다.

이상 말한 것은 현재 연방대법원에 등장하는 구두변론을 하는 변호사의 다양한 유형 중 몇 가지 예에 지나지 않는다. 만약 그들을 최상으로 組合한다면, 물론 미국 전체의 代表的인 구두변론 辯護士가 될 것이다. 사건의 본질적 요소가 법령의 표현 여하에 달려 있다면, 변호사는 잠시 한숨을 돌리고 결정적인 문장이나 단락을 천천히 읽을 것이다. 변호사는 구두변론에는 드라마적 요소가 있다는 것을 알아차릴 것이다. 그리고 그 30분의 드라마의 主役은 그 변호사이다. 그러나 또한 변호사의 臺詞는 法的 意味를 가진 내용이어야만 한다는 것을 이해하여 의뢰인의 이익과 관계 없는 발언에는 짧은 시간이라도 허비하여서는 아니 된다. 구두변론에는 테마와 계획이 필요하지만, 잠시 쉬고 나서 질문에 주의 깊게 귀를 기울이는 것도 기꺼이 하여야 한다. 그 질문이 재판관의 무지와 어리석음을 드러내고 있을지도 모르지만, 그러한 질문에도 최선의 답변을 해야만 한다. 변호사는 테이블을 두드린다든지 기타 강압적인 행동거지를 피해야만 하지만, 동시에 의뢰인을 위한 구두변론에는 統制된 熱情 — 거의 억제되지 않은 倦怠의 인상이 아닌 — 도 필요하다는 것을 이해하여야만 한다."

4. 우리나라의 구두변론을 하는 변호사의 형태

가. 준비된 書面을 읽는 방식으로 구두변론을 하여도 좋은가

우리나라의 일반법정에서 구두변론을 하는 변호사의 형태로는 여러 가지가 있는 것 같다. 필자의 경험에 의하면 변호사가 사건의 쟁점사항을 미리 잘 파악하고 사전에 제출된 소장이나 준비서면에 기재된 爭點事項의 요지를 잘 기억하고 있어 짧은 문장으로 그 核心을 진술하고 이를 명확히 하는 변호사가 있는 반면에 구두변론을 위한 訓練不足 또는 準備不足으로 인하여 "준비서면에 기재된 대로 입니다"라고만 변론한다든지, 당황하여 말을 잘 못하다가 재판장이 질문을 하여 이끌어 준 다음에야 겨우 답변하는 정도의 변론을 하는 변호사도 있다. 한편 미리 준비한 준비서면의 要旨를 따로 적은 문서를 들고 朗讀하는 변호사는 가끔 있으나, 소장이나 준비서면 자체를 그대로 朗讀하는 예는 미국 연방대법원의 경우와 마찬가지로 거의 없는 것 같다. 그러나 헌법재판소에서는 準備書面의 내용을 그대로 자리에 앉은 채로 長時間 낭독하는 예도 있다고 한다. 그런 경우에는 사건의 쟁점사항이 명확히 드러나지 아니하여 재판부뿐만 아니라 방청인들에게도 지루한 느낌만 줄 뿐이어서 이미 준비서면을 읽고 들어온 재판관들에게는 아무런 도움을 주지 못하는 無用한 절차에 그치게 된다. 미국 연방대법원규칙 제38조 제1항은 "구두변론은 사전에 제출된 준비서면에 기재된 爭點을 强調하고 이를 明確히 하는 것이어야 한다. 소송대리인은 연방대법원의 구성원 전원이 事前에 준비서면을 읽어 보았다고 前提하여야 한다. 연방대법원은 준비된 서면을 읽는 방식으로 하는 구두변론을 바람직하지 않다고 본다"고 규정하고 있는바, 우리나라도 위와 같은 내용을 소송규칙에 규정하든지, 따로 규정하지 않더라도 위와 같은 구두변론의 實務慣行을 확립해 나갈 필요가 있을 것이다.[4] 즉 준비서면에 기재된 쟁점사항을 간단히 기재한 메모만을 소지하여 그 메모의 도움을 받으면서 주요 내용을 머리에 잘 기억하여 재판부를 쳐다보면서 구두로 변론하고 재판부의 질문에는 주의 깊게 귀를 기울여 충실한 답변을 하는 것이 最上級의 구두변론이라고 할 수 있을 것이다.

나. 辯護士席에 앉은 채로 구두변론을 하여도 좋은가

한편 구두변론을 할 때 변호사가 일어서서 하는 것이 법원의 일반적인 실무관행이기는 하나 헌법재판소에서는 변호사가 자리에 앉은 채로 준비된 서면을 낭독하는 경우도 있는바, 이러한 관행은 바람직하지 않다고 할 것이다. 외국의 법정관행[5]을 보더라도 변론하는 변호사는 반드시 자리에서 일어나서 재판부를 향하여 구두변론을 하는 것이 일반적일 뿐만 아니라, 구두변론을 하는 변호사는 법정이라는 舞臺에 선 主演俳優와 같은 지위에 있으므로 일어서서 변론을 함으로써 무대에서의 集中度를 높일 필요가 있다 하겠다. 大法院에서의 전원합의체 구두변론 시에는 구두변론을 하는 변호사를 위한 탁

4) 헌법재판소의 변론기일 출석요구서에 '변론에 관한 안내'라고 하여 "변론은 쟁점사항을 강조하고 명확히 하는 것이어야 한다. 이미 제출한 준비서면이나 의견서를 읽는 방식으로 하는 구두변론은 바람직하지 아니하다"고 기재하고 있기는 하나, 이러한 권고가 잘 지켜지지 아니하는 경우가 있다.

5) 미국에서는 변호사단(council)이 앉는 좌석이 뒤편에 따로 마련되어 있고, 그 중의 한 명의 소송대리인만이 원고 측과 피고 측을 대표하여 앞으로 나아가 설치된 마이크 앞에 서서 구두변론을 하고, 재판관의 질문에 답변을 한다. 일본에서는 원고 및 피고 측 소송대리인 석에 앉아 있다가 구두변론을 하는 변호사가 그 자리에서 일어나서 변론을 한다.

자를 따로 마련해 두어 변호사가 그 탁자 앞으로 가서 일어서서 변론을 하고 있는바, 헌법재판소 법정에는 그러한 卓子를 따로 둘 空間的 여유가 없으므로 변호인석에서 앉아 있다가 구두변론을 하는 변호사만이 그 자리에서 일어서서 변론하는 것이 좋을 것이다.

다. 구두변론에서 재판부는 될 수 있는 한 質問을 하지 않는 것이 좋은가

종래 구두변론이 활성화되지 않았던 시기의 일반법원의 구두변론 법정에서는 재판장이 변호사에게 질문을 自制하는 것이 美德이라는 일부 견해도 있은 것으로 안다. 왜냐하면 재판장이 질문을 많이 하게 되면 재판장의 心證을 미리 開示하는 결과가 되어 당사자로부터 재판의 公正性에 대한 불필요한 誤解를 불러 올 염려가 있다는 것이었다. 이러한 관행은 헌법재판소에서의 구두변론 법정에서도 있어 온 것으로 안다.[6] 그러나 앞서 미국의 예에서 본 바와 같이 구두변론의 기능 중 양대 축 중의 하나가 법정에서 재판관과 변호사가 사건의 사실적, 법률적 쟁점에 관하여 論議하는 것이다. 그러므로 재판관은 자신이 파악하고 있는 사실관계와 법적 쟁점에 대한 이해를 질문을 통하여 밝힘으로써 중요한 사실을 오해하고 있다든지, 특정 선례나 법리를 변호사가 옳다고 생각하는 것과 상이한 이해를 하고 있는 것을 是正할 기회를 가질 수도 있을 것이다. 특히 헌법재판의 구두변론에 있어서는 裁判長이나 主審裁判官뿐만 아니라 다른 재판관들도 법적 및 사실적 쟁점에 대하여 청구인 측 및 피청구인 또는 이해관계인

6) 헌법재판소의 변론기일 출석요구서에 '변론에 관한 안내'라고 하여 "재판부는 변론과정에서 필요하다고 판단할 경우에는 언제든지 관련사항에 관하여 질문하거나 석명을 요구할 수 있다"고 기재되어 있기는 하다.

측 대리인에게 질문을 활발히 함으로써 구두변론의 質, 나아가서 헌법재판의 質을 向上시킬 수 있을 것이다. 헌법재판에서는 決定文을 통하여 재판관 개인의 판결 性向을 소상히 밝히게 되므로 구두변론에서 질문을 함으로써 재판관의 성향을 드러내 보이게 된다는 우려를 하는 것도 타당하지 않다고 하겠다.

라. 구두변론은 時間制限 없이 하여도 좋은가

앞서 본 바와 같이 미국 연방대법원에서는 구두변론의 시간을 한 사건에 1시간씩으로 制限하고 있고, 변론시간의 延長은 법원에 신청하여 허가를 받은 경우에만 가능하도록 되어 있다.[7] 그러나 실제로 구두변론 시간의 연장이 허가된 사건은 United States v Nixon 사건(1974년, 3시간으로 연장)과 Bowsher v Synar 사건(1986년, 2시간으로 연장) 등으로서, 특별히 공적으로 중요하고 어려운 사건에만 구두변론 시간의 延長이 許容된다고 한다. 미국에서도 원래는 구두변론 기간의 제한은 없었으나 1824년의 Gibbson v Ogden 사건에서 5일 동안에 걸쳐 구두변론이 열린 이후에 구두변론 시간제한의 필요성이 논의되어 主要事件에 대해서는 한쪽 변호사마다 1시간씩, 그렇지 않은 사건에 대해서는 각 30분씩 허용되다가 1970년대부터 현재와 같이 모든 사건에 대해 원칙적으로 각 30분씩 허용되는 것으로 慣行이 확립되었다.

---

7) 연방대법원 규칙 제38조 제3항은 "변론시간의 연장을 위해서는 당 연방대법원에 신청을 하여야 한다. 변론시간 연장의 신청은 상소인 또는 청구인의 본안에 관한 준비서면이 송달된 후 15일 이내에 제42조의 규정에 따라 제출되어야 하며, 30분의 제한시간 내에 사건의 변론을 마칠 수 없는 이유를 구체적이고 간단하게 설명하여야 한다"고 규정되어 있다.

우리나라에서는 일반법정에서는 구두변론의 시간이 너무 길어 제한할 필요성이 있는 사건은 거의 없는 것으로 안다. 다만, 대법원에서는 전원합의체 구두변론 시 冒頭陳述을 하는 데 몇 분, 爭點事項에 대하여 진술하는 데 몇 분, 질문에 答辯하는 데 몇 분, 마무리 진술을 하는 데 몇 분 등으로 時間制限을 勸告하고, 실제 구두변론 시에도 그 시간을 경과하면 재판장이 변호사에게 변론을 마쳐달라고 訴訟指揮를 하는 것으로 안다.[8] 그런데 헌법재판소에서는 구두변론 案內狀 발송 시 주장의 요지를 진술하는 데 소요되는 시간을 정하여 안내[9]하기는 하나, 변호사가 그것을 장시간 초과하는 경우에도 제지하지 아니하고 허용하는 예도 있다고 한다. 그러한 경우에 시간을 지켰던 변호사 측이 법정에서 불만을 표출하는 경우도 있다. 헌법재판소에서의 구두변론에 있어서도 위와 같은 예들을 참고로 하여 구두변론의 시간제한에 관한 규정을 마련하든가, 그렇지 않다 하더라도 구체적 사건에 적절한 정도의 구두변론 시간을 권고하고, 그것을 초과하는 경우에는 소송지휘를 통하여 이를 제지하는 것이 바람직하다고 하겠다.

---

8) 필자가 미국 구두변론 법정을 방청하였을 때도 각 변호사에게 할당된 시간이 가까워 오면 빨간 경광등이 돌아가면서 반짝이고, 그래도 마치지 아니하면 마이크가 자동으로 꺼지는 광경을 목격하였다.

9) 변론기일 출석요구서에 '변론에 관한 안내'라고 하여 "청구인 측과 이해관계인(주무관청) 측의 변론은 각 측이 20분 이내로 마쳐질 수 있도록 준비바란다"고 기재하고 있다.

5. 맺는 말

이상에서 구두변론이 가장 발달되어 있다는 미국 연방대법원에서의 구두변론의 기능과 구두변론을 하는 변호사들의 유형을 렌퀴스트 전 대법원장의 표현을 빌려 살펴보고, 우리나라의 일반 법정 및 헌법재판소에서의 구두변론의 태양에 관하여 살펴보았다. 근래에 우리나라에서도 서면 중심의 심리가 아니라 법정에서의 구두변론의 활성화를 통한 審理充實化를 도모하여야 한다는 共感帶가 법조인들 사이에 널리 擴散되고 있는 실정이다. 특히 헌법재판에 있어서는 국민적 관심이 높은 사건에서는 구두변론을 통하여 사건의 쟁점을 국민들에게 미리 알려야 할 필요가 있을 뿐만 아니라, 변호사들이 법정에서 구두변론을 통하여 사건의 사실 및 법적 쟁점사항에 관하여 조리있게 주장하고, 재판부의 질문에 답변함으로써 무엇이 문제인지를 보다 뚜렷이 할 수 있을 것이고, 간혹 재판관이 사실과 법적 쟁점에 관하여 오해를 하고 있는 경우에는 이를 시정하는 기회로 삼을 수도 있을 것이다. 따라서 필자로서는 우리 법조인들이 이 글을 읽음으로써 보다 질 높은 구두변론이란 어떠한 것인가를 다시 한번 생각하는 기회가 되었으면 하는 바람이다.

[별지 2]

미국 연방대법원 홍보 DVD

그것은 연방대법원의 심사를 구하는 청원서(petition)로부터 시작한다. 청원서는 매년 수천 건 정도 도달한다. 조용한 방에서 9명의 대법관들은 이러한 청원들에 대해 심사한다. 그것은 자신이 억울하게 유죄를 선고받았다는 형사 피고인으로부터의 청원일수도 있고, 군(軍) 최고사령관으로서의 자신의 지위를 방어하는 대통령으로부터의 청원일 수도 있다.

바로 이 곳 대법정에서 국가가 직면하고 있는 큰 쟁점들이 논의된다. 이는 엄숙하고도 친밀한 한 편의 드라마다.

미국 연방대법원은 전 세계 최고법원의 모범이 되고 있다. 미국 연방대법원이야말로 지구상 최고의 사법 권력 기관이라 할 수 있을 것이다.

대법관들은 비공개로 사건을 심사숙고하고 결정한다. 홈즈(Holmes) 대법관이 말했듯이 이 때 대법관들은 정숙하지만, 이 때의 정숙함은 폭풍의 중심과 같은 정숙이다.

이들의 정당성은 헌법에서 나오는 것이지만, 그들의 권력의 근원은 대중의 신뢰, 재판관의 독립성, 그리고 그들의 공평성으로부터 오는 것이다.

연방대법원은 200년 역사의 헌법을 해석한다. 자유를 수호하고, 연방을 보호하며, 법치주의를 지지하는 것이다.

〈미국 연방 대법원〉

대법원은 새로운 대법관이 부임할 때마다 단체 사진을 찍는다. 법을 전공한 그들이지만, 그들이 다루는 것은 인간의 딜레마에 관한 것이다. 그들도 현실과 유리된 영혼이 아닌 인간일 뿐이다.

미국 역사를 통틀어서 100명이 약간 넘는 연방 대법관들이 있었다. 평균 임기는 약 16년이다. 임기가 평균의 두 배 이상 되는 대법관들도 많다. 자신을 지명한 대통령의 퇴임 후에도 몇십 년 이상을 대법관으로서 일하는 것이다.

> (레이건 대통령): “본인은 렌퀴스트 대법관을 다음의 대법원장으로 임명하는 것을 영광스럽게 생각합니다.”

대통령들은 항상 자신이 지명한 대로 대법원을 구성하고 싶어 한다. 결과는 원하는 대로 일 수도 있고 그렇지 않을 수도 있지만, 대법관들은 자신의 독립성을 주장하는 데는 망설이지 않는다. 법원의 구성원은 대통령이 지명하고 상원의 인준하는 방법을 통하여 항상 대중의 원하는 바를 반영하여 왔다.

> (브라이어 대법관): “인준된 후에는 모든 대법관들은 법과 대법원과 그리고 자신의 양심에 대하여 책임을 져야 합니다. 대중들은 이제 더 이상 직접 투표로 결정할 수 있는 권한이 없으므로 인준 과정이 아주 중요해지는 것입니다.”

연방대법관으로 임명되는 것은 영광스러운 일이기도 하지만, 한 대법관이 말했듯 벼락을 맞는 것과 비슷한 것이기도 하다.

(수터 대법관): “제가 여기 도착했을 때는 동료 중 하나가 3 년만 견뎌 보라고 하더군요. 그러고 나면 좀 적응할 수 있을 거라고. 다른 동료들은 3 년 법칙은 무시하라며 적응하는 데 족히 5 년은 걸린다고 하더군요. 몇 년이 지나고 나서 자신이 여기에 있다는 것조차 잊어버릴 때쯤 되서야 인제 일을 좀 시작했다고 할 수 있겠죠.”

연방대법원의 대법관들은 국가권력의 한계의 선을 긋는 문제를 해결해 줄 것을 끊임없이 요구받는다. 대통령, 의회, 그리고 각 주들이 할 수 있는 권한은 무엇이고, 할 수 없는 것은 무엇인가를 결정하는 일이다. 그러므로 논란의 중심이 되는 것을 피할 수는 없을 것이다.

200년이 지난 오늘에는 미국인들은 대법원의 권위를 인정한다. 하지만 항상 그랬던 것은 아니었다. 1801년 정부가 워싱턴(Washington, D.C.)으로 이주했을 때 연방대법원은 아직 완성되지 않은 수도의 한 부분을 차지할 수 있었다. 이 때 버지니아 출신의 전도유망한 젊은 변호사 존 마셜이 대법원장으로 임명되었다. 마셜 대법원장 하에서 최초로 의회의 법을 위헌으로 무효화시키면서 대법원은 처음으로 최고의 사법권력을 행사할 수 있었다. 현재 대법원에 있는 마셜 대법관 동상 뒤에는 Marbury v. Madison 사건에서의 그의 의견이 새겨져 있다. 그리고 이후의 또 다른 사건에서는 그는 “우리가 해석하는 것은 헌법이라는 것을 잊지 말아야 한다”고 하였다. 그의 리더십 아래 대법원은 헌법을 국가정립의 중요한 도구로 만들 수 있었다. 마셜 대법관의 임기 동안 새 대법원은 동등한 국가 기관으로서 대중의 존경을 빠른 속도로 얻어 낼 수 있었다.

그로부터 20년 후 대법원은 미국 역사상 가장 분열적인 문제에 직면하게 된다. 미주리 노예였던 드레드 스콧은 의회의 법에 따라 자신의 해방을 주장하였다. 이에 로저 브룩 토니 대법원장은 의회는 노예를 금할 수 있는 법을 만들 수 있는 권한이 없으며, 흑인은 절대로 미국 시민이 될 수 없다고 하였다. 이 판결은 대법원의 권한을 수 년간 약화시킨 결정이었다. 노예 문제는 결국 시민전쟁으로 해결될 수 있었다. 그리고 드레드 스콧 판결은 대법원의 권한에 가장 크게 흠집을 낸 판결로 남게 되었다. 시민전쟁 후 헌법은 노예제를 폐지하고, 시민권을 정의하며, 투표권을 보장하도록 수정되었다. 제14차 수정 헌법은 주(state)로 하여금 적법절차나 법의 평등 보호를 모든 시민들에게 부여하도록 하였다.

(딕 하워드 교수): "많은 사람들이 제14차 수정 헌법을 제 2 의 권리장전이라고 부릅니다. 그렇게 부르는 이유는 권리장전이 연방 권력으로부터 시민을 보호하기 위한 것이었던 것처럼 오늘날에 있어서 14차 수정 헌법은 주(state) 권력으로부터 시민을 보호하기 위해 쓰이기 때문입니다. 그러므로 헌법 계보로 보면 14차 수정 헌법은 제 2 의 권리장전이라고 볼 수 있는 것입니다."

오늘날의 대법원은 국가적 분쟁을 해결하기 위해 존 마셜이 세운 헌법의 이론을 사용한다.

스티븐스, 스칼리아, 긴스버그 대법관이 AE 딕 하워드 법대교수와 함께 좌담회를 가졌다.

(케네디): "우리는 존 마셜이 가지지 못했던 이점이 있는데, 그것은 200년 동안 역사를 통해 다른 사람들이 범한 오류, 또는 지혜 등을 먼 거리에서 볼 수 있었다는 것입니다. 그렇기 때문에 200년이 된 문서를 가졌다는 것은 불이익보다는 이익이 될 수 있을 것 같습니다."

(스칼리아): “저는 거기 포함시키지 말아 주세요(이익이 된다는 것에 동의하지 않음). 헌법이 더 명확해졌다고도 볼 수도 없고, 예전에 의미하던 바에서 달라졌다고 할 수도 없습니다. 단지 헌법을 해석하는 철학이 다를 뿐이죠.”

(스티븐스): “물론 우리는 때때로 아주 근본적인 것에 관한 의견 차이를 들어 내기도 합니다. 하지만 모두 다 같은 목적을 가지고 있어요. 우리는 신의 성실로 서로를 존중하고 같은 목적을 달성하기 위해 노력합니다. 무엇이 가장 기본적인 것인가, 그리고 무엇을 달성해야 하는가에 관한 의견 차이는 없다고 봅니다.”

(긴스버그): “우리는 1787년, 그리고 1791년에 쓰인 헌법을 가지고 있지 않습니다. 우리는 전후 수정 헌법, 제19차 수정 헌법을 가지고 있는 것입니다. 권리장전에 있는 ‘우리 시민들은’에서의 우리 시민은 아주 소수만 포함하고 있었다는 것을 기억해야 합니다. 여성에게는 투표권이 없었고, 많은 사람들이 노예로 붙잡혀 있었으며, 원주민인 인디언들은 미국 시민과 같은 존엄과 법적 지위를 갖지 못했습니다. 그들은 지금 우리의 헌법에는 ‘우리 시민’으로 포함되는 사람들이지만, 처음에는 그렇지 못했었습니다.”

연방대법원은 매주 약 100건, 매해 약 7,000건 정도의 새로운 사건이 접수된다. 대부분은 수리영장을 구하는 청원서의 형태로 도착한다(petition for the writ of certiorari). 이는 하급 법원의 결정이 잘못되었음의 결정을 구하고자 하는 청원서이다. 이 중 극히 일부인 매년 약 100건 정도만 본안 심사를 하게 된다. 새로 도착한 청원서와 이미 본안 판단이 결정된 사건의 준비서면(brief)이 매주 대법관들에게 배달된다. 각 대법관들은 로 클럭(law clerk)과 비서들로 구성된 소규모의 직원들의 도움을 받는다. 하지만 개개 사건을 결정하는 것은 대법관 개인 각각의 책임이다. 브랜다이스 대법관은 우리는 자신의 일은 자기가 한다고 말한 바 있다. 연방대법원에 사건이 도달할 때면, 사실관계는 하급법원에서 다 결정되어 온다. 연방대법원은 법적 문제만 다룬다. 하급법원이 제대로 법을 적용했는가, 법은 합헌적인가 하는 문제다.

대법관들을 매주 회의실에서 모여 어떤 사건을 본안 판단할 것인지, 그리고 이미 변론이 있었던 사건에 관해서는 어떻게 투표하고 논의할 것인지 평의한다.

렌퀴스트, 오커너, 토마스, 브라이어 대법관들이 모여 자신의 업무에 관해 이야기 하였다.

(브라이어): "선조들이 헌법이라고 불리는 문서를 만들어 헌법의 단어들이 200년 후에 실제적으로 문제를 해결하는 데 우리를 가이드한다는 사실을 현실로 느끼고 있습니다."

(오커너): "가장 놀라운 점은 수리영장 청원서를 본안 판단할 것인지, 심사하는 사전 심사 과정이라고 할 수 있습니다. 일류 변호사가 작성하였든지, 아니면 어느 형무소의 형사피고인이 혼자서 작성하였든지 간에 똑같은 비중으로 하나 하나 고려한다는 것은 미국이라는 국가의 크기나 접수되는 청원서의 양을 고려할 때 아주 놀라운 일이 아닐 수 없습니다."

(딕 하워드 교수): "만약에 수리영장 청원 사건을 심사하지 않기로 하였다면, 암묵적으로 하급심 사건의 결정을 승인하는 것입니까?"

(오커너): "심사거부는 선례적으로 아무런 가치가 없습니다."

(토마스): "언론들이 보도를 하는 것을 보면 종종 우리가 하는 Certiorari 프로세스(수리영장 심사과정)에 대해서 오해하는 것을 볼

수 있습니다. 우리가 단지 심사를 거부하였다고 하면 '연방대법원이 하급법원의 결정을 지지했다.' 또는 '하급법원에 명령했다'. 이런 식으로 보도하는 것은 잘못입니다. 심사거부는 그런 것을 의미하지 않습니다."

(렌퀴스트): "테프트 대법관이 말씀한 바 있듯이 한 개인의 정의를 위해서는 1심 법원과 상고할 수 있는 상급 법원 이 두 개만 있으면 충분하다고 하였습니다. 그러므로 연방 대법원이 간섭하려면, 단지 '사건 당사자들이 법이 부여하는 권리를 받지 못했다'보다는 좀더 큰 의미가 있어야 할 것입니다."

(딕 하워드 교수): "처음 평의에 임했을 때 어떠셨나요. 다른 재판관들에게 신비의 존재로 있다가 처음으로 평의를 하게 되었을 때를 말씀해 주세요."

(오커너): "처음 평의가 저에게 있어서는 가장 놀라운 과정이었다고 할 수 있습니다. 왜냐하면 처음으로 9명의 대법관들과 마주앉아 실제로 어려운 문제를 해결하고 결정하는 데 참여했기 때문이죠. 개인적으로는 전기 스파크가 튀는 순간이었다고 할 수 있습니다."

(렌퀴스트): "저보다 더 현명하고 지식이 많은 8명의 대법관 존재에 주눅이 듭니다. 하지만 저는 평의에 임한 거고, 같은 임무가 주어진 것이니 열심히 토론에 참여해야죠."

(딕하워드 교수): "평의에서 처음에 하는 것은 뭔가요? 방에 들어와서 업무하려고 준비하나요?"

(오커너): "악수하는 거요. 제일 먼저 하는 것은요. 매번 법정에 서기 전이나 평의하기 전 대법관들은 서로와 악수합니다. 이게 좋은 것 같아요. 악수를 하고 나면, 사안에 대하여 의견이 다를 때도 서로 얼굴을 붉히기가 힘들어지니까요."

(딕 하워드 교수): "구두 변론이 있은 사건이 있습니다. 평의에 와서 이 사건에 대한 서류를 들고 이를 처리하려고 한다고 가정

해 봅시다. 이제 어떻게 됩니까?"

(렌퀴스트): "저는 먼저 사건의 쟁점 사항에 대한 개요를 정리하면서 논의를 시작해 나갑니다. 그리고 모두 발언권이 주어지죠. 저는 항상 참여하려고 노력하는데, 이전에 제가 대법원장이 되기 이전에는 서로 질문하고, 어떤 대법관은 한 번도 발언하지 못했을 때 어떤 대법관은 두 번 이상 발언하기도 합니다. 저는 제 14년간의 소속 대법관으로서의 임기 동안 서열상 7 위로 올라왔는데(이런 서열로 되기까지 걸어 올라왔다기보다는 기어 올라온 것 같습니다), 그러한 분위기에 좌절하기도 하였습니다. 그렇기 때문에 저는 먼저 모두가 한 번의 발언의 기회를 갖는 시스템을 만들자고 동료들에게 강하게 주장해 왔고, 이제는 그러한 시스템이 유지되는 것 같습니다."

(딕 하워드 교수): "평의 전 가지고 있었던 견해가 평의를 거치고 나면 달라지는 경우도 있습니까?"

(토마스): "제가 좋아하는 접근 방식은 먼저 사건에 대한 답을 완전히 정하고, 이를 개요로 만든 다음 평의에 들어가는 것입니다. 제가 어떻게 사건을 결정할 것인지 이미 알고 있죠. 때때로 제 견해가 평의에서 바뀌는 경우도 있긴 하지만, 그렇게 많이 바뀌지는 않습니다."

(오커너): "대법관들이 가장 힘들다고 느끼는 점 중 하나는 우리가 전에 썼던 의견에서 의견을 바꾸는 것은 마치 깨끗하게 발라놓은 아직 마르지 않은 콘크리트에 발자국 흔적을 남겨 놓는 것과 같이 되어서 의견을 바꾸기 어려워진다는 점인 것 같습니다."

(딕 하워드 교수): "이번엔 연방대법원의 신비감에 대해서 질문하고 싶은데요. 연방대법원은 대법원이 일반대중과 일정한 거리를 둔다는 것에 일종의 자부심을 느끼고 있다고 알고 있습니다."

(오커너): "그렇게 알려진 것은 문제가 있다고 생각합니다. 연방대법원은 놀라울 정도로 개방적입니다."

(브라이어): "사람들이 그렇게 생각하는 것은 의회를 생각하기 때문인 것 같습니다. 의회는 왜 그런 법을 만들었는지에 대한 이유를 다 설명하지 않지만, 연방대법원은 왜 그러한 결정을 내렸는지 결정문에서 이유를 다 설명하기 때문에 비밀이 없습니다. 연방대법원은 내부비밀이 없다는 것이 바로 연방대법원의 내부비밀입니다. 단지 생각하는 사람들이 있을 뿐입니다."

(루이스 작가 및 기자): "연방대법원의 대법관은 대통령, 상원의원, 주지사나 시장들이 할 수 있는 것처럼 아침에 와서 '여기 우리가 해결해야 할 문제가 있다' 하고 소리칠 수 없다는 점을 우리는 알아야 합니다. 사람들이 먼저 자신들의 문제를 가지고 법원에 찾아와야 하는 것입니다. 적극적인 판사들이 먼저 문제를 해결하려 하는 것이 아니라 그 문제가 국가적으로 쟁점화되었기 때문이며, 사람들이 그 쟁점화된 문제를 법원으로 가지고 왔기 때문에 해결하는 것입니다. 대법원이 모든 문제를 해결해야 하는 것은 아니지만, 쟁점화된 문제가 법원의 문을 두드렸을 경우에는 결국 언젠가는 그 문제를 해결해야 하는 것이죠."

연방대법원의 변론은 공개로 진행된다. 각 당사자 대리인은 30분간의 변론 시간이 주어진다. 한 시간의 구두변론은 9 명의 최고의 대법관들이 공개적으로 그들의 업무를 진행하는 한 편의 대드라마다.

(딕 하워드 교수): "구두변론의 무대가 펼쳐졌을 때, 법정으로 들어와서 다음에는 무엇을 하나요?"

(스칼리아): "저는 구두변론 시간은 제가 준비서면을 읽으면서 떠올랐던 의문에 대해 어려운 질문을 할 수 있는 좋은 기회라고 봅니다."

(스티븐스): "저는 준비서면 중에서 중요한 부분이라 생각했었

지만, 중요 쟁점으로 부각되지 못했던 사항을 당사자에게 질문함으로써 다른 동료들에게 그 점을 각인시키도록 합니다. 그 논점에 대해 모두의 동의를 구하는 것은 아니라도 최소한 동료들이 그 논점을 알도록 하는 것이죠."

(케네디): "방청객들이 변론을 보러 오면 종종 대법관들이 질문하고 대리인이 답변하는 상황을 볼 것입니다. 그러므로 방청객들은 구두변론은 의례 이러한 질문답변의 연속이라고 생각하지만, 그것은 잘못입니다. 존(John Stevens)이 지적하였듯이 대법관들은 대리인들이라는 중간 매개체를 통하여 결국 서로와 대화를 하는 것이라 보면 됩니다."

(딕 하워드 교수): "제가 대리인의 입장이 되었다고 가정하고, 처음으로 여기에서 변론을 하려 한다고 합시다. 그렇다면 제가 무엇을 하기를 기대하시나요? 원하시는 바가 있습니까?"

(스칼리아): "먼저 발언대를 맞춰야지요."

(딕 하워드 교수): "예. 그럼 먼저 발언대를 제 키에 맞추어 조절하고…."

(스티븐스): "루스(Ruth Ginsberg)에게 물어 보는 것이 제일 좋을 것입니다. 그녀가 우리 모두의 경력을 합친 것보다 대법원 대리인으로서의 경력이 더 많거든요. 아주 경험이 많은 분입니다."

(딕 하워드 교수): "발언대에 서서 변론을 할 때 어떠했나요?"

(긴스버그): "처음에 변론을 할 때 제 순서는 오후 변론의 첫 번이었는데, 소화를 시킬 수 없을 것 같아서 점심도 못 먹었습니다. 처음에는 많이 긴장했었는데, 변론 2 분이 지난 후 9 명의 대법관을 보고 나니 저의 말에만 집중하는 청취자들이 있구나라는 것을 깨달았습니다. 30분간 달리 갈 곳이 없는 제 말만 들어야 하는 대법관들이라는 것을요. 그러니 힘이 느껴졌습니다. 그 후엔 준비서면에만 매달려서는 안 되고, 대법관들의 생각의 파도, 때로는 그들의 펀치

에 부응해 가면서 그들의 생각하고 있는 바를 이끌어 내야 한다는 점이 좀 어려웠던 거 같습니다. 훌륭한 첫문장이나 시간이 된다면, 훌륭한 마지막 문장도 준비하는 것도 도움이 될 것 같습니다."

(데이즈 전 송무 차관): "멋진 대법정에서 재판관들이 자신을 바라보고 있는 순간은 아주 인상적이고도 놀라운 경험입니다. 그러다가 처음으로 질문이 던져지면, 좀 긴장감이 느껴졌다가 또 사라지기도 합니다. 경험 중 제일 멋진 부분은 9 명의 대법관과 자신이 9 : 1로 대화를 한다는 것입니다. 변론을 하다 보면 이들 외에는 아무도 존재하고 있지 않다고 느끼게 됩니다. 아주 훌륭한 멋진 경험이죠."

(뉴번 뉴욕대 교수): "보통 미국 변호사들은 한 명의 판사 앞이나 세 명, 그리고 아주 특별한 경우엔 다섯 명 앞에서 변론하곤 하지만, 9 명의 재판관 앞에서 변론을 하는 경험은 아주 색다른 특별한 경험입니다. 왜냐하면 하나의 공동 집단 앞에서 변론하는 것이기 때문입니다. 이들은 모두 다 제각각의 생각을 지니고 있는 분들입니다. 이런 분들이 저희에게 질문들을 하고, 저희를 대법관님들 서로의 생각을 전달하는 우체통으로 사용하기도 하고요. 대법관분이 각각 자신의 특정 질문을 통해 피력하려고자 하는 개별적인 의견을 가지고 계십니다. 그렇기 때문에 대리인들은 대법관들의 질문들에 대하여 3~4개 정도 되는 각각 다른 자신의 생각들을 30분 동안 동시에 잘 저글링할 줄 알아야 합니다."

(케네디): "예전부터 변론에는 세 종류가 있다고들 합니다. 원래 계획한 변론, 실제로 한 변론, 다 끝나고 봤을 때 하려고 했지만 결국 하지 못한 변론입니다."

(스칼리아): "현재 우리 대법원은 아주 복잡한 사건에서 국가적으로 중요 문제가 될 수 있는 하나의 쟁점만 끄집어 내어 변론과 서면을 통해 이 점에 대해서만 집중적으로 논할 수 있다는 호사를

누릴 수 있습니다. 아주 좋은 호사죠."

(케네디): "사람들은 과연 구두변론이 효과가 있냐고 묻곤 합니다. 당연히 효과가 있습니다. 효과가 있어야만 합니다. 그것이 바로 법의 열정이자 권력이며, 법이 가진 시적(詩的)인 부분이 아니겠습니까? 수사학적(修辭學的)인 사건이야말로 차이를 만들어 낼 수 있습니다. 왜냐하면 추상적인 이론들이 실제 생활에 적용될 수 있어야 하기 때문입니다. 대리인들은 이런 것들을 법정에 상기시켜 주기 위해 존재합니다."

변론이 있은 후 며칠 후면 대법관들은 평의실에서 투표를 하기 위해 모인다. 이 방에서는 9 명의 대법관은 로 클럭(law clerk), 그리고 비서조차도 없이 홀로 있게 된다. 사건에 대해 투표를 마친 후에는 다수의견에 속한 한 대법관이 결정에 대한 이유를 설명하는 결정문을 쓰도록 위임받는다. 결정문 작성은 대법관의 업무 중에서 가장 시간을 많이 빼앗기는 업무다. 대법원의 결정 이유와 결정문은 다른 모든 법원이 향후 사건을 결정하는 데에 있어서 구속력이 있다.

로 클럭(law clerk)들은 사건을 연구하고, 초안을 작성하고, 변론을 준비하고, 새로운 청원서의 흐름을 사전 심사하는 데 있어서 대법관들을 보좌한다. 다수 의견과는 별도로 대법관들은 의견을 달리하는 반대의견이나 결과에는 찬성하지만, 논리에는 찬성하지 않는 개별 의견을 따로 쓸 수 있다.

일반적으로 결정문의 초안은 4 주면 완성된다. 결정문 초안은 9 명 대법관 모두에게로 배달된다. 대법관은 다른 대법관들이 결정에 합류하도록 하기 위하여 결정문 초안을 10번 이상 고쳐 쓸 수도 있다. 다른 의견을 수용하기 위해서 결정문의 수정 및 보정은 한 달 동안 계속될 수도 있다. 서로 의견을 조율하는 것은 불가피하다. 어려운 사건에 있어서는 대법관이 의견을 바꿀 수도 있다. 그리고 아주 드문 경우에 있어서는 다수의견이 소수의견으로 바뀌기도 한다. 아주 드문 예외의 경우를 제외하고는 6 월 말인 회기 말까지 모든 사건을 선고하고 결정문을 내보내는 것이 대법원의 관례다.

법정에서 대법관들이 사건을 선고하면, 공보관은 결정문 복사본을 언론으로 내보내라는 전화통보를 받는다. 마감 시간에 늦지 않도록 기자들은 일단 어떤 사건이 어떤 이유로 결정되었는지 간단히 설명한다.

대법원 기자들은 몇 장밖에 안 되는 만장일치의 결정문에서부터 때때로 의견이 나뉘어져 여러 개별의견이 있는 80장 이상이 되기도 하는 이 서면결정문에 주로 의존한다. 몇 시간 후 또는 몇 분 후면 대법원이 한 일과 이로 인하여 수백 만에게 미치는 영향력이 신문에 기사화되고 방송으로 보도된다. 이는 시민권에 대한 결정, 형사소송에 대한 결정, 세금, 노동법, 회사법에 관한 결정들이다.

> (브라이어): "연방대법원이 말하면 대체적으로 시민들은 이에 따릅니다. 이러한 암묵적인 계약이 바로 우리 시민의 자유를 위한 숨은 열쇠 중 하나인 것입니다.
>
> 만약 연방대법원이 헌법을 수호하는 것을 그만두거나, 또는 시민들이 연방대법원의 말을 듣는 것을 그만둔다면, 미국은 미국을 세계 최고의 자유국가로 만드는 하나의 보물을 잃게 되는 것입니다.
>
> 사람들은 이 기관에서 소수의 의견을 보호하려는 의지, 현재의 정치적 조류에 맞서려는 의지, 현재의 정치를 넘어서는 원칙에 대한 의지를 발견하곤 합니다. 사람들은 미국이라는 국가에 적어도 하나 정도는 거시적으로 멀리 내다보는 기관이 존재하고 있다는 사실을 확인하고 싶어 합니다.

대부분의 사람들은 연방대법원이 원칙을 지킨다는 사실을 인정하려고 합니다. 이러한 인정은 처음으로 돌아가서 이전의 100여 명의 대법관들에 의해 만들어진 것입니다. 그러므로 우리는 사실상 우리 이전의 대법관들의 신의와 양심을 사용하고 있는 것이죠.

연방대법원의 권력은 미국시민으로부터 얻은 신뢰의 권력입니다."

제 2 장

아시아 헌법재판관 회의를 다녀와서*

제 6 회 아시아 헌법재판관 회의(Conference of Asian Constitutional Court Judges)가 몽골의 울란바타르(Ulaanbaatar)에서 지난 달 25~26일에 있었다. 이동흡 헌법재판관이 한국 헌법재판소를 대표하고 필자가 수행하였는데, 이 글은 그 회의를 바탕으로 한 것이다.

* 2009년 9 월 몽골의 울란바타르에서 개최된 제 6 회 아시아 헌법재판관회의에 참석한 내용을 당시 수행한 이명웅 전 헌법재판소 연구관이 정리하여 법률신문에 기고하였던 참관기이다.

〈이동흡(앞줄 왼쪽 세 번째) 헌법재판관이 지난달 25~26일 몽골 울란바타르(Ulaanbaatar)에서 열린 제6차 아시아헌법재판관 회의에 앞서 몽골, 인도네시아, 캄보디아, 태국 등 각국의 헌법재판관 등과 함께 기념촬영을 하고 있다〉

제 1. 몽골의 자연과 사회

몽골의 수도 울란바타르는 5년 전 필자가 방문했을 때보다 서구식 빌딩이 많아졌고 차량도 증가하였으나, 도로는 별 변화가 없었다. 수도를 좀 벗어나면 비포장 도로가 흙먼지를 초래했지만, 멀리 펼쳐진 산들과 드넓은 평원, 그리고 한가로운 수많은 소와 양과 염소들은 천막집(겔)과 어울려 광대한 자연을 노래하고 있었다. 몽골의 노래와 기악곡이 멀리 들릴 수 있는 높은 음이나 바람소리 혹은 말달리는 소리를 들려 주는 것은 그러한 자연과 닮아 있었다.

몽골은 중국에 병합되었으나 소비에트 적군(赤軍)의 원조를 받아 1924년 공화국을 선포하였고, 1946년 중국으로부터 정식으로 독립하였다. 1992년 신헌법 제정으로 사회주의를 포기하고 시장경제체제를 채택하면서 헌법재판소도 설립하였다. 이원정부제로서 대통령보다 수상의 권한이 강한데, 정치적 부패가 심한 편이어서 여당인 인민혁명당 건물이 작년에 시민들의 민주화운동으로 불에 타고, 금년 대통령선거에서는 부패가 심했던 대통령이 재선에서 떨어졌다. 인종적 친근감을 지니고 있는 필자에게는 몰리브덴·구리·금 광산 등 방대한 지하자원을 지닌 몽골의 미래가 부패한 정치인들의 이권다툼이 되어 후손에게 누가 되지 않을까 걱정되었지만, 몽골인들의 강한 자주성과 독립성은 역사의 수레바퀴를 발전적으로 돌려 놓을 것이라 믿는다.

도착일(2009. 9. 24.) 오후 우리는 몽골의 한국대사관(이대영 3등서기관)의 안내로 수도에서 1시간 거리의 기암괴석이 있는 테를지 국립공원을 방문하여 말과 낙타를 타며 몽골의 자연친화적인 환경을 가까이서 체험할 수 있었다. 그 곳 휴양지에는 겔들이 모여 있고 특별한 유락거리가 없는 듯 보여 여기 온 몽골인들은 심심하지 않겠냐고 물으니, 몽골인들은 한 곳에 가만히 머물면서 휴식하는 것을 좋아한다는 대답이 독특하였다. 우리나라와는 유목민과 농경민의 차이 같은 것이 느껴졌다. 저녁에는 정 일 한국대사의 초청으로 다양한 화제를 접하며 유익한 시간을 보낼 수 있었다.

제 2. 아시아 헌법재판관 회의 내용

'아시아 헌법재판관 회의'는 독일의 콘라드 아데나워 재단이 '아시아의 법치주의 발전' 프로그램의 일환으로 후원하여 각국의 헌법재판기관이 매 1~2년마다 개최하고 있다. 2003. 9. 인도네시아 자카르타에서 처음 개최되었으며, 주요 참가국은 인도네시아, 태국, 한국,

베트남, 필리핀이었다. 이 회의의 목적은 아시아 헌법재판기관들 사이의 교류와 협력을 통하여 민주주의와 법치주의 발전을 도모하는 것이다. 2007. 10.에는 한국에서 제 5 차 대회가 한국 헌법재판소 20 주년 기념을 겸하여 성공리에 개최되었다. 제 3 회 대회 때부터는 '아시아 헌법재판소 협회'(가칭)를 설립하기 위한 준비위원회가 구성되었고, 우리나라가 현재 위원장(이동흡 재판관)을 맡고 있다.

이번 제 6 차 회의에는 '헌법재판과 권력분립'이란 주제로 총 10 개 국 및 1 개의 국제회의체가 참가하여 발표를 하였다. 참가국은 몽골, 한국, 인도네시아, 태국, 캄보디아, 키르기스스탄, 우즈베키스탄, 필리핀, 말레이시아, 독일이었고, 유럽평의회 소속의 베니스 위원회(법을 통한 민주주의 위원회)가 참여하였다.

이번 회의는 헌법재판과 행정부, 헌법재판과 입법부, 최근의 결정내용, 아시아 헌법재판연합체 설립경과라는 4 개의 하부 주제로 진행되었다. 총 10개 국이 많은 논문을 발표하였는데, 그 중에서는 독일과 한국의 헌법재판이 가장 주목을 받았다.

독일의 연방헌법재판소 재판관 Prof. Dr. Mellinghoff는 아데나워 재단 초청으로 특별히 초대되었는데, "헌법재판과 입법"이란 제목으로 기본적이지만 중요한 내용을 발표하였다. 독일의 경우도 계속해서 헌재의 결정시 의회에서 비판적 의견이 개진된다고 하며, 헌재는 사법자제를 도모하지만 한편으로는 의회의 입법권은 처음부터 헌법적으로 교정가능한 제한된 권한이고, 인권에 관한 한 헌법재판소가 의회보다 더 강한 기관이라는 점이 강조되었다. 한편 의회가 헌법재판소가 판결을 할 때까지 개선입법에 소극적이거나 입법을 미루는 것은 바람직하지 않다는 지적도 있었다.

이동흡 재판관은 '위헌결정의 국회에 대한 기속력'[1]과 '최근의 중요 헌법재판소결정'[2]을 각 발표하였으며, 마지막에는 '아시아 헌법재판연합체 설립추진 상황'을 보고하는 등 매우 적극적 역할을 맡았다. 첫발표에는 위헌결정의 기속력이 국회에도 미치는지, 그 예외가 허용되는지에 관한 구체적 쟁점에 대하여 시각장애인 안마사 사건, 수도이전 사건, 국회의원선거 기탁금 사건을 거론하면서 심층적으로 검토하였다. 두 번째 발표에서는 최근의 주요 결정들을 나열하고 그 중에서 방송광고의 사전검열에 대한 위헌 사건, 시각장애인 안마사 합헌결정, 종합보험 가입시 형사책임을 면책하는 교통사고처리특례법에 대한 위헌결정을 구체적으로 설명하였다. 이에 관해서는 한국에서 의회가 비판적으로 헌법재판관의 겸직이나 신분보장에 대한 제약을 할 수 있는지, 형사책임 면책에 대한 법원의 재판이 이루어질 경우 헌법재판소의 관할이 되는지 등에 관한 질문이 있었다.

마지막 발표에서 이동흡 재판관은 아시아 헌법재판 연합체의 설립경과를 설명하면서 2010. 4.에 서울에서 차기 위원회가 열릴 것을 알렸고, 아시아 헌법재판제도가 다양하므로 이를 일목요연하게 이해할 수 있는 책자를 만들 것을 제안하였다. 회의 이틀 동안 빽빽한 발표일정을 마치고 저녁에는 몽골의 아름다운 전통예술 공연이 펼쳐졌으며, 성대한 만찬을 마친 후 아시아의 대표들은 정답고 친근하게 석별의 정을 나누었다. 다음 회의는 2010. 인도네시아에서 거행될 예정이다.

---

1) 발표문의 내용은 [별지 1]과 같다.

2) 발표문의 내용은 [별지 2]와 같다.

제 3. 아시아 헌법재판의 발전방향

각국의 발표내용을 보면 구체적, 개별적인 사건들에 대한 심도 있는 내용이 많아 이제 아시아의 헌법재판이 자리를 잡아 가고 있는 것을 확인하였다. 많은 참가국에서는 민주주의와 법치주의의 발전과정에서 헌법재판이 담당하는 기능과 역할이 중요해지는 것을 알 수 있었다. 그러한 과정에서 우리나라의 헌법재판소가 역할모델로서 중요한 위치를 차지하는 것을 느낄 수 있었다. 이는 옵저버로 참가한 중국 교수의 "왜 일반법원이 아닌 헌법재판소가 사법심사를 해야 하는가" 하는 일반적인 질문에 사회자가 특별히 이동흡 재판관에게 답변하도록 요청한 것에서도 알 수 있었다. 또한 참석한 여러 나라의 실무가들이 필자에게 우리나라 헌법재판소의 특정 유형 결정들에 대한 정보를 요청하였다.

오늘날 가장 발전하는 법학분야는 헌법과 헌법재판이고, 이번 회의에서도 이를 확인할 수 있었다. 인권과 법치주의를 위한 헌법재판과 이를 통한 민주주의 발전의 과제는 아시아 각국의 공통과제이다. 한국 헌법재판소는 아시아의 가장 성공한 헌법재판기관으로서 소정의 국제적 역할을 맡아야 하며, 이를 통하여 아시아 각국의 입헌주의가 동반적으로 발전하게 되기를 기대한다.

[별지 1]

The Binding Effect of the Decision of Unconstitutionality on the Legislature

– Whether we should allow repetitive enactment by the legislature –

Dong-Heub LEE*

* Justice, Constitutional Court of Korea.

I. Issue Raising – The Binding Effect on the Legislature

The Article 47 Section 1 of the Constitutional Court Act stipulates that "any decision that statutes are unconstitutional shall bind the ordinary courts, other state agencies and local governments.", making clear that the effect of the decision of unconstitutionality reaches courts, other governmental institutions and local governments. In addition, Article 75 Section 6 of the Constitutional Court Act provides that Article 47 shall also apply *mutatis mutandis* where a constitutional complaint is upheld. These provisions are important legal means to guarantee the effectiveness of the decisions of the Constitutional Court.

However, with regard to the scope of the binding effect of unconstitutionality, whether this binding effect reaches the legislature still remains as an issue. In other words, whether the binding effect of unconstitutionality reaches the lawmakers who will legislate in the future with respect to such matters that had involved statutes held unconstitutional, and therefore whether the lawmakers are bound to follow the decisions of unconstitutionality without any exception, is still subject to debate.

This is an issue when the lawmakers enact a statute or a provision that is identical or substantially similar to the statute or provision once held unconstitutional, that is, when so called repetitive enactment has occurred. If we presume that the binding effect reaches the lawmakers, then the repetitive enactment will be prohibited as it is against the binding effect, and the Constitutional Court must hold the statute unconstitutional without adjudicating on the merits. On the other hand, if we presume otherwise, then such repetitive enactment would be allowed, and if constitutional adjudication is requested with respect to such law, then the Court should adjudicate on the merits *de novo*.

This question is a question of competency between the Constitutional Court and the legislature, and involves not only essential questions on the scope and limitation of judicial power and legislature but also a fundamental question on the principle of the separation of powers.

German Constitutional Court through case precedents dealt with such issues regarding the scope of the binding effect of unconstitutionality and issues regarding whether to allow repetitive enactments. The theories in Korea are not so much different from those of Germany. While the Constitutional Court of Korea has not directly and clearly held whether the legislature is bound by the decision of unconstitutionality including whether to allow repetitive enactment, the Court nevertheless is viewed as having expressed its position indirectly as to such issues in a couple of cases. Here, I will illustrate a few Constitutional Court cases that are viewed as typical cases involving such issues.

II. The Constitutional Court Cases

A. The Massager Case

1. Issue

After the Constitutional Court had held the regulation which confers massage license only to the visually impaired as unconstitutional(May 25, 2006, 2003 Hun-Ma 715 et al.), the National Assembly again enacted a statute almost identical to such unconstitutional regulation. The Constitutional Court ruled on the ground that the 'regulation on massagers' conferring monopolistic massage license to the visually impaired is against the freedom of occupation. Nonetheless the National Assembly by reforming medical law enacted a law that again confers massage license only to the visually impaired. The rule was enacted in the form of law and not the regulation, and thus such enactment had a change in formality. However, as the Court's reasoning was that the monopolistic license to the visually impaired is against the freedom of occupation, the National Assembly may be viewed as having enacted a law that is practically against the decision of the Constitutional Court.

2. Case Development

a. 2003 Hun-Ma 715 et al.(May 25, 2006)

The Constitutional Court ruled that the Regulation on Massager Article 3 Section 1 made under the Medical Act Article 61 Section 4, which permits only the visually impaired as qualified massagers materially limits freedom of occupational choice of other people who are not visually impaired, and thereby violates the principle of statutory reservation, and the prohibition of excessive restriction, and therefore is against the Constitution. Although the decision of unconstitutionality is made by votes of 7 among 8 Justices, only 5 Justices maintained that the law is against the prohibition of excessive restriction.

b. Legislative Amendment after the Decision of Unconstitutionality

While the National Assembly amended the Medical Act pursuant to the Court's decision, nevertheless the National Assembly sustained the current system which allows only the visually impaired as massagers. The National Assembly on September 27, 2006 amended the Medical Act and provided under Medical Act Article 61 Section 1 what once had been provided under the Article 3 Section 1 of the Ministry of Health, Welfare and Family Affairs Regulation. Thus such enactment may be viewed as a change in formality(where the violation of principle of statutory reservation has been solved), it may nonetheless be viewed as in conflict with the Court's reasoning that the monopolistic license is against the freedom of occupational choice of other people who are not visually impaired.

The National Assembly when amending the Medical Act commented on its legislative intent as follows:

> On May 25, 2006 the Constitutional Court ruled that the 'visually impaired' part of the Article 3 Section 1 subsection 1 and 2 of the Regulation on Massagers which regulates the qualification of massagers in accordance with the Article 61 Section 4, are unconstitutional. However, in order to take into account our Nation's duty to protect citizens who are physically impaired as prescribed under Article 34 Section 5 of our Constitution more fully than freedom of occupational choices of the non visually impaired while respecting the decision of the Constitutional Court, we intend to regulate directly by legislative act limiting the massager qualification to the visually impaired who have finished the required courses on massage.

c. 2006 Hun-Ma 1098(October 30, 2008)

The Constitutional Court ruled that the Article 61 Section 1 of the Medical Act which permits only the visually impaired as massagers as constitutional in a 6(constitutional): 3(unconstitutional) decision.

One of the issues in the above case was whether such provision is in conflict with the binding effect of the decision of unconstitutionality. With respect to such issue the Court said that:

Article 47 Section 1 of the Constitutional Court Act provides that 'any decision that statutes are unconstitutional shall bind the ordinary courts, other state agencies and local governments.' And Article 75 Section 1 stipulates that 'a decision to uphold a constitutional complaint shall bind all the state agencies and the local governments.', so that the binding effect of the decision of unconstitutionality and of upholding constitutional complaint of the Constitutional Court can be guaranteed. In connection with this, the issue can be raised as to whether the binding effect reaches the National Assembly, and whether the binding effect reaches not only the holding but also the reasoning of the Court. With respect to such issue, we have to consider boundary and scope of both the judicial power of the Constitutional Court and the power of the legislature, and decide with caution. In this case, the petitioners argue that the legislative enactment of the substantially similar law notwithstanding the Constitutional Court's decision that the law providing massage license only to the visually impaired is against the prohibition of excessive restriction, and thereby infringes upon the freedom of occupation of the non-visually impaired, is in conflict with the binding effect of the decision of unconstitutionality. This argument basically assumes that the Court's reasoning that the exclusion of the non-visually impaired is against the prohibition of excessive restriction has the binding effect. As we have noted above we need to be cautious in deciding whether to recognize the binding effect of the reasoning of the decision. And even if we do recognize such binding effect, to follow the reasoning that exclusion of the non-visually impaired is against the prohibition of excessive restriction, we need the votes of 6 Justices for the reasoning which substantiates the holding, being a quorum of decision of unconstitutionality(see Article 113 Section 1 of the Constitution, and Article 23 Section 2 of the Constitutional Court Act), and if the votes for the reasoning are less than 6, then there is no reason why we should follow such reasoning.

As we have seen above, in the case 2003 Hun-Ma 715 et al., 7 Justices have voted for the decision of unconstitutionality in the holding that the exclusion of the non-visually impaired is against the Constitution. However, there was a split of opinions in the reasoning. While there was an opinion that said that such exclusion is against the principle of statutory reservation, there was another opinion that such exclusion is against the prohibition of excessive restriction, and only 5 Justices have voted for the reasoning that such exclusion is against the prohibition of excessive restriction. Thus, there is no reason that we should recognize the binding effect of the reasoning that such exclusion is against the prohibition of excessive restriction. Hence, even though the National Assembly has enacted a provision that is substantially similar to the law in the case of 2003 Hun-Ma 715 et al., excluding the non-visually impaired, as long as the binding effect of the reasoning that such exclusion is against the prohibition of excessive restriction is not recognized, it cannot be viewed that such provision is in conflict with the binding effect of unconstitutionality without reaching any further decision whether to the binding effect reaches the National Assembly, the lawmakers, and to recognize the binding effect not only of the holding but also of the reasoning of the Court.

Further, the Constitutional Court stated that:

> The provision aims to enable rewarding lives and realization of the right to humane living conditions for the visually impaired, and therefore has the legitimate legislative purpose. And, given the nature of massage service that it barely requires spatial movement and mobility compared to other types of jobs, and that it is friendly for the visually impaired who have more developed sense of touch, it is deemed that the provision is an adequate means to serve such legislative purpose, as it offers the opportunity to assist in the livelihood of the visually impaired in addition to engaging the visually impaired in occupational activities by allowing their monopoly over the massage business.

Moreover, the Provision does not contradict the principle of the least restrictive means in that, amid insufficient welfare policies for the visually impaired, the massagist may be the only occupation available for them, that there are no ample alternatives for them to maintain their livelihood when the non-visually impaired are also authorized to engage in the massage business, that it is necessary to take preferential measures for the visually impaired, the minority who have been discriminated against over the years in terms of education, employment, and in many other areas, to realize substantial equality, etc. Also, even when comparing public interests such as the right to livelihood of the visually impaired with the private interests substituted as a consequence, such as people's freedom of occupational choice, it cannot be concluded that disparity occurs between the public and private interests. Therefore, it cannot be seen that the Provision overrode the boundary of restriction on basic rights set forth in Article 37 Section 2 of the Constitution and thus violated the freedom of occupational choice or right to equality of the non-visually impaired.

B. Relocation of the Nation's Capital

1. Issue

Despite the Constitutional Court's decision of unconstitutionality regarding the statute that decreed the establishment and the relocation of a new administrative capital, the National Assembly enacted a new act which was largely similar to the previous act declared unconstitutional in terms of its system and contents, with only small changes such as narrowing the number of public institutions to be relocated and changing the name of the act. In response to the new act, another constitutional complaint was filed to challenge its constitutionality, arguing that the new act ran afoul of the binding effect of the aforementioned unconstitutionality decision by the Constitutional

Court.

2. Case Overview

a. 2004 Hun-Ma 554 etc.(October 21, 2004)

The Constitutional Court, in an 8(unconstitutional): 1(constitutional) opinion, held unconstitutional the Special Act on the Construction of a New Administrative Capital, which mandated the relocation of the capital and set forth procedure of the relocation, on the grounds that although not explicitly stated in the text of the Constitution, Seoul's status as the nation's capital has been legally effective for more than 600 years as an endearing legal custom and regarded as a part of the most fundamental and self-evident customary constitutional norm since the establishment of the Korean constitutional system.

Moreover, the wide consensus among the people that the capital of Korea is Seoul has existed even before the drafting of our written constitution, and therefore, even though it is not expressly provided for in the text, it is a norm which is evident to everybody and which was presupposed by the written constitution. As a customary constitutional norm, it has gained the status of unwritten constitution. Therefore, in order to repeal certain practices exercised on the basis of such a customary constitutional norm, it is required to follow the procedures required for revising the Constitution. Nevertheless, passing the 'Special Act on the Construction of a New Administrative Capital' without going through the process of constitutional revision is then an attempt to make changes to the Constitution through an ordinary statute, and the whole part of the statute is in violation of the Constitution on the grounds that it infringes on the right to vote of the citizens, including the complainants, in a national referendum.

Although the Constitutional Court received criticism in terms of its legal reasoning, the Court made the decision to effectively curb the then government and the ruling majority's unilateral decision on such an important policy issue against opposition from the greater part of the citizens, understanding well the background reasons behind the legislation of the relocation of the capital including both social motives(to achieve decentralization and balanced development of the nation) and political motives(to cater to the expectation and support of voters in Chungcheong Province).

b. 2005 Hun-Ma 579(November 24, 2005)

After the Constitutional Court's decision of unconstitutionality, the legislature enacted a new act called 'the Special Act on the Construction of an Administration-oriented Complex City in the Yeongi and Gongju Region as Follow-up Measure to the New Administrative Capital Project(hereinafter, the Instant Act).' The new Act specified the six central administrative agencies including the Blue House(Cheongwadae, or the Office of the President of the Republic of Korea) which were excluded from the relocation.

In response to the new legislation, another constitutional complaint was filed. The Constitutional Court, however, dismissed the second round challenge on the grounds that the new act did not endanger the complainants' right to vote in a national referendum, stating "the complainants argue that the Act is practically the same as the previous one which had been decided unconstitutional, thereby running afoul of the binding effect of the Constitutional Court's decision or the rule of *res judicata*. But, as reviewed above, since the capital will neither be relocated nor the function of the capital will be dismantled by the Instant Act, it cannot be regarded as the same as the Special Act on the Construction of a New Administrative Capital Act or going against the binding effect of the Constitutional Court's decision or the rule of *res judicata*."

Two Justices, on the other hand, dissented on the grounds that "it is a serious problem that the Instant Act was enacted only shortly after the decision of unconstitutionality regarding the Special Act on the Construction of a New Administrative Capital, posing grave threat to adherence to the Constitution, authority of the Constitution and the effect of the Constitutional Court's decision. Therefore, the Constitutional Court, as long as there is even a slight chance for the Instant Act to violate the citizens' basic rights, should not dismiss the case but review the case on the merits and clarify whether the Instant Act is constitutional or not…. The Instant Act is a succession of the Special Act on the Construction of a New Administrative Capital which would bear the same unconstitutional aspects unless the practical difference, such as reducing the number of administrative agencies to be relocated, fundamentally transforms the core character of the Instant Act."

3. Evaluation

In a case of constitutional complaint on a statute similar to another statute that has already been decided unconstitutional, the Constitutional Court decided that the statute to be reviewed is not in violation of the binding effect of the Constitutional Court's decision of unconstitutionality, considering it practically different from the unconstitutional statute. Regarding this, two Justices dissented on the grounds that the statute to be reviewed is practically the same as the statute decided unconstitutional. The aforementioned decision, although not directly specified the binding effect of the Constitutional Court's unconstitutionality decision over the legislature and its scope, may show that the statute to be reviewed is in violation of the binding effect of the Court's decision if it is practically the same as the statute decided unconstitutional.

C. National Assembly Candidate Deposit Case

1. Issue

In this case, although the Constitutional Court rendered a

decision of unconstitutionality on a statute enacted by the National Assembly on the grounds that the statute was practically and virtually the same as the previous statute which had been decided unconstitutional by the Court, the legislature once again enacted a similar statute that could be in violation of the Court's decision of unconstitutionality. The issue here is, therefore, whether such enactment of statute by the National Assembly is constitutional or not.

In this case, the Constitutional Court first rendered a decision of unconstitutionality on the repeated legislation. But later, the Court decided the similar legislation constitutional, thereby allowing the National Assembly's repetitive legislation in conclusion.

2. Case Overview

a. 1 KCCR 199, 88 Hun-Ka 6(September 8, 1989)

Article 33(1) of the former Election of National Assembly Members Act(hereinafter, 'the Instant Act') required "independent candidates to make a deposit of KRW 20 million to the local Election Commission at the time of registering as a candidate while party nominees to deposit KRW 10 million." Regarding this, the Constitutional Court ruled the Instant Act was in violation of the Constitution, infringing upon candidates' right to equality, right to be elected and the voters' freedom of choice, on the grounds that not only the deposit requirement of KRW 10 or 20 million was restrictive to people of ordinary income or in their twenties' or thirties' and therefore, permitted only the wealthy to the candidacy, but also unreasonably discriminated independent candidates from party nominees by providing different standards for the candidate deposit. However, the Court went on saying that having respect for the authority of the legislature and the homogeneity of its membership, the National Assembly must make the revisions themselves and the Instant Act still remained applicable for another re-election or by-election that would take place before the revision of the Instant Act by the legislature. The Court hereby rendered a decision of nonconformity to the Constitution, allowing the Instant Act to remain effective until revised by the legislature by the end of May 1991.

After the nonconformity decision, however, the National Assembly which had provided for an equal deposit requirement of KRW 10 million for both independent candidates and party nominees in the revised Act on the Election of Public Officials (Act No. 4462, December 31, 1991) finally raised the candidate deposit requirement up to KRW 20 million for a candidate in the Act on the Election of Public Officer and Prevention of Electoral Malpractice in 1994.

b. 13-2 KCCR 77, 2000 Hun-Ma 91 (July 19, 2001)

In this case, the Constitutional Court declared unconstitutional the provision on the candidate deposit requirement of KRW 20 million in the Election of Public Officer and Prevention of Electoral Malpractice Act on the grounds that the high deposit amount effectively barred many qualified candidates from running for the National Assembly, thereby infringing on the candidates' right to equality, right to be elected and the voters' freedom of choice. In its reasoning, the Court articulated:

> The essence of the Court's former decision of nonconformity to the Constitution, regarding Article 33 of the former Election of National Assembly Members Act requiring independent candidates to make a deposit of KRW 20 million(for party nominees, KRW 10 million) to the local Election Commission at the time of registering as a candidate(88 Hun-Ka 6, September 8, 1989), are such that the deposit requirement of KRW 10 or 20 million was retrictive to people of ordinary income or in their twenties' or thirties' and could prevent serious but indigent people's candidacy, turning the election into a game for the wealthy, thereby infringing on the citizens' right to participate in the government in violation of the basic principle of democracy.

The Court also pointed out "since the decision of nonconformity to the Constitution was rendered, there has been no major change in the situation where the deposit money of KRW 20 million, to be paid to the local Election Commission by an individual candidate in order to run for public office, is not an amount that can be procured easily by average citizens in order to exercise their right to be elected."

According to the decision of unconstitutionality of the

Constitutional Court, legislators revised the amount of deposit necessary for registering as candidates for the National Assembly from KRW 20 million to KRW 15 million by Law No. 6518 on October 8, 2001. However, this amendment, decreasing the amount of deposit from KRW 20 million to KRW 15 million, may be against the holding of the Constitutional Court as a repetition of legislation because the former decision of the nonconformity to the Constitution stated the deposit of ten KRW 10 million was excessive.

c. 2001 Hun-Ma 687 et al.(August 21, 2003)

In the case of the Constitutional Complainant alleging the deposit of KRW 15 million is excessive, the Constitutional Court dismissed the complaint and held "the deposit of KRW 15 million is not excessive to infringe the rights to hold public office fundamentally, and therefore, it is not unconstitutional because the legislators set the amount within the appropriate scope and limit of the legislative power by considering the public policy of candidate deposit intended by the legislature, the right to hold public office, the right to vote, our election culture, and our economic circumstances."

The Constitutional Court cited the change in economic circumstances and election culture as the ground of constitutionality, by the study on the change in the average monthly income of September 1989 when the candidate deposit of KRW 10 million was declared as the nonconformity to the Constitution, July 2001 when the deposit of KRW 20 million was declared as unconstitutional and January 2003 when the instant decision was decided. At the time of January 2003, a typical town worker living on his or her ordinary salary, without other assets, would raise the deposit of KRW 15 million within six months; and a finance or insurance industry employee would raise the deposit within three months.

3. Evaluation

The candidate deposit cases imply that the Constitutional Court would consider significant changes in circumstances since the former decision of unconstitutionality in deciding the constitutionality of a new legislation. The Constitutional Court found the unconstitutionality of the new repetition of legislation, implicitly suggesting there were no significant changes in circumstances since the first decision of nonconformity to the Constitution; however, it later confirmed the constitutionality of the new repetition of legislation, finding the changes in economic circumstances since the former cases of the unconformity to the Constitution and unconstitutionality.

It may be interpreted as the recognition of the binding effect on the National Assembly, while it would admit the exception of the binding effect if significant circumstances justify the repetition of legislation; or, it may be interpreted as the denial of the binding effect on the National Assembly, while the Court should find unconstitutionality, as before, against the repetition of legislation without proper justifications.

Ⅲ. Conclusion

As aforementioned, we need to take a cautious approach to the issues whether the decision of unconstitutionality binds the National Assembly and whether the reasonings of the decision have the binding effect as holdings. These issues are related to the scope and limit of the judicial power of the Constitutional Court and the legislative power of the National Assembly, and the Constitutional Court has not expressly answered the issue.

However, when considering the decisions of the Constitutional Court collectively, the basic attitude of the Constitutional Court would be interpreted into two possible ways which would have no particular difference in the way of problem solving: the first interpretation recognizes the binding effect on the National Assembly in a very limited way, admitting the exception when there are reasonable justifications of the repetition of legislation; and another interpretation does not recognize the binding effect on the National Assembly, however, it permits the legislature to enact the repetitive legislation only if there are reasonable justifications of the repetition of legislation, instead of allowing the unrestricted freedom of the repetition of legislation.

Such attitude of the Constitutional Court has received favorable comments for the good balance between the efficacy of the decisions of the Constitutional Court and the deference to the legislative power, under the principle of separation of powers and the balance of power(principle of mutual deference to each institution).

Ⅳ. Other Considerations – Presentation of the Guideline to the Legislature by the Constitutional Court and the Decision of Nonconformity to the Constitution

The Constitutional Court may provide a guideline to the legislature in the reasoning when rendering a decision of unconstitutionality, although such guideline would not directly bind legislators. Or, the Constitutional Court, as a way of respecting the authority of the legislature, may render a decision of nonconformity to the Constitution despite the statute is unconstitutional, setting a time limit for the enactment of a new legislation. In that case, if the time for the enactment expires, the existing statute, which has not been amended within the time limit, would automatically lose its effect. The Constitutional Court has rendered 124 decisions of nonconformity to the Constitution, while declaring 98 statutes as nonconformity to the Constitution, during the 21 years of the history of the Constitutional Court. However, 3 statutes have still remained unamended even after the time has expired(as of August 31, 2009).

An example of the legislative guideline of the Constitutional Court is *Greenbelt* case. The Constitutional Court has decided it is nonconforming to the Constitution to designate the development restricted zone(greenbelt) and restrict the private ownership there(89 Hun-Ma 214, December 24, 1998). In the decision, the Constitutional Court stated:

> The restriction on the right to property by the instant provision would be a constitutional and proportional concretization of social limits inherent in the right to property, as long as it allows the continued use of the land consistent with the original land category and conditions. However, if it limits such use or is so exceptional as to substantially forfeit the right of use and profit and if it does not compensate for such exceptional circumstances, it violates the principle of proportionality, excessively abridging the landowner's right or property. Therefore, legislators, in order to make the instant provisions constitutional, should enact compensation provisions to address the exceptional circumstances and alleviate the cruel burden exceeding the permissible scope. Such compensation provisions are required when the legislature form the contents of the right to property, regulating it for the sake of public interest in accordance with Article 23 Section 1 and Section 2 of the Constitution. The means to restore the proportionality between public interest and the infringement on the right to property does not have to be monetary compensation. The legislators may release the land from the designated zone, grant the landowners the right to

> request the state to purchase the land, or use other means to alleviate the loss. The legislators have broad discretion of formation in choosing the appropriate 'means' to accomplish the 'end' of adjusting or alleviating the cruel burden ….

The legislators have enacted the 'Act on Special Measures for Designating and Managing Development-Restricted Zones', following this decision of nonconformity to the Constitution. This new act eliminates unconstitutional elements and ensures the right to property by the provision that property owners may request the government to purchase the property that has become practically impossible to use and profit from, and whose utility has severely declined because of the designation as the development restricted zone.

[별지 2]

Recent Important Decisions

Dong-Heub LEE*

Ⅰ. Introduction

In the process of development of democracy and the rule of law in various parts of Korean society including social, political and economic sectors, many important constitutional issues have been brought to the Constitutional Court. This

* Justice, Constitutional Court of Korea.

means that the role of the Constitution and its normative power as a standard for resolving social and political disputes have been gaining extra importance. This also reflects the fact that the Constitutional Court has received tremendous support from the people for more than twenty years since its foundation, as the survey results annually conducted by a media company demonstrate.

As reviewing the important recent decisions since the fifth Conference of Asian Constitutional Court Judges in 2007, we will recognize that the types and subjects of the constitutional disputes are diverse. During the period of time, the Constitutional Court dealt with, among many other significant cases, the following cases:

1. competence dispute case in which members of the National Assembly argued that the government's conclusion of a treaty without obtaining consent from the National Assembly infringed on their power to review and vote on the proposed laws(dismissed, 2006 Hun-Ra 5, October 25, 2007);

2. constitutional complaint case as to whether Korea Broadcasting Commission's warning against a broadcast company and its producer infringed on the complainants' basic right(accepted, 2004 Hun-Ma 290, November 29, 2007);

3. case of adjudication on the constitutionality of the Military Criminal Act which provided for death penalty as the only statutory punishment when a subordinate killed a superior (unconstitutional, 2006 Hun-Ka 13, November 29, 2007);

4. case of adjudication on the constitutionality of a statutory provision stipulating that a business proprietor shall be automatically punished together with his/her employee or agent who committed an illegal act in the course of business regardless of whether the business proprietor himself/herself also has responsibility in the illegal act or not(unconstitutional, 2005 Hun-Ka 10, November 29, 2007);

5. constitutional complaint case on a statutory provision regarding appointment of a special prosecutor for the investigation of a president candidate under criminal suspicion (unconstitutional in part, 2007 Hun-Ma 1468, January 10, 2008);

6. constitutional complaint case filed by the President as an individual complainant regarding the freedom of expression (denied, 2007 Hun-Ma 700, January 17, 2008);

7. constitutional complaint case as to whether the prior review of broadcast advertisements amounts to the constitutionally prohibited prior censorship(unconstitutional, 2005 Hun-Ma 506, June 26, 2008);

8. constitutional complaint case regarding a statutory provision banning physicians from telling the sex of a fetus before a certain period of pregnancy(unconformable to the Constitution, 2004 Hun-Ma 1010, July 31, 2008);

9. case of adjudication on constitutionality of the Movie Promotion Act which provided for the standard of classification regarding the movies rated as "restricted screening" (unconformable to the Constitution, 2007 Hun-Ka 4, July 31, 2008);

10. case of adjudication on constitutionality of a statutory provision imposing criminal punishment on a person committing adultery(constitutional,[1] 2007 Hun-Ka 17, October 30, 2008);

11. constitutional complaint case regarding a provision of the Medical Service Act which gives massager licenses exclusively to the visually impaired(constitutional, 2006 Hun-Ma 1098, October 30, 2008);

12. constitutional complaint case regarding comprehensive real estate tax imposed on those who possess houses or lands exceeding certain value(unconstitutional in part, 2006 Hun-Ba 112, etc., November 13, 2008);

13. constitutional complaint case regarding a provision of the Act on Special Cases Concerning the Settlement of Traffic Accidents which allows unconditional immunity to drivers whose vehicles are covered by general car insurance as long as the driver has not committed violation of the "Ten Obligations" (unconstitutional, 2005 Hun-Ma 764, etc., February 26, 2009);

14. constitutional complaint case concerning the equality in voting value under the Municipal Order regarding the local government's election of metropolitan or provincial council members(unconformable to the Constitution, 2006 Hun-Ma 240, March 26, 2009);

15. constitutional complaint case regarding the Public

---

1) Although the majority of five Justices voted for unconstitutional, the provision in this case was decided constitutional as a quorum of six Justices required for the ruling of unconstitutionality was not met.

Official Election Act which does not allow the person who is entitled to succeed to the seat of a vacant member in accordance with the order of the roll of candidates for the proportional representative National Assembly members to take the vacant seat if the vacancy accrues within 180 days before the date on which the vacant member's term of office expires (unconformable to the Constitution, 2008 Hun-Ma 413, June 25, 2009);

16. constitutional complaint case regarding the Public Official Election Act which does not allow the person who is entitled to succeed to the seat of a vacant member in accordance with the order of the roll of candidates for the proportional representative local council members to take the vacant seat if the vacant member is deprived of his/her office for committing an election offense(unconformable to the Constitution, 2007 Hun-Ma 40, June 25, 2009) and;

17. competence dispute case regarding the jurisdiction over the sea between local governments(accepted, 2005 Hun-Ra 2, July 30, 2009).

For today's presentation, I chose only three cases among the aforementioned seventeen important cases, due to time constraints. The cases I would like to introduce include the prior censorship of broadcast advertisements case(2005 Hun-Ma 506), the visually impaired massager case(2006 Hun-Ma 1098) and the case regarding a provision of the Act on Special Cases Concerning the Settlement of Traffic Accidents which provides drivers covered by general car insurance with immunity from criminal punishment(2005 Hun-Ma 764, etc.).

The first case involves the Court's decision which expands the scope of protection under the freedom of expression, by applying the prohibition against prior censorship by the Constitution to commercial advertisements. The second case pertains to the decision which allows preferential treatment for a social minority in order to protect their right to life. The third case is about the decision that it is in violation of the Constitution to exclude many drivers who cause traffic accidents leading to severe injury from criminal punishments only because their vehicles involved in the accidents are covered by general car insurance.

II. Prior Censorship of Broadcast Advertisements Case
〈2005 Hun-Ma 506, June 26, 2008〉

In this case, the Constitutional Court decided that subjecting broadcasting advertisements to prior review by the Korea Advertising Review Board, to which the Korea Broadcasting Commission has entrusted prior review, is prior censorship prohibited by the Constitution, and therefore violates the Constitution.

A. Background of the Case

Complainant is a proprietor of Donghae Dried Fish in Gangneung city. On March 25, 2005, the complainant applied for a broadcast advertisement to the YTN broadcasting company for a commercial of Donghae Dried Fish, and was refused on the basis that it had not passed the prior review as specified in Article 32 of the Broadcasting Act(hereinafter, the "Act") and Article 21-1 of the Enforcement Decree of the Broadcasting Act(hereinafter, the "Enforcement Decree"). The complainant filed a constitutional complaint on May 23, 2005, claiming that his basic rights were violated by Article 32 Section 2 and Article 32 Section 3 of the Act, and Article 21-1 of the Enforcement Decree. In the meantime, the Act had been amended on February 29, 2008 as Act No. 8867, which transferred the authority of prior review from the Korea Broadcasting Commission to the Korea Communications Standards Commission.

B. Summary of the Decision

The Constitutional Court, with a decision of 7(unconstitutional): 1(concurring): 1(nonconformity), ruled prior review of broadcast advertisements to be a form of censorship stipulated in the Constitution as unconstitutional, and therefore is in violation of the Constitution, for the following reasons.

1. Majority Opinion of Seven Justices

Article 21 Section 1 of the Constitution provides that all citizens shall enjoy freedom of speech and the press, thereby guaranteeing freedom of expression. As general advertisements also propagate ideology, knowledge, information, etc. to unspecified masses, they are also subject to protection of the freedom of speech and the press. In this regard, broadcast advertisements are also included in this protection. Article 21 Section 2 of the Constitution stipulates that licensing or censorship of speech and the press shall not be recognized. Here, the definition of censorship is screening and selecting opinions or ideology before the publication as a preventive measure, with initiatives of the administrative power. Such prior censorship is strictly prohibited, even if based in statute.

According to the provisions involved in this case, however, those who wish to air a broadcast advertisement must undergo prior review by the Korea Broadcasting Commission. The Korea Broadcasting Commission consists of nine committee members appointed by the President, and their duties include reviewing and deciding on issues such as ① basic planning for broadcasting, ② operation and programming of broadcast programs and advertisements, ③ recommendation, approval, registration and cancellation of permits and re-issuing of permits for broadcasting business operators, CATV relay broadcasting business operators, CATV music broadcasting operators and electric signboard broadcasting business operators, ④ mediation of joint business or conflicts between broadcasting business operators, CATV relay broadcasting business operators, CATV music broadcasting operators and electric sign-board broadcasting business operators, ⑤ matters pertaining to fair transaction and establishment of order in circulation of broadcast programs. In certain circumstances, the Commission must consult the Minister of Culture and Tourism, or hear the opinions of the Minister of Information and Communication, and the Chairman of the Fair Trade Commission. Considering the formation, duties, and arrangement of affairs of the Commission, it qualifies as an administrative organ.

On the other hand, Article 103 Section 2 of the former Act states that the Korea Broadcasting Commission must entrust a private organization with prior review of broadcast advertisements. According to this, the Korea Broadcasting Commission has commissioned prior review of broadcast advertisements to Korea Advertising Review Board(hereafter, the "Review Board"). The Review Board is a private organization, and has been in charge of prior review of broadcast advertisements since August 1, 2000.

However, prior review performed by the Review Board is a form of governmental censorship prohibited by the Constitution on the following grounds: the administration intervenes in the formation of the Review Board and the Review Board, as a private entity charged with the execution of administrative functions stipulated in the Korean Administrative Act, is under government's command and supervision on the entrusted matters; the Korea Broadcasting Commission has the right to enact and revise Regulations for review, which become the standard against which television advertisements are inspected; and the Review Board's operational expenses, office expenses, and personnel expenses are paid by the Korea Broadcasting Commission. For these reasons, it can be said that prior review performed by the Review Board is an extension of functions of the Korea Broadcasting Commission, carried out in the form of entrustment.

Meanwhile, Article 32 of the former Act was amended on Feb. 29, 2008 as Act No. 8867. The new Act gave the authority of prior review to the Korea Communications Standards Commission. However, the formation, function and arrangement of affairs of the Korea Communications Standards Commission are largely identical to those of the Korea Broadcasting Commission. Therefore, allowing the amended Act to stand, despite the similarity, would result in maintaining prior review which constitutes government censorship, being negligent of an unconstitutional state.

Therefore, for legal consistency and judicial economy, the amended Act would also need to be declared unconstitutional. Thus, the Court hereby declares Article 32 Section 2 and Article 32 Section 3 of the amended Broadcasting Act unconstitutional, as well as the former Broadcasting Act.

2. Concurring Opinion of One Justice

The provisions involved in this case are in violation of Article 21 Section 2 of the Constitution to the extent that they subject the broadcast advertisements that fall into the category of "speech and the press" stipulated in Article 21 Section 1 of the Constitution to prior review. And, regarding the broadcast advertisements that do not fall into this category of "speech and the press," the provisions are also in violation of Article 37 Section 2 of the Constitution to the extent that they fail to provide the public interest reasons for the prior review and the minimum level of such prior review.

In conclusion, the provisions involved in this case are in violation of Article 21 Section 2 or Article 37 Section 2 of the Constitution.

3. Dissenting Opinion of One Justice(Opinion of Nonconformity)

In this case, the intervention of public power in the formation and operation of the Review Board cannot be said to employ an appropriate means to achieve the purpose of the provisions in this case because the legislative purpose can be achieved by establishing a non-governmental, purely private advertising review board. Also, by uniformly subjecting all television advertisements to prior review, the provisions in this case also restrict the freedom of expression, exceeding the scope to achieve the legislative purpose. However, although some of the provisions involved in this case are clearly in violation of the rule against excessive restriction under the Constitution, others also contain constitutional elements. Therefore, it is reasonable that a decision of constitutional unconformity should be declared, thereby allowing succeeding legislations to eliminate unconstitutional elements in the provisions involved.

C. Aftermath of the Case

When the decision was declared, the media reported the acceptance from advertisers such as the Korea Advertisers Association, which had continuously asked for abolishment of prior review of broadcast advertisements. They also remarked that this decision of unconstitutionality of prior review of broadcast advertisements which came after the decision of unconstitutionality regarding prior review of movies and records finally put a period to all prior censorship on major forms of expression.

The Korea Advertisers Association also welcomed the decision, stating that it eliminated the governmental prior review, which has been named as the biggest existing problem of the advertising market for a long time, and finally established a civilian self-review system. The existing conductor of prior review, Korea Communications Standards Commission, has announced plans to establish a post review system of broadcast advertisements as soon as possible, in order to minimize confusion of the market and prevent customer inconveniences (Yonhap News Agency, June 26, 2008; Chosun Ilbo, Hankook Ilbo, Kyunghyang Shinmun, The Hankyoreh, Segye Ilbo, etc., June 27, 2008).

Ⅲ. Visually Impaired Massagers Case

〈2006 Hun-Ma 1098,1116,1117(Consolidated), October 30, 2008〉

In this case, the Constitutional Court decided that Article 61 Section 1 of the former Medical Service Act and other relevant provisions which exclude the non-visually impaired from massage services by giving massager licenses exclusively to the visually impaired do not contradict the Constitution.

A. Background of the Case

Despite the Constitutional Court's previous decision that held unconstitutional the former regulation excluding the non-visually impaired from the massage profession, the National Assembly, on September 27, 2006, revised Article 61 Section 1 of the former Medical Service Act to grant exclusive license to the visually impaired(hereinafter the "Provision"), thereby retaining the restriction upon the non-visually impaired in attaining massager licenses. The complainants filed a constitutional complaint, arguing that the Provision barred non-visually impaired persons from obtaining the massager licenses and therefore infringed on their basic rights, includeing their freedom of occupational choice.

B. Summary of Decision

In a vote of 6(constitutional): 3(unconstitutional), the Constitutional Court declared the Provision constitutional according to the following reasons.

1. Majority Opinion of Six Justices

The Provision aims to guarantee the livelihood of the visually impaired based on, for instance, Article 34 Section 5 of the Constitution that concerns the protection of the impaired. In this case, such constitutional requirement to protect the impaired may clash with people's basic rights such as the freedom of occupational choice. Therefore, in reviewing whether or not the Provision exceeded the limit to the restriction on basic rights defined in Article 37 Section 2 of the Constitution, specifically concerning the adherence to principles of the least restrictive means and balance of interests, it would be necessary to comprehensively weigh factors, including the extent to which people's basic rights are regulated, characteristics of basic rights of the visually impaired and the status of relevant welfare policies, the massage business system as an occupation favoring the virtually impaired and other feasible alternatives in addition to the stated constitutional requirement.

The Provision aims to enable the visually impaired to lead

a rewarding life and realize their right to humane living conditions, which serves the legitimate legislative purpose. Furthermore, given the nature of massage services that barely require spatial movement and mobility compared to other types of jobs and that offer easier jobs for the visually impaired who are equipped with more developed sense of touch, it can be recognized that the Provision performs as a suitable means to serve the aforementioned legislative purpose as it assists the visually impaired in their livelihood and gives them the opportunity for occupational activities by allowing their monopoly over the massage business.

Moreover, the Provision does not contradict the principle of the least restrictive means, in that, amid insufficient welfare policies for the visually impaired, the massager is almost the only occupation available for the visually impaired, that there are no ample alternatives for them to maintain livelihood when the non-visually impaired are also authorized to engage in the massage profession, and that it is necessary to take preferential measures for the visually impaired—the minority who have been discriminated against over the years in terms of education, employment, and in many other areas—in order to realize substantial equality. Also, even when weighing public interests such as the right to livelihood of the visually impaired and the private interest sacrificed as a consequence such as people's freedom of occupational choice, it cannot be immediately concluded that there is imbalance between the two interests.

However, such a system favoring the visually impaired, which is designed to secure their right to livelihood by restricting people's basic rights, is nothing but a policy measure that we must inevitably accept in light of our social reality where efficient policy means to guarantee visually impaired persons the right to livelihood is hardly found. It would also be impossible to maintain the system when the socio-economic conditions are developed. In that sense, it is required of the government authorities, including the legislators, to perform a more serious and active review to devise plans to resolve the tension between the two conflicting basic rights —the right to livelihood of the visually impaired and the freedom of occupational choice of the non-visually impaired— and enable their harmonious coexistence.

Therefore, it cannot be seen that the Provision overrode the permitted boundary of restriction on basic rights set forth in Article 37 Section 2 of the Constitution and thus violated the freedom of occupational choice or equality rights of the non-visually impaired.

2. Dissenting Opinion of Three Justices

It can be duly recognized that guaranteeing the visually impaired their living and the opportunity to engage in occupational activities serves major public interests. Yet, removing the visually impaireds' monopoly over massager licenses does not make their relevant business activities impossible, and the single fact that they have to compete with the non-visually impaired does not give ample reason to view that there is a clear and evident risk of justifying the restriction on freedom of occupational choice. Furthermore, considering facts such as only some 17 percent of those with severe visual impairments, or 6,000 to 7,000 visually-impaired, are registered and working as massagers, it is doubted whether the Provision is effective in guaranteeing their livelihood and whether simply providing monopoly over the massage business offers the opportunity to choose one's job as a means to self actualization and personality development. Therefore, it is also difficult to approve that the Provision substantially and fully contributes to serving the relevant legislative purpose. In addition, provided that the visually impaireds' monopoly over the massage profession as prescribed by the Provision is not the only means on the table to provide the visually impaired with opportunities to guarantee their living and occupational activities, their monopoly is hardly viewed as an inevitable means to serve the legislative purpose. The Provision also contradicts the principle of the least restrictive means in protecting basic rights and, furthermore, it is difficult to see that the public interest protected by the Provision such as the guarantee of living of the visually impaired, overrides the freedom of occupational choice of the non-visually impaired.

Therefore, the Provision undermines the essence of the

freedom of occupation by violating the rule against excessive restriction and therefore contradicts the Constitution.

C. Aftermath of the Case

The Constitutional Court had held the former regulation granting massager licenses exclusively to the visually impaired unconstitutional for violation of the non-visually impaireds' freedom of occupational choice. The press, with respect to the decision of this case that held the Provision constitutional, played up such aspects as that the system was inevitable to protect the socially underprivileged group of the visually impaired and issued positive reports as the following: "Exclusive massager licenses for the visually impaired turned constitutional from unconstitutional two years ago(October 31, 2008 issue, The Korea Economic Daily)," "The underprivileged need preferential measures, which is not a violation of people's freedom of occupation(November 3, 2008 issue, The Law Times)."

Ⅳ. Restriction on Authority to Prosecute Offenders of Traffic Accidents Causing Serious Injury Case 〈2005 Hun-Ma 764, 2008 Hun-Ma 118(Consolidated), February 26, 2009〉

In this case, the Constitutional Court decided that the provision of the Act on Special Cases Concerning the Settlement of Traffic Accidents which prevents the prosecution of a driver who causes a traffic accident leading to serious injury by negligence in the conduct of business or gross negligence (bodily injury leading to life threatening status, disability, incurable or intractable diseases; hereinafter the same applies) violates the Constitution.

A. Background of the Case

Article 4 Section 1 of the Act on Special Cases Concerning the Settlement of Traffic Accidents(hereinafter the "Provision") provides that even in cases where the driver causes a traffic accident leading to severe injury by negligence in the conduct of business or gross negligence, he/she shall not be prosecuted insofar as there is no violation of ten obligations such as traffic signal violation and drunk driving as prescribed by acts(hereinafter "violation of the Ten Obligations") and the vehicle in question is covered by general car insurance. The complainants, herein victims of traffic accidents suffering from severe aftereffects, filed a constitutional complaint arguing they had been infringed on their right to make a statement during trial proceedings and right to equality as the prosecutor decided that there was no authority to pursue prosecution against the traffic accident offenders pursuant to the Provision.

B. Summary of Decision

In an opinion of 7(unconstitutional) to 2(constitutional), the Constitutional Court decided that the Provision violated the Constitution according to the following reasons.

1. Majority Opinion

a. In case traffic accident victims suffer serious injury, they should be, taking into account the details of accident causes, victim characteristics(the weak and the elderly, etc.), whether or not the offender is guilty of negligence and the degree of negligence thereof, etc., entitled to numerous actions other than regular prosecution such as summary indictment or suspension of prosecution and, in case of being prosecuted, to make a statement during trial proceedings. Regardless, the Provision allows unconditional immunity to drivers whose vehicles are covered by general car insurance as long as the driver has not committed violation of the Ten Obligations, and this is against the least restrictive means.

Meanwhile, the traffic accident rate in Korea is very high compared to other OECD member countries. It is also hardly the case in developed countries that prosecution of drivers who caused traffic accidents is prevented just because the vehicles in question are insured. The drivers involved in traffic accidents are apt to make light of violating small traffic rules and neglect their duty of safe driving, and there is even a tendency among drivers inflicting severe injury on traffic accident victims to entrust post-accident management including payment of insurance money to insurers and not to sincerely commit themselves to recovering the damage of victims. In light of this fact, foreclosing the exercise of the right to make a statement during trial proceedings by the seriously injured victims pursuant to the Provision is equivalent to substantially neglecting the said victims' private interests in order to uphold the public interests—prompt traffic accident management or prevention of mass production of individuals with criminal records. This is thus a violation of the principle of balance of interests.

Therefore, the Provision violates the rule against excessive restriction and thus the right to make a statement during trial proceedings of the victims who were severely injured in traffic accidents resulting from negligence in the conduct of business or gross negligence.

b. Severely injured victims of traffic accidents that does not concern violation of the Ten Obligations are differentiated from those involved in accidents that are caused by violation of the Ten Obligations. Such discrimination constitutes a major restriction on the exercise of basic rights because whether the victim is able to exercise the right to make a statement during trial proceedings as guaranteed under the Constitution will depend on whether the responsible driver is prosecuted or not. Therefore, a strict standard of review shall be applied in judging if the right to equality has been infringed upon.

Severely injured victims of traffic accidents which are not caused by violation of the Ten Obligations become, due to an incidental circumstance where the traffic accidents they are involved in do not fall under the category specified in the provision concerned, completely unable to exercise the right to make a statement during trial proceedings, whereas victims of traffic accidents that also incidentally involve violation of the Ten Obligations are entitled to exercise the right to make a statement during trial proceedings. Comparing the two contrary cases, the former victims are discriminated against without reasonable grounds.

In addition, in case the victim falls into a vegetative state, becomes severely impaired or develops an intractable disease as a result of a traffic accident, the resulting illegitimacy can by no means be concluded as smaller than that of death-causing traffic accidents. In that sense, it would also amount to discriminatory treatment without reasonable grounds to restrict the rights of the seriously injured victims, as opposed to those who died from the traffic accident, to make a statement during trial proceedings by not prosecuting the responsible drivers.

Therefore, having the traffic accident victims suffering serious injury but not involved with violation of the Ten Obligations addressed differently, pursuant to the Provision, from those who are involved in accidents caused by violation of the Ten Obligations or who consequently face death in the exercise of the right to make a statement during trial proceedings is an infringement on the former's equality rights.

2. Dissenting Opinion of Two Justices

The Provision serves to promote prompt recovery from traffic accident damages by reminding the drivers that driving is an essential part of people's daily lives and thus encouraging drivers to buy general car insurance, etc. The Provision also serves an appropriate means to exempt drivers who cause accidents that do not involve violation of the Ten Obligations from criminal punishment.

If traffic accident offenders who are not involved in violation of the Ten Obligations can also be prosecuted for inflicting severe injury as the majority opinion argues, the problem is that it would be difficult to decide clearly whether the injury is severe or not. Additionally, as the degree of traffic accident injury is not proportionate to the degree of the drivers' negligence but may vary by incidental circumstances such as the victim's age, sex, types of injury and physical characteristics, it would be difficult to secure predictability and coherence in the application of law.

C. Aftermath of the Case

The auto insurance industry expects that this decision will further alert drivers to safe driving and thus lead to a reduced traffic accident rate. The prosecution, in reference to the cases of the Supreme Court, legislation and theories of foreign countries, etc., proposed a criteria for serious injury(major damage on brain or main organs, loss or significant deformation of major body parts such as limb amputation, permanent loss of important body functions such as vision, hearing, linguistic sense and reproduction, serious mental disorders or hardly curable diseases resulting from aftereffects, etc.), but the police expressed concern by stating that the proposed standard is still unclear and thus may cause confusion in the application of law(February 27, 2009, Yonhap News).

According to nationwide statistics of the Police Administration on the number of traffic accidents collected from February 26 to March 4, 2009, the death toll stood at 98, a 23.4 percent decrease from that of the same period last year (128). The number of accidents that caused injury was 6047, a 8.3 percent drop from that of last year(6598), and the incidence of minor accidents went down by 6.1 percent from last year to 3914(March 6, 2009, Maeil Business Newspaper).

제 3 장

독일 하이델베르그 국제법회의 참석 및 독일 헌법재판소, 체코 헌법재판소 방문기*

제 1. 독일 국제법 회의 참관기
- Ⅰ. 한국에서의 준비
- Ⅱ. 회의 전 날 - 독일연방헌법재판소 방문 및 멜링호프 재판관 면담
- Ⅲ. 회의 첫날
- Ⅳ. 회의 둘째 날
- Ⅴ. 회의를 마치며

제 2. 이동흡 재판관과 멜링호프 재판관의 면담내용 요지
- Ⅰ. 사건의 배당 및 주심재판관 제도의 운용
- Ⅱ. 재판관 평의절차 및 방식
- Ⅲ. 변론의 절차 및 방식
- Ⅳ. 선고의 절차 · 방식과 소수의견의 공표
- Ⅴ. 헌법연구관 제도
- Ⅵ. 일반 법원의 재판에 대한 헌법소원

제 3. 체코 헌법재판소 방문

[별 지]
Constitutional Courts, Human Rights, Democracy and Development
Country Report: Korea

---

* 독일 방문 당시 수행하였던 황문섭 헌법연구관(현재 서울고등법원 판사)으로 하여금 정리하게 한 독일 국제법회의 참관기 등과 필자가 직접 기술한 체코 헌법재판소 방문기이다.

제 1. 독일 국제법 회의 참관기

Ⅰ. 한국에서의 준비

독일 콘라드 아데나워 재단(Konrad Adenauer Stiftung)과 막스 플랑크 비교공법 연구소(Max-Planck-Institut für ausländisches öffentliches Recht und Völkerrecht)가 공동주최하는 국제법회의가 2009. 11. 12.부터 같은 달 13.까지 "기본권 보장, 민주주의, 그리고 발전에 있어서의 헌법재판소의 기여"라는 주제로 독일 하이델베르크 소재 막스 플랑크 하우스에서 개최되었다.

위 국제법 회의 주최 측은 2009. 4. 경 이동흡 재판관에게 위 국제법 회의에 참석하여 한국의 헌법재판제도에 관한 주제발표를 맡아 줄 것을 요청하면서, 위 국제법 회의에서 발표된 각국의 보고서는 옥스퍼드 대학 출판소에 의해서 책자로 발간될 예정임을 밝혔다. 이에

〈독일연방헌법재판소 앞에서 이동흡 재판관과 보고자〉

이동흡 재판관은 위 국제법 회의 참석 및 주제발표를 통하여 한국의 헌법재판제도의 우수성을 세계 각국에 알리는 유용한 기회로 삼고자 주최 측의 요청을 수락하였고, 2009. 6. 30.경 주최 측에 회의 주제에 관한 약 35쪽 분량의 한국에 관한 영문보고서를 작성, 제출하였다. 또한 이동흡 재판관은 위 국제법 회의를 앞두고 30분간의 발표시간에 맞춘 한국 보고서 요약본을 다시 작성하고, 파워포인트 자료를 준비하는 등 효율적이고도 집중적인 발표를 위한 만반의 사전준비를 완료하였다.

보고자는 위 국제법 회의에서 한국 보고서의 발표를 맡게 된 이동흡 재판관을 수행하여 위 국제법 회의를 참관할 기회를 갖게 되었다.

Ⅱ. 회의 전 날 – 독일연방헌법재판소 방문 및 멜링호프 재판관 면담

회의장소인 독일 하이델베르크에 도착한 다음 날인 2009. 11. 11. 15 : 00에는 독일연방헌법재판소 방문 및 멜링호프(R. Mellinghoff) 재판관 면담 일정이 잡혀 있었다. 이동흡 재판관은 몇 달 전에 열린 몽고 국제회의에서 독일 측 발표자로 참석한 독일연방헌법재판소 재판관인 멜링호프 재판관과 친분을 쌓은 바 있어서, 이번 하이델베르크 국제법 회의 참석을 앞두고 사전에 멜링호프 재판관과 일정을 조율하여 양국의 헌법재판제도에 관한 격의 없는 대화를 나누기로 약속하였었다.

멜링호프 재판관과 이동흡 재판관 간의 면담은 멜링호프 재판관의 집무실에서 보고자와 멜링호프 재판관의 헌법연구관이 배석한 채로 15 : 00부터 약 1 시간 30분 가까이 진행되었는데, 양 재판관은 양국의 재판관 평의 및 변론의 절차와 방식, 주심재판관제도, 헌법연구

〈멜링호프 재판관 집무실에서 이동흡 재판관과 멜링호프 재판관〉

관제도, 재판소원의 허용 문제 등에 관한 심도 있는 의견을 교환하였다.[1] 특히 멜링호프 재판관은 독일연방헌법재판소에서는 지정부(Chamber)에서 각하되는 사건에 대해서는 별도로 재판관 평의를 거치지 않지만, 그 밖의 사건에 대해서는 작성된 결정문에 대해서도 재판관 평의를 거친다고 하였고, 독일연방헌법재판소 결정의 국민에 대한 설득력이나 신뢰성을 높이기 위하여 소수의견은 극히 이례적인 경우에만 개진된다고 하였는데, 이는 우리 헌법재판소의 실무와는 차이가 있는 부분이라고 여겨졌다. 또한 멜링호프 재판관은 일반 법원의 재판에 대한 헌법소원의 허용 여부에 대한 이동흡 재판관의 질문에 대하여, 비록 재판소원이 인용되는 경우는 극소수이지만 재판소원은 헌법재판에서의 요체이고, 특히 형사소송절차에서의 헌법적 하자는 재판소원을 통해서만 교정될 수 있다는 의견을 피력하기도 하였다.

1) 상세한 면담 내용에 대해서는 제2항에서 별도로 후술함.

〈Senate 평의실 테이블에 앉은 이동흡 재판관과 Mellinghoff 재판관. 우리나라와 달리 장방형 테이블에 재판관 2인씩 8명이 앉게 되어 있다.〉

〈연방헌법재판소 법정에서 견학온 사법연수생들과 함께. 이동흡 재판관은 연수생들에게 한국 헌법재판소를 방문할 것을 권하는 인사말을 하였다〉

이어 멜링호프 재판관은 약 40분간에 걸쳐 이동흡 재판관에게 독일연방헌법재판소의 법정, 재판관 평의실, 도서관 등을 보여 주며 여러 가지 설명을 해 주기도 하였는데, 법정에서는 때마침 연방헌법재판소에 견학을 온 독일사법연수생들과 마주쳐서 환담 시간을 갖기도 하였다.

큰 유리창만이 돋보이는 독일연방헌법재판소의 건물은 우리 헌법재판소의 그것에 비하면 초라하게 보일 수도 있는 것이었지만, 베를린의 건축가인 파울 바움가르텐(Paul Baumgarten)에 의해서 1969년에 건립된 건물에 담긴 의미에 관한 멜링호프 재판관의 설명(바깥에서 안이 훤히 들여다 보이는 유리창으로 건물이 건립된 이유는 민주적 투명성을 상징하는 것이고, 긴 날개 형식의 외관은 헌법재판소가 국민을 향한, 국민에게 열려 있음을 상징하는 것이다)을 듣고 나서는 독일연방헌법재

〈Mellinghoff 재판관은 재판소 구석 구석을 직접 안내하며 설명해 주었다〉

판소 건물의 초라한 외관이 마치 새로 태어난 초현대식 건물처럼 전혀 다른 모습으로 비추어졌다.

Ⅲ. 회의 첫날

국제법 회의는 첫날 아프리카, 라틴 아메리카의 헌법재판제도에 관하여, 둘째 날 아시아, 유럽(동유럽, 중부유럽, 남동부유럽)의 헌법재판제도에 관한 발표 및 토론이 예정되어 있었다.

국제법 회의 첫날의 일정은 오전 8시 30분에 호텔에서 회의장으로 출발하는 버스에 탑승하는 것으로 시작되었다. 전 세계에서 모여든 각국의 주제발표자 등이 함께 버스에 탑승하여 회의장인 막스 플랑크 하우스로 이동하였다. 막스 플랑크 하우스 2층에 위치한 회의장은 매우 실용적인 구조로 대학의 대형강의실을 연상시켰다. 국제법 회의는 독일어, 영어 2개 언어로 진행되고, 동시통역기가 제공되었다. 약 100여 명을 수용할 수 있는 정도의 회의장은 각국에서 참가한 재판관, 교수, 법조인 등으로 거의 가득 메워졌다. 참석자들 중에서는 독일연방헌법재판소 재판관으로 기조연설을 맡게 된 우도 디 파비오(Udo Di Fabio) 재판관, 하루 전 이동흡 재판관과 장시간 양국의 헌법재판제도에 관하여 심도 있는 의견을 나눈 멜링호프(R. Mellinghoff) 재판관, 얼마 전 우리 헌법재판소를 방문하여 훌륭한 강연을 해 주신 슈타르크(C. Starck) 교수의 모습도 발견할 수 있었다.

맨 먼저 막스 플랑크 비교공법 연구소장과 콘라드 아데나워 재단의 사무부국장의 개최사가 있은 이후 파비오 재판관의 기조연설이 진행되었다. 파비오 재판관의 기조연설이 있은 이후에 최근 리스본 조약에 대한 독일연방헌법재판소의 결정에 대한 비판적인 질문이 이

〈막스 플랑크 연구소 회의장에서 유명한 헌법학자인 슈타르크 교수와 이동흡 재판관〉

어지는 등 첫일정부터 회의장에는 격렬한 논쟁의 분위기가 형성되었다. 첫번째 주제는 “아프리카에서의 헌법재판소의 의미와 중요성”이었고, 이집트, 케냐, 남아프리카 공화국에 대한 보고서 발표와 아프리카 지역에 대한 보고서 발표가 이어진 후 예정된 점심시간인 14 : 00까지 첫번째 주제에 대한 열띤 토론이 진행되었다. 아프리카 국가의 헌법재판소의 모델은 크게 미국형(케냐, 나이지리아 등), 프랑스형(이집트, 콩고 등), 혼합형(가나, 탄자니아 등)으로 구분되고, 재판관의 선출 방식도 매우 다양하지만, 앞으로 아프리카 국가에서의 인권의 보호와 법치주의의 신장은 헌법재판관의 헌법적 정의의 보호자로서의 역할 수행에 상당 부분 의존하게 될 것이라는 점에 대해서는 별 다른 이론이 없었다.

15 : 30부터 속개된 국제법 회의의 두 번째 주제는 “라틴 아메리카에서의 헌법재판소의 의미와 중요성”이었다. 볼리비아, 콜롬비아, 브라질의 전・현직 재판관들인 발표자들이 각국에 대한 보고서 발표

를 마친 후 라틴 아메리카 지역에 대한 종합발표와 토론이 이어졌다. 토론은 19 : 30 경까지 진행되었고, 참석자들의 숙소인 레오나르도 호텔에서 20 : 00 경부터 22 : 00 경까지 저녁식사 시간이 이어졌다. 이동흡 재판관을 비롯하여 참가자들 대부분이 하루 종일 자리를 이석하지도 않은 채 열띤 분위기가 계속되었다.

Ⅳ. 회의 둘째 날

둘째 날 회의는 09 : 00부터 어제와 같은 막스 플랑크 하우스에서 "아시아에서의 헌법재판소의 의미와 중요성"에 관한 주제로 시작되었다. 라이너 그로테(R. Grote) 박사의 사회로 먼저 마노즈 쿠말 신하(Manoj Kumar Sinha) 교수가 인도에서의 인권보호에 관한 주제발표를 했다. 이동흡 재판관은 원래의 예정시간보다 다소 늦어진 10 : 00부터 10 : 30까지 한국의 헌법재판제도에 관한 발표를 하였는데, 다른 발표자와는 달리 미리 보고서를 요약한 발표문을 배부하고, 파워포인트 자료를 준비하여 발표 이전부터 참석자들의 주목을 끌었다. 발표내용의 요지는 우리 헌법재판소의 연혁과 제도적 특징, 헌법재판소의 지위와 구성방식, 헌법재판소의 권한, 헌법재판소 결정의 기속력(특히 입법부와 법원에 대한 기속력), 중요 결정례 등을 그 동안의 통계수치와 관련된 선례, 현 제도의 문제점과 개선방향에 대한 의견을 곁들여 소개하는 것이었다. 이동흡 재판관의 발표가 끝난 이후 약 30분간에 걸쳐 질문시간이 있었는데, 참가자들은 변호사 자격이 있는 자로 헌법재판관의 자격을 제한하여 교수가 헌법재판관이 될 수 없도록 하는 점, 한국에서의 시행령에 대한 구체적 규범통제방식 등에 대하여 질문을 하였고, 이에 대해 이동흡 재판관은 현행 제도에 대한

〈한국보고서에 관한 발표를 진행중인 이동흡 재판관〉

〈질의에 대하여 답변중인 이동흡 재판관〉

설명과 함께 로스쿨 도입으로 인한 법조인 선발방식의 변화 등을 언급하면서 답변을 하였다. 30분간의 휴식시간에도 한국의 헌법재판제

도에 관하여 관심을 가지고 있는 각국의 참가자들의 질문이 계속되었다.[2]

다음으로는 전직 재판관인 분봉칸(Suchit Bunbongkarn) 교수의 태국에 관한 발표와 탄(Kevin Y. L. Tan) 싱가폴 국립대학 교수의 아시아 지역에 대한 발표가 이어졌다. 아시아 지역에 대한 주제발표에 있어서도 헌법재판에 있어서 가장 활발한 활동을 벌이고 있는 국가로 한국의 헌법재판소가 여러 차례 지목되기도 하였다. 주제발표와 질문 및 토론은 13 : 00까지 이어졌다.

네 번째 주제인 "중부, 동부, 그리고 남동부 유럽에서의 헌법재판소의 의미와 중요성"에 관해서는 14 : 00부터 18 : 00까지 발표 및 토론이 진행되었는데, 마토 타딕(Mato Tadic) 보스니아 헤르체고비아 헌법재판관의 보스니아 헤르체고비아에 관한 발표, 하르트비히(M. Hartwig) 박사의 러시아에 관한 발표, 파티(Andras Patyi) 헝가리 대법관의 헝가리에 관한 발표, 사둘스키(W. Sadurski) 시드니 대학 교수의 동부유럽 지역에 대한 발표가 이어졌다.

마지막 주제인 "새로운 민주주의 국가에서의 헌법재판소의 미래 : 도전과 전망"에 관해서는 18 : 00부터 19 : 30까지 그로테 박사의 발표와 패널의 토론이 진행되었다. 그로테 박사의 발표는 "전 세계적으로 공통된 헌법재판소의 모델은 없지만, 크게 미국형 모델, 오스트리아-독일형 모델, 프랑스형 모델로 구분될 수 있고, 각기 장·단점을 갖고 있다. 하지만 프랑스형 모델은 개인에 의한 직접적인 헌법소원심판청구를 부정하고 있다는 측면에서 불완전하고 실제로도 만족스러운 성과를 보여 주지 못하고 있다. 한편 오늘날 라틴아메리카, 아프리카, 아시아와 동유럽의 헌법재판소의 역할수행에 영향을

2) 발표문은 별지와 같은데, 발표 이후 최신 판례와 자료를 업데이트하였다.

미치는 중요한 문제는 독립성의 보장—특히 헌법재판관들의 독립성은 그 선출절차에 있어 정치적 기관(종종 행정부)의 지배적인 역할로 인하여 불충분하게 보장되어 있는 것으로 보이고, 대부분의 국가에서 그 지명절차에 있어서의 투명성(transparency)과 공공성(publicity)이 결핍되어 있는 것으로 조사되었다— 과 정부의 다른 부서, 때로는 일반 법원에 대한 헌법재판소 결정의 기속력에 있다. 현대 사회에서의 헌법재판소의 역할은 그들의 헌법상의 지위와 그들의 권한 범위 만에 의해서 결정되어지는 것이 아니라 헌법재판소가 기능하는 정치적·문화적 환경과 그들이 대중으로부터 신뢰받는 정도에 따라서 결정되어지는 것이라 할 수 있다"는 내용으로 마무리되었다. 마지막 주제에 대한 발표와 토론이 끝난 후 22 : 00 경까지 숙소인 호텔 레스토랑에서 만찬이 이어졌다.

Ⅴ. 회의를 마치며

하이델베르크 국제법 회의는 그야말로 세계 각국의 헌법전문가들이 한 자리에 모인 자리였다. 이른 아침부터 늦은 저녁까지 2 일 동안 계속된 회의에서는 미국, 독일 등 이미 잘 알려진 헌법재판제도 이외에 세계 각국의 헌법재판제도의 발전 과정과 활동양상을 한 눈에 비교할 수 있는 기회를 제공해 주었다. 우리 헌법재판소의 위상과 역할은 이번 국제법 회의에서 보고된 국가 중에서는 경쟁자를 찾기 어려울 정도로 높고 중대한 것으로 느껴졌고, 실제로 세계 각국의 참석자들도 우리 헌법재판소의 활동을 매우 높게 평가하고 있음을 확인할 수 있었다.

제2. 이동흡 재판관과 멜링호프 재판관의 면담내용 요지

Ⅰ. 사건의 배당(Case Assignment) 및 주심재판관(Assigned Justice) 제도의 운용

[이동흡 재판관]

한국의 헌법재판소에서는 접수된 개개의 사건을 재판소장을 제외한 나머지 재판관 중 1인에게 배당하고, 사건을 배당받은 주심재판관은 담당 사건에 관한 연구업무를 주도하고, 평의에 있어서도 사건의 개요와 쟁점을 다른 재판관에게 설명하며, 결정문 초고의 작성까지 담당하고 있습니다. 독일연방헌법재판소에서도 주심재판관 제도를 두고 있고, 특히 하나의 사건에 대하여 복수의 주심재판관이 선정되는 경우도 있는 것으로 알고 있습니다. 독일연방헌법재판소에서 주심재판관 제도가 어떻게 운용되고 있는지, 결정문 작성에 있어 주심재판관의 역할은 실제로 어느 정도인지 알고 싶습니다.

[멜링호프 재판관]

먼저 사건의 배당과 주심재판관 제도에 대해 말씀드리자면, 이미 알고 계신 바와 같이 독일연방헌법재판소는 제1부와 제2부로 나뉘어져 있으므로, 사건이 접수되면 사물관할에 따라 제1부 또는 제2부로 배당됩니다. 제1부와 제2부의 사물관할은 법에 규정되어 있고, 이와 같은 사물관할의 구분은 인권법원과 국가법원이라는 독일의 오래된 역사적 연원에 기초하고 있는 것입니다. 제1부와 제2부에 배당된 이후에 주심재판관의 선정은 한국의 경우와 달리 접수된 사건의 성격과 재판관의 전문분야에 따라 결정되고, 이는 소장과 부소장의 경우에도 마찬가지입니다. 각 재판관별로 특정 분야에 대한 전문성을 가지고 있고, 이는 미리 파악되어 서면으로 정리되어 있습니다(멜링호프 재판관은 이 때 이동흡 재판관에게 각 재판관들의 전문분야가 정리된 도표를 보여 주었다). 그리고 독일연방헌법재판소에서 하나의 사건에 대하여 복수의 주심재판관이 선정될 수도 있지만, 그와 같은 경우는 매우 크고 중요한 사건에 국한되는 것으로 제가 알기로는 9년 동안 단 한 차례만 그와 같은 예가 있었습니다.

또한 이미 잘 알고 계시다시피 독일연방헌법재판소에서는 간단한 사건은 3명의 재판관으로 이루어지는 지정부(Chamber)에서 처리되고, 중요한 사건은 8명의 재판관으로 이루어지는 평의회(Senate)에서 처리됩니다. 접수되는 사건의 상당수(접수된 사건의 약 95%)는 지정부에서 각하처리되지만, 각하되는 사건의 경우에는 한국의 경우와 달리 별도로 지정부 재판관들의 평의를 거치지는 않고, 주심재판관이 작성한 결정문에 다른 지정부 재판관들이 형식적으로 서명만 하고 있습니다. 하지만 본안평의를 거친 사건에 대하여 주심재판관이 작성한 결정문 초고에 대해서는 다른 재판관이 문제점 등을 지적하거나 수정의견을 제시하는 경우가 많고 이러한 경우에는 다시 평의에서 그 부분에 대하여 하나 하나 논의를 한 후 결정문이 다시 작성되어집니다. 완성된 결정문에 대해서도 다시 평의에서 논해진 후 최종적으로 선고가 이루어집니다.

[이동흡 재판관]

한국에서는 지정부에서 각하되는 사건이라 하더라도 지정부 재판관들의 평의를 반드시 거치고 있고, 전원부에 회부된 사건의 결정

〈이동흡 재판관에게 독일 헌재 청사의 특징을 설명하는 Mellinghoff 재판관. 우측은 동 재판관의 연구관〉

문 작성과 관련해서는 주심재판관에게 일임하고 다시 평의를 거치는 경우는 거의 없다는 점에서 독일과 차이가 있는 것으로 생각됩니다.

Ⅱ. 재판관 평의(Conference) 절차 및 방식

[이동흡 재판관]

한국의 헌법재판소에서는 격주로 평의를 하고(한 달에 2회), 그 중간 주에는 변론 또는 선고를 하고 있습니다. 독일연방헌법재판소에서의 평의는 얼마나 자주 행해지는지, 평의는 어떻게 진행되는지 궁금합니다.

[멜링호프 재판관]

독일연방헌법재판소에서의 평의는 매주 진행됩니다. 평의는 소장(제1부)과 부소장(제2부)의 주재 하에 각 사건마다 쟁점별로 논의가 전개되고, 재판관들은 나이 순(younger→older)으로 의견을 개진합니다. 각 사건마다 관계되는 쟁점과 입법례 등을 망라한 연구보고서가 제출되는데, 세니트(Senate)에 회부된 사건의 연구보고서 분량은 대개 200페이지가 넘습니다(이 때 멜링호프 재판관은 이동흡 재판관에게 검토중인 연구보고서 몇 개를 직접 보여 주었다). 중요사건의 경우에는 700페이지가 넘는 경우도 있었습니다. 한편 제1부 및 제2부 소속의 모든 재판관들이 모이는 전원부 평의도 있지만, 그런 경우는 극히 드물어서 전원부 평의는 여태까지 1, 2번 정도밖에 열리지 않았습니다.

Ⅲ. 변론(Oral Argument)의 절차 및 방식

[이동흡 재판관]

한국의 헌법재판소는 원칙적으로 월 1회 1건 내지 2건의 변론을 실시하고, 거의 모든 변론 사건에서 참고인 진술을 청취하고 있는바, 참고인 진술 제도의 타당성에 대해서는 비판도 제기되고 있습니다{미국 대법원에서는 원칙적으로 변론절차에서는 참고인 진술을 청취하지 아니하고 서면(amicus curiae)으로 대치함}. 독일연방헌법재판소에서 변론이 어떻게 진행되는지, 변론에서 참고인 진술이나 대리인 변론의 시간을 제한하고 있는지, 또 변론이 종료된 때로부터 선고시까지 소요되는 기간은 어떠한지 알고 싶습니다.

[멜링호프 재판관]

독일연방헌법재판소에서 변론은 1년에 10건 남짓 이루어진 것으로 기억됩니다. 올해 상반기에는 2, 3건 정도만 변론이 이루어졌습니다. 참고인 진술은 일반 소송절차와 마찬가지로 특정전문분야에 있어 전문가의 진술이 필요한 경우에 행해지고, 모든 변론절차에서 필수적인 것은 아닙니다(대개의 경우는 당해 사건에 있어 최고의 전문가는 당해 사건의 대리인이라고 할 수 있습니다). 변론에서는 각 당사자별로 10분 정도 진술할 기회를 주고, 다음으로는 쟁점별로 시간제한 없이 토론이 진행되고 각 재판관들의 질문도 이어집니다. 대개 한 사건당 반나절 정도 시간이 소요되었고, 예외적으로는 이틀에 걸쳐 변론이 진행된 경우도 있었습니다. 변론이 종결된 때로부터 선고시점까지의 기간은 사건마다 차이가 있지만, 대개 3개월 내에 선고가 이루어집니다. 예외적으로 5월에 변론을 마친 사건이 12월에야 선고가 된 경우도 있었습니다.

Ⅳ. 선고의 절차 · 방식과 소수의견의 공표

[이동흡 재판관]

독일연방헌법재판소에서 결정을 선고함에 있어 선고의 절차나 방식은 어떠한지, 또 소수의견이 있을 경우에는 선고가 어떻게 진행되는지 궁금합니다. 또한 미국 대법원은 당사자에게 선고기일을 통지하지 않고 있고, 한국 헌법재판소는 선고일 3, 4일 전에 고지하고 있는데, 독일연방헌법재판소의 경우는 어떠한가요.

[멜링호프 재판관]

먼저 변론을 거친 사건은 변론기일에서 선고기일을 고지하거나 추후 기일이 정해지면 즉시 고지하고 있습니다(언론에 대해서는 당사자에게 송달이 된 후에 알리고 있습니다). 이 점에서 미국연방대법원과는 다르다고 할 수 있습니다. 선고에 있어서 법정의견은 원칙적으로 재판장이 낭독합니다. 하지만 대체로 너무 길어서 절반은 재판장이, 나머지 절반은 집필재판관이 낭독하고 있습니다.[3] 소수의견은 집필재판관이 낭독하지만, 법정의견보다 길게 낭독하지는 않습니다. 다만, 개개의 사건에서 소수의견이 있는 경우는 매우 이례적이라고 할 수 있습니다. 대부분의 경우에 있어서는 소수의견이 있다 하더라도 평의과정에서 법정의견에 반영되어 법정의견에 녹아 들어가야 합니다. 이는 헌법재판소 결정의 국민에 대한 신뢰를 높이고 설득력을 높이기 위해서도 필요한 것입니다. 한편 독일의 경우에는 소수의견을 결정문에 개진할 수 있는 것은 최고법원인 연방헌법재판소가 유일하고, 이외의 대법원 등 다른 법원에서는 결정문에 소수의견을 개진하는 것이 허용되지도 않습니다.

[이동흡 재판관]

한국의 경우에는 개개의 사건마다 비교적 소수의견이 많이 개진되는 편입니다. 독일연방헌법재판소에서는 그렇지 않다고 하니 다소 의외로 여겨집니다. 한국의 경우에는 평의가 종료되면 결정문 작성은 원칙적으로 집필재판관에게 일임되어 있고, 소수의견은 소수의견

3) 멜링호프 재판관이 말한 "절반"의 의미가 한 사건의 이유 중 절반을 집필재판관이 낭독한다는 것인지, 아니면 선고사건 중 뒤의 절반 부분은 집필재판관이 낭독한다는 것인지는 정확하지 않다.

집필재판관에게 일임되어 있습니다. 독일의 경우에 주심재판관이 작성한 결정문초고에 대하여 다른 재판관의 지적이 있으면 어떤 절차를 거치게 되는지 궁금합니다.

[멜링호프 재판관]

이동흡 재판관의 말씀대로 한국과 독일의 경우에 소수의견의 빈도는 차이가 큰 것 같습니다. 제 기억으로는 올해에 제가 관여한 독일연방헌법재판소의 결정문에서 아직까지 소수의견을 보지는 못했습니다. 결정문 작성에 있어서는 먼저 주심재판관이 결정문 초고를 작성해서 회람을 하면, 각 재판관이 초고에 자신의 의견을 가미할 부분을 표시해서 이를 다시 주심재판관에게 보내면, 다음 평의 때 다시

〈독일 헌재 전원 재판부(Plenary, 2개 Senate 소속 재판관 전원이 참석하는 전원합의체) 평의실에서 기념촬영한 두 재판관. 벽면에 독일의 역대 헌재소장 및 부소장의 초상화가 걸려 있다. 60년 동안 이 방에서 평의한 것은 2번뿐이라고 하였다〉

이에 대해서 문제되는 부분을 하나 하나 다시 토론을 합니다. 이렇게 해서 완성된 결정문이 작성되면, 이에 대해서 다음 평의에서 다시 논의를 합니다.

V. 헌법연구관 제도

[이동흡 재판관]

한국의 헌법재판소의 헌법연구관은 자체적으로 선발된 헌법연구관과 법원, 검찰 등에서 파견받은 헌법연구관으로 구성되고, 대부분은 재판관에게 배속되지 않은 채 공동의 연구업무를 수행하는 연구부에 배속되어 연구업무를 수행하고 있습니다. 독일연방헌법재판소의 연구관 선발절차, 근무기간, 운용방식 등은 어떠한가요.

[멜링호프 재판관]

독일연방헌법재판소의 헌법연구관은 개개의 재판관이 연구관의 선발 및 평가 등에 있어 모든 권한을 갖고 있습니다. 즉 연구관의 선발은 전적으로 재판관 개인의 책임과 판단에 의해서 이루어집니다. 지금은 재판관별로 각 4명의 연구관이 있고, 재판관에 배속되지 아니한 공동연구관은 없습니다. 제 전속연구관 4명 중 한 명은 제 집무실 옆방에서 근무하고, 나머지 3명은 새로 증축된 연구동에서 근무하고 있습니다. 연구관들은 대개가 각급 법원에서 판사 경력이 있는 자들이고, 오늘 이 자리에 배석한 헤크 연구관의 경우는 니더작센주에서 약 3, 4년 판사로 근무하다가 저의 헌법연구관으로 지원하여 선발되었습니다. 하지만 본인이 지원한다고 하여 선발되는 경우는 매우 이례적이고, 대개는 재판관들이 각 주의 법무장관 등에게 적임

자 추천을 의뢰하거나 전임자의 추천을 받아 선발하고 있습니다. 각 재판관별로 전담분야가 있기 때문에 연구관의 선발에 있어서도 전문 분야를 중시할 수밖에 없습니다. 연구관들은 3년 정도 헌법재판소에 근무하는 경우가 많고, 그 이후에는 다시 법원에서 판사로 근무하거나 학계로 진출하고 있으며, 헌법재판소 연구관의 근무강도는 다른 법조직역에 비하여 매우 높은 것으로 알려져 있습니다.

Ⅵ. 일반 법원의 재판에 대한 헌법소원

[이동흡 재판관]

한국에서는 법원의 재판은 헌법소원 대상에서 제외되어 있지만, 재판에 대한 헌법소원을 허용하자는 논의도 있습니다. 독일 헌법재판소의 경험에 비추어 볼 때, 한국에서 법원의 재판에 대한 헌법소원을 도입할 경우 헌법소원의 사유를 어떻게 제한하는 것이 좋을지 의견이 있으신지요.

[멜링호프 재판관]

헌법재판에서의 요체는 재판소원입니다. 재판소원이 인용되는 경우는 극소수이긴 하지만, 재판소원의 필요성은 특히 형사재판에서 강조되어야 합니다. 형사소송절차에서의 헌법적 하자는 재판소원을 통해서만 교정될 수 있기 때문입니다.

제 3. 체코 헌법재판소 방문

체코의 수도 프라하는 체코 국토의 서쪽 끝에 있는 데 반해, 제2 도시인 브루노(Bruno)는 국토의 동쪽 끝에 위치하였다. 그런데 체코의 행정부와 입법부는 프라하에 있지만, 국토의 균형발전을 위하여 사법부인 헌법재판소와 대법원은 브루노에 있다고 한다. 주 체코 대사관을 통하여 헌법재판소 방문을 부탁했을 때 체코 헌재 측은 아주 적극적이어서 헌재소장께서 프라하에 오셔서 나를 만날 수도 있고, 내가 브루노에 와서 소장을 면담할 수도 있다고 하였다. 나는 직접 체코 헌재를 눈으로 보는 것이 가치 있는 일이라 생각하여 후자를 선택하였다.

체코 헌재 방문은 조성룡 주 체코 대사께서 직접 동행해 주셨다. 9시 경에 호텔로 대사 승용차를 타고 오셔서 3시간 이상 고속도로를 달려 점심시간 때가 되어서야 브루노에 도착하였다. 하루가 꼬박 걸리는 일정임에도 조 대사께서 동행하셔서 체코의 정치상황이나 체코 헌재의 중요한 결정 등에 관하여 자세히 설명해 주셔서 큰 도움이 되었다. 체코 헌재는 中世形 석조건물을 청사로 쓰고 있었다. 빠벨 리헤츠키(Pavel Rychetaky) 체코 헌재 소장과의 접견은 조 대사와 체코어로 통역을 하는 현지 채용 서기관과 영어를 하는 체코 헌재 연구관이 동석한 가운데 1시간 가까이나 계속되었다. 체코 헌재 소장은 체코 헌재의 구성이나 역할, 헌재의 중요한 결정례 등에 관하여 자세히 설명하셨고, 나는 이번 독일 국제회의에 참가하여 발표한 내용을 요약하여 말씀드리고 우리 헌재의 영문판례집, 扇面畵 등을 선물하였다. 리헤츠키 체코 헌재 소장은 한국 헌재 소장께서 꼭 체코를 방

〈체코 헌법재판소 소장과 접견실에서. 체코와 우리나라의 헌법재판제도에 관하여 1 시간 이상 의견을 나누었다〉

〈주 체코 한국대사관의 조성룡 대사와 체코 헌재 소장과 함께. 조 대사는 프라하에서 자동차로 3 시간 가량 걸리는 Bruno(체코 헌법재판소가 있는 체코 제 2 의 도시)까지 동행하여 하루 종일을 소비하면서 많은 배려를 해 주었다〉

〈체코 헌재 소장에게 선물을 증정하는 모습. 멋진 동양화가 그려진 합죽선을 준비하였다〉

〈체코 헌법재판소의 대법정에서 연구관으로부터 설명을 듣고 있는 모습. 법대 양쪽에 체코 국기가 놓여 있는 것이 특이하였고, 재판관의 숫자가 15인이라 법대에 놓여 있는 마이크의 숫자가 많아 보인다〉

문해 주실 것을 전해달라고 부탁하였다.

소장과의 면담이 끝난 뒤에는 연구관이 체코 헌재의 대법정, 소법정, 평의실 등을 안내하여 자세한 설명을 해 주었다. 그 연구관은 미국에 잠깐 유학하였다는데 영어로 의사표현을 하는 데 별 어려움이 없었다. 대법정은 재판관 15인이 앉는 법대가 상당히 크고, 방청석에도 전부 탁자가 설치되어 있는 것이 특이하였다. 그리고 헌법소원 사건을 심리한다는 소법정에는 특이한 시설이 있었는데, 구속된 피고인이 헌법소원 청구인인 경우에는 보안 문제 때문에 철제로 된 우리 같은 시설에 청구인이 들어가 얼굴만 창을 통해 보인 채로 심리를 한다고 연구관이 설명하였다.

[별 지]

Constitutional Courts, Human Rights, Democracy and Development

Country Report: Korea

Dong-Heub LEE*

* Justice, Constitutional Court of Korea.

A. Institutional Foundations of Constitutional Review

I. *Current Constitutional Adjudication Model and Historical, Legal Reasons for Its Adoption*

Establishment of the Constitutional Court

In the Republic of Korea, the Constitutional Court was established as a key part of the constitutional system with the start of the Sixth Republic in 1988.

While amending the Constitution in 1987, political factions were divided on how to structure the constitutional adjudication system. Eventually, it was agreed to establish an independent Constitutional Court for adjudicating all constitutional matters including constitutionality review of statutes as well as the other so called political issues.

Forms of constitutional litigation or judicial review systems in the past

(i) the Constitutional Committee of the First Republic (1948~1960)

(ii) the Constitutional Court of the Second Republic (1960~1961)

(iii) the American type judicial review system of the Third Republic(1961~1972)

(iv) the Constitutional Committee of the Fourth Republic (1972~1981) and the Fifth Republic(1981~1988)

II. *Relations between the Constitutional Court and Ordinary Courts*

Under the Constitution, the judicial function is divided into two institutions; ordinary courts comprising the Supreme Court and lower level courts and the Constitutional Court.

(1) Interpretation and application of statutes of ordinary courts

In interpreting and applying statutes, ordinary courts must seek, first, to interpret and apply the statute in a manner consistent with the Constitution and, second, in case the constitutionality of the statute is at issue, must suspend their proceedings and seek a determination by the Constitutional Court. Once the interpreted content of a statute is declared unconstitutional by the Constitutional Court, it loses its legal validity. Ordinary courts are bound by the Court's decision and barred from applying that content to the instant case.

(2) Exhaustion of all other relief

Constitutional complaints are meant to relieve anyone whose basic rights have suffered in the exercise or non-exercise of governmental power. Therefore, constitutional complaints may be in conflict with administrative litigation that deals with the rights of the individual in relation with the exercise or non-exercise of governmental power. For this matter, the Constitutional Court Act(Article 68 Section 1) forbids filing a constitutional complaint without having exhausted all other relief processes by the laws.

(3) Constitutional complaint against ordinary court's judgments

According to Article 68 Section 1 of the Constitutional Court Act, judgments made by ordinary courts cannot be challenged through constitutional complaints. Thus, the Constitutional Court's power to adjudicate constitutional complaint does not extend to ordinary court judgments in principle.

Yet, when an ordinary court applies a statute that was declared unconstitutional by the Constitutional Court, and violates a person's basic rights as a result, such judgment can become the subject matter of constitutional complaints.

(4) Constitutional complaint against executive decrees, regulations, or administrative action

When the constitutionality or legality of executive decrees, regulations, or administrative actions is at issue, it is the Supreme Court that has the power of final review(Article 107 Section 2 of the Constitution). However, an ordinary court's ruling that an administrative legislation is unconstitutional has the effect of merely precluding its application in the case at hand only in the form of concrete review, rather than striking down the entire administrative legislation. In contrast, the decision by the Constitutional Court universally invalidates the affected decree or regulation.

In case a decree or regulation directly violates a person's basic rights, whether this can be subjected to constitutional complaint is in question. The Supreme Court maintained that the Constitution gives ordinary courts the entire and exclusive power to review decrees and regulations. By contrast, the Constitutional Court has claimed that constitutional complaints must be permitted against administrative legislations that directly violate a person's basic rights because there is no way to file a lawsuit in ordinary courts to challenge the validity of the administrative legislation itself(2 KCCR 365, 89 Hun-Ma 178, October 15, 1990).

Moreover, to resolve such uncertainty, some maintain that the Article 107 Section 2 of the Constitution should be repealed in its entirety, and the power to make a final review of the constitutionality of administrative decrees, regulations or actions, should be conferred exclusively upon the Constitutional Court.

(5) Tension over modified holdings

The Constitutional Court and ordinary courts also went through a fair amount of tension over the modified holdings– "limited unconstitutionality" and "limited constitutionality" (also known as "constitutional in certain context" and "unconstitutional in certain context," they are those of unconstitutionality without any deletion of text in the statute, being 'the qualitative unconstitutionality in part'). The Constitutional Court took the view that these are sub-species of the decision of unconstitutionality, whereas ordinary courts argued that they are merely a form of legal interpretation rather than a binding decision of unconstitutionality.

However, the current Constitutional Court Act does not clearly dictate whether the modified holding binds ordinary courts. Meanwhile, some lawmakers attempt to amend and specify the statute to clearly confer the binding effects to the modified holdings of the Constitutional Court.

B. Status and Composition of the Constitutional Court

I. The Constitutional Court as the Judicial Body

In reviewing the constitutionality of statutes, the only criterion for the Constitutional Court is the Constitution, not political preferences. The Constitutional Court has always maintained that it may not interpret the Constitution expansively so as to impose its own views on matters that were deliberately left open ended by the Constitution to be determined by the political branches. Therefore, the general view is that the Korean Constitutional Court is a judicial body rather than a political one.

II. Professional Qualifications for Members of the Constitutional Court

Nomination and appointment of Justices are limited to individuals qualified as attorney at law. Article 5 of the Constitutional Court Act lays down additional requirements. Justices shall be appointed among eligible persons with 40 years or more of age and who have been in any of the following positions for 15 years or more: (1) Judge, Prosecutor, or Attorney; or (2) Person who has been engaged in legal affairs for a governmental agency or a public enterprise; or (3) Person who has been in a position higher than an assistant professor.

Some proposed to relax the qualifications to include law professors, etc. Such proposal was, however, not reflected in the current legislation. It must also be noted that in Korea, many law professors are not qualified as attorneys.

III. Term of Justices and Possibility of Reappointment

The term of office for Justices of the Constitutional Court is a renewable six years with a retirement age of sixty-five while it is seventy in case of the President.

In recent debates, many have argued for an extended, but non-renewable term of at least nine years. Some also argue that the mandatory retirement age should be abolished, or at least be amended to remove the difference between that of the President and other Justices.

Ⅳ. Procedure for Nomination and Appointment of Constitutional Court Members and Guarantee of Their Independence

The Constitutional Court is comprised of nine Justices appointed by the President of the Republic, of whom three shall be elected by the National Assembly, three nominated by the Chief Justice of the Supreme Court and three selected by the President of the Republic. Meanwhile, the President of the Constitutional Court of Korea is appointed by the President of the Republic from among the Justices, with the consent of the National Assembly.

With respect to this appointment process, some say that the role of experts is not significant. Some have also noted that the nomination of three Justices by the Chief Justice of Supreme Court seems democratically inappropriate and may lead to the underestimation of the Constitutional Court. There are also arguments that all Justices should be selected by the National Assembly, while others say that the presidential appointment of Justices other than the Court's President also requires the consent of the National Assembly.

C. Constitutional Review Powers

I. Constitutional Review of Statutory Legislation in Abstracto?

The Korean Constitutional Court does not have the competence of abstract judicial review. However, there is a discussion about adopting one which is requested by the government or one third of total members of the National Assembly.

II. Constitutional Review of Statutory Legislation

The Constitutional Court shall have the power to review the constitutionality of statutes upon requests from ordinary courts. The courts may make a request for an authoritative determination by the Constitutional Court when in a pending case there is a reasonable doubt that the contents of a statute might be unconstitutional. In this sense, the Korean Constitution adopts a system of "concrete review of statutes."

Under the American type judicial review system, the ordinary courts were timid in making any request for a review, so that the review powers of the constitutional adjudicator could rarely be exercised. In order to deal with this problem, Article 68 Section 2 of the Constitutional Court Act provides that, when the ordinary court does not make a request, the parties to the suit may trigger the Constitutional Court's power of concrete review by filing a constitutional complaint against the statute. This procedure is said to have worked effectively, in which nearly 15% of these cases have been upheld at the Constitutional Court.

The Constitutional Court may decide that a statute is constitutional or unconstitutional, and that a statute is non-conforming to the Constitution, limitedly unconstitutional or limitedly constitutional as modified decisions on unconstitutionality.

Ⅲ. Special Procedure for the Enforcement of the Fundamental Rights guaranteed by the Constitution

The system of constitutional complaint provides a way for individuals to seek relief in cases where their constitutional rights have been violated by state power.

To file a constitutional complaint, complainant's basic rights guaranteed under the Constitution should be directly and presently infringed by the exercise or non-exercise of the governmental power, except the judgment of the ordinary courts.

Since the legislative power of the National Assembly is also a public power, a case where a statute that directly infringes upon the basic rights is also the subject for a constitutional complaint.

A concurrent vote of six or more Justices is required to decide a statute as unconstitutional or to uphold a constitutional complaint.

IV. Disputes Concerning the Federal or Quasi-federal Distribution of Powers

(1) Federal or Quasi-Federal Distribution of Power

Korean system of government is not a federal system; however, some principles and aspects of federalism are incorporated in Article 117 Section 1 of the Constitution.

(2) Jurisdiction over Competence Disputes

The power to determine competence disputes between agencies of the central government, central and local governments, and between local governments has been given by the Constitution to the Constitutional Court.

Competence Dispute between the City of Seoul and the Central Government(21-1(B) KCCR 418, 2006 Hun-Ra 6, May 28, 2009)

The main text of Article 158 of the former Local Autonomy Act stipulates that "the Minister of Government Administration and Home Affairs … may receive a report on the autonomous affairs of a local government, or inspect its documents, books or accounts." And the proviso of the same Article stipulates that "in this case, the inspection shall be made only in respect of matters which are in violation of Acts and subordinate statutes." Regarding the proviso of Article 158 of the Act, the Court held that the inspection power of a central administrative agency on the autonomous affairs of a local government stipulated in the proviso of Article 158 of the Act should not be considered preemptive, general and comprehensive power but be considered limited power in its subject matter and scope. The Court states that the subject matter of inspection notified by the Minister of Public Administration and Security actually covers almost all the autonomous affairs of Seoul City and therefore, the notification failed to specifically designate the matters to be inspected. And, when the Minister of Public Administration and Security notified the plan for joint inspection to the city, it did not identify which specific statutory provision was violated and what kind of local government affairs had been conducted in violation of such provision. As such, the joint inspection conducted by the respondents including the Minister of Public Administration and Security failed to fulfill the requirement stipulated in the proviso of Article 158 of the former Local Autonomy Act, thereby violating the self governing authority of Seoul City endowed by the Constitution and the Local Autonomy Act.

(3) Competence Dispute Procedure and Effect

A "state agency or the local government" concerned are the only parties on a competence dispute.

The request for adjudication may only be allowed when an action or omission by the defendant infringes or is in obvious danger of infringing upon the plaintiff's competence granted by the Constitution or laws.

V. *Disputes between the Main Organs of the Central Government*

Article 62 Section 1 of the Constitutional Court Act allows only the National Assembly, the Executive, the Judiciary and the National Election Commission to become parties to competence disputes.

But, the Court has recognized the need to expand the scope of parties eligible for filing competence disputes and granted standing to individual members of the National Assembly as well as to its Speaker(9-2 KCCR 154, 96 Hun-Ra 2, July 16, 1997).

Competence Dispute between the Members of the National Assembly and the Chairman of the National Assembly(21-1(B) KCCR 14, 2009 Hun-Ra 8,9,10(consolidated), October 29, 2009)

Regarding the declaration of passing the Bill of the proposed revisions to the Act on the Freedom of Newspapers, etc. and Guarantee of their Functions(the Newspaper Bill), the Constitutional Court denied the request to confirm nullity of declaring passage of the Newspaper Bill on the ground that although there was procedural illegality in question and discussion during the voting process and such illegality infringed on the National Assembly members' right to deliberate and vote on laws, the declaration of passage itself in this case is not void.

VI. *Safeguarding the Regularity of the Democratic Process*

(1) Dissolution of political parties

The Constitutional Court has jurisdiction over the dissolution of political parties. If the objectives or activities of a political party impinge upon the fundamental democratic order, the Executive, upon a deliberation of the State Council, may request a judgment by the Constitutional Court for the dissolution of that political party.

(2) Election disputes

The Korean Constitutional Court does not have jurisdiction over the election disputes. In cases of presidential elections and general elections for the National Assembly, the Supreme Court has the jurisdiction over election litigation

However, since national election is a democratic process which grants governmental power to its relevant authority under the Constitution, some suggest that the Constitutional Court having jurisdiction over such disputes is more desirable.

VII. Jurisdiction to Impeach High Public Officials

The Constitution provides that in case the President, heads of Executive Ministries, Justices of the Constitutional Court, judges, and other public officials designated by Act have violated the Constitution or other Acts in the performance of official duties, the National Assembly may pass motions for their impeachment. And then the Constitutional Court is authorized to adjudicate the charge brought by the National Assembly.

Article 53, Section 1 of the Constitutional Court Act provides that when a request for impeachment is upheld, the Constitutional Court shall pronounce a decision that the accused person be removed from the public office. To date, one impeachment case was brought before the Court and the case concerned the President of Korea.

In the *Presidential Impeachment* Case,[1] the National Assembly passed a resolution to impeach then President Roh Moo-hyun. However, the Constitutional Court rejected the request for impeachment. The case is noted as the landmark case in which the Constitutional Court has resolved the divisions and tensions in a constitutionally viable manner in a relatively short period of time.

1) 16-1 KCCR 609, 2004 Hun-Na 1, May 14, 2004.

VIII. *Advisory Opinions*

The Court is not competent to deliver advisory opinions.

IX. *The Relative Importance of Any of the Powers Listed*

In order of relative importance, adjudication on the constitutionality of statutes, constitutional complaints, competence disputes, and impeachment may be listed. Out of 19,666 cases filed in total, 607 cases[2] have been held as unconstitutional.[3]

D. Binding Effect of Constitutional Decisions

I. *The Binding Effect on the Legislature*

(1) Holding(Entscheidungsformel) v. Reasoning(Gründe)

That the holding(Entscheidungsformel in German) of the Court in the decision of unconstitutionality has the binding effect cannot be questioned. However, the theories and Constitutional Court's precedents are not clear as to whether the reasoning(Gründe in German) of the Court also has the

2) 607 cases were decided as unconstitutional. However, among those 607 cases, 437 statutes were held as unconstitutional.

3) As of September 30, 2010.

binding effect, and whether the lawmakers are bound to follow the decisions of unconstitutionality without any exception is still subject to debate.

This is an issue when the lawmakers enact a statute or a provision that is identical or substantially similar to the statute or provision once held unconstitutional, that is, when so called repetitive enactment has occurred.

When considering the decisions of the Constitutional Court collectively, the basic attitude of the Constitutional Court would be interpreted into two possible ways which would have no particular difference in the way of problem solving: the first interpretation recognizes the binding effect on the National Assembly in a very limited way, admitting the exception when there are reasonable justifications of the repetition of legislation; and another interpretation does not recognize the binding effect on the National Assembly, however, it permits the legislature to enact the repetitive legislation only if there are reasonable justifications of the repetition of legislation, instead of allowing the unrestricted freedom of the repetition of legislation.

(2) Decision of nonconformity to the Constitution as a way of respecting the authority of the legislature

The Constitutional Court may provide a guideline to the legislature in the reasoning when rendering a decision of unconstitutionality, although such guideline would not directly bind legislators. Or, the Constitutional Court, as a way of respecting the authority of the legislature, may render a decision of nonconformity to the Constitution despite some part of the statute is unconstitutional, setting a time limit for the enactment of a new legislation. In that case, if the time for the enactment expires, the existing statute, which has not been amended within the time limit, would automatically lose its effect.

The Constitutional Court has rendered 135 decisions of nonconformity to the Constitution, while declaring 100 statutes as nonconformity to the Constitution, during the 22 years of the history of the Constitutional Court. However, 3 statutes have still remained unamended even after the time has expired(as of September 30, 2010).

II. The Binding Effect on the Ordinary Courts

(1) Effect of statutory provisions ruled as unconstitutional

In principle, the statute or the provision thereof ruled as unconstitutional shall lose its effect from the day on which the decision is made. However, if the statute or provision thereof relates to criminal penalties, it shall lose its effect retroactively. Nonetheless, the Constitutional Court has said that the retroactive effect exceptionally may be applied to some cases, such as (i) the case which brought an opportunity to adjudicate on the constitutionality whether by request from ordinary courts or by constitutional complaint, (ii) the case under which the request for review of the statute is made to the ordinary courts or to the Constitutional Court before the ruling of the unconstitutionality on such statute or (iii) the on going case though the request for review has not been made, in which the statute or provision in question thereof applies.

(2) Tension over the binding effect of modified holdings

The Constitutional Court has held that the decisions of unconstitutionality of a statute include the decision of holding a statute as limitedly constitutional, limitedly unconstitutional as well as nonconforming to the Constitution, and as such all of these decisions have binding effect in accordance with the Article 47 Section 1 of the Constitutional Court Act (9-2 KCCR 842, 96 Hun-Ma 172, 173(consolidated), December 24, 1997).

Nevertheless, the Supreme Court maintains that the decision of limited constitutionality and unconstitutionality is merely an expression of the Constitutional Court's view on how the statutory provision should be interpreted, and since interpretation and application of statutes are the exclusive province of the ordinary courts, the Constitutional Court's preference on statutory interpretation does not have binding effect on ordinary courts(Sup. Ct. 95 Jaeda 14, April 27, 2001).

Example: Income Tax Act Case

When the Constitutional Court declared that some provisions of the Income Tax Act were limitedly unconstitutional (7-2 KCCR 616, 94 Hun-Ba 40, 95 Hun-Ba 13(consolidated), November 30, 1995), the Supreme Court stated that such a decision is not binding on ordinary courts since it is merely an expression of the Constitutional Court's view on how the statutory provision in question should be interpreted and refused to follow the decision of the Constitutional Court.

In a constitutional complaint case requesting cancellation of the decision, however, the Constitutional Court held that Article 68 Section 1 of the Constitutional Court Act is unconstitutional to the extent the provision is interpreted to exclude from constitutional review those judgments that enforce law already ruled as unconstitutional by the Court, and cancelled the decision of the Supreme Court(9-2 KCCR 842, 96 Hun-Ma 172, 173(consolidated), December 24, 1997). The tax administrative decided not to enforce the taxation, and thus the decision of the Constitutional Court prevailed.

Ⅲ. The Binding Effect on the Constitutional Court

The Constitutional Court may change its decision from its prior decisions having same or similar statutes at issue. In this respect, the binding effect of the decision does not reach the Constitutional Court itself. Nonetheless, the Court should respect prior decisions and their reasons if there is no change of circumstances or necessity to rule otherwise.

When the Court changes its previous views on the interpretation of the Constitution or statutes, six votes are also required(Article 23 of the Constitutional Court Act). To date, the Constitutional Court has overruled its cases 20 times.

Ⅳ. *The Binding Effect on the Executive*

The executive has showed a good record in following the decisions of the Constitutional Court.

And no specific issues have not been founded yet regarding binding effect on the executive.

E. Constitutional Review in Practice

Ⅰ. *Cases Concerning Civil Liberties*

Extension of Detention Period for Criminal Suspects under the National Security Act Case(4 KCCR 194, 206, 210, 90 Hun-Ma 82, April 14, 1992)

The Court held that Article 19 of the National Security Act extending detention period up to 50 days in relation to the crimes prescribed in the Act allows unnecessarily long detention, and therefore, clearly violates the personal liberty, the principle of the presumption of innocence and the right to a speedy trial.

Prohibition of Inmates from Exercising Case(16-2(B) KCCR 548, 2002 Hun-Ma 478, December 16, 2004)

The Court held that an outdoor exercise is the minimum basic requirement for the maintenance of physical and mental health of the inmates who are imprisoned. Therefore, the absolute ban of exercise of the inmate subjected to the forfeiture of rights is beyond the necessary minimum degree, thus in violation of the human dignity and values under Article 10 of the Constitution and of the bodily freedom under Article 12 of the Constitution.

Motion Picture Rating Case(13-2 KCCR 134, 2000 Hun-Ka 9, August 30, 2001)

The Court ruled that the Korean Media Rating Board's withholding the rating of a film amounts to censorship prohibited by the Constitution and, therefore violates the Constitution.

Prior Censorship of Broadcast Advertisements Case(20-1(B) KCCR 397, 2005 Hun-Ma 506, June 26, 2008)

The Constitutional Court decided that subjecting broadcasting advertisements to prior review by the Korea Advertising Review Board, to which the Korea Broadcasting Commission has entrusted prior review, is prior censorship prohibited by the Constitution, and therefore violates the Constitution.

Military Secret Leakage Case(4 KCCR 64, 89 Hun-Ka 104, February 25, 1992)

The Court said that the military secrets should be limited to the necessary minimum in order to maximize the scope of the subject matter open to people's freedom of expression and right to know.

Ban on Assemblies near Foreign Diplomatic Missions Case(15-2(B) KCCR 41, 58-59, 2000 Hun-Ba 67 etc., October 30, 2003)

The Constitutional Court held that the part of "foreign diplomatic missions" in Article 11 Section 1 of the Assembly and Demonstration Act, which imposed a blanket ban without exception on outdoor assemblies within one hundred meters from the perimeters of foreign diplomatic missions stationed in Korea, violated the principle of the least restrictive means, exceeding the scope of necessary measures required to achieve the legislative purpose.

Nighttime Outdoor Assembly Ban Case(21-2(B) KCCR 427, 2008 Hun-Ka 25, September 24, 2009)

The Constitutional Court overturned the decision of constitutionality rendered in 1995 and in an opinion of 5(unconstitutional): 2(nonconforming): 2(constitutional), held that provision of the Assembly and Demonstration Act does not conform to the Constitution. Article 10 of the Act principally bans outdoor assembly before sunrise or after sunset[4] with an ex-

4) But, according to Article 15 of the Act, Article 10 of the Act is not ap-

ception in the proviso that permits such outdoor assembly when the head of competent police authority grants permission in certain cases. Regarding this, the Constitutional Court stated that the provision sets time limit for outdoor assembly but the proviso relieves the severity of the restriction, and the "permission of the head of competent police authority" should not be regarded as the advance permit. Therefore, regardless of the proviso, Article 10 of the Act does not violate the prohibition of advance permit by Article 21 Section 2 of the Constitution. But, the Court held that the provision does not conform to the Constitution as it bans outdoor assembly in a wide range of timeframe, thereby violating the principle of the prohibition of excessive restriction and failing to strike balance between legal interests.

Joint Penal Provision Case(21-2(A) KCCR 64, 2008 Hun-Ka 10, July 30, 2009)

The Constitutional Court held unconstitutional the provision of the Juvenile Protection Act which punishes a juristic person when an employee or other service workers of a juristic person commit an offense with respect to the business of such juristic person, without considering whether the juristic person is jointly or contributorily liable for the offense committed by the employee or service workers. Regarding

---

plicable to assemblies relating to academic purpose, art, sports, religion, ritual, social gathering, entertainment, the four ceremonial occasions of coming of age, wedding, funeral and ancestral rites and national celebration.

this, the Constitutional Court stated that although it is necessary to keep a tight rein on the prevalent wrongful activities of juristic persons in this modern society by imposing direct punishment on them, once the legislature opts to criminally punish a certain wrongful act, such punishment should be imposed to the extent that it does not violate the constitutional principle of the rule of liability derived from the rule of law and the principle of *nulla poena sine lege*.

Partial Pretrial Detention Credit Case(21-1(B) KCCR 784, 2007 Hun-Ba 25, June 25, 2009)

The Constitutional Court held unconstitutional the provision of Criminal Act that allows a judge's discretion of giving partial pretrial detention credit, on the ground that the provision infringes on the freedom of body and violates the constitutional principle of the presumption of innocence and due process. Also, the Court articulated that the "pretrial credit provision" cannot be a proper measure to achieve the legislative intent of deterring appeals and preventing frivolous appeals, but it obstructs a criminal defendant's right to trial and an appeal under the pretext of preventing frivolous appeals.

Special Counsel's Case on the Suspicion to Myong-bak LEE, Presidential Candidate from Grand National Party Case(20-1(A) KCCR 1, 2007 Hun-Ma 1468, January 10, 2008)

The Constitutional Court held constitutional the Article of the Special Prosecutor Act concerning investigation of President candidate Myung-bak Lee from the Grand National Party over his alleged involvement in a financial fraud, which designates a specific individual as the target of investigation, on the grounds that the National Assembly has discretionary power to decide whether the Special Counsel System would be acceptable, whether a specific case should be investigated by a special counsel or what would be the scope of a special counsel's investigation, and the National Assembly's decision in this case is neither arbitrary nor unreasonable.

But regarding the Companion Order provision of the Special Prosecutor Act in this case, the Constitutional Court held unconstitutional on the ground that it violates the Warrant Clause of Article 12 Section 3 of the Constitution which requires presence of warrant in case of arrest, detention, search and seizure. Also, the Court held the freedom of body by the Companion Order provision in this case is not within the boundary of necessary minimum for the accomplishment of the purpose.

Adultery Case(20-2(A) KCCR 696, 2007 Hun-Ka17, etc., October 30, 2008)

In this case, although the majority of five Justices presented the opinion of unconstitutionality, the Constitutional Court decided that, in an opinion of 5(unconstitutional): 4(constitutional), Article 241 of the Criminal Act, which imposes imprisonment as the only statutory sentence in the criminal punishment of adultery or fornication with a married person, does not contradict the Constitution since the quorum of six votes required for the holding of unconstitutionality is not met.

The Court stated that the provision at issue restricts adultery and fornication in order to protect marital relationship and preserve social order and acts as an appropriate means to serve the legitimate legislative purpose. Whether the restrictive regulation involving criminal punishment is excessive may be of issue, but this basically falls into the freedom of legislation. Given the Korean legal awareness that adultery harms social order and violates others' rights as well as the strong demand for preemptive prevention of adultery, the legislature's judgment to criminally punish adultery is not arbitrary. Also, the Court stated that the provision at issue cannot be regarded as infringing on the individual right to sexual autonomy and privacy in violation of the rule against excessive restriction, and although it is true that the provision imposes only imprisonment as statutory sentence, this does not necessarily mean that the punishment is overly excessive.

Meanwhile, regarding the dissenting opinion of five Justices, three Justices presented an opinion of unconstitutionality on the ground that the provision restricts the individual right to sexual autonomy and privacy in violation of the rule against excessive restriction and one Justice presented an opinion of incompatibility with the Constitution on the ground that the provision goes beyond the legitimate boundary of state power over criminal punishment under the rule of law. Also, one Justice presented an opinion of unconstitutionality on the ground that the provision violates the principle of proportionality between the criminal responsibility and the punishment.

Engagement Fraud (having sexual relationship/intercourse on false promise of marriage) Case (21-1(B) KCCR 520, 2008 Hun-Ba 25, 2009 Hun-Ba 191 (consolidated), November 26, 2009)

The Constitutional Court held unconstitutional a statutory provision that makes illegal for a man to have sexual relations with a woman by making a false marriage offer, by a vote of 6 : 3, overruling its 2002 ruling where seven justices upheld the constitutionality of the aforementioned provision. The Court said that having sexual relationship is located in the heart of people's privacy against which the state's interference should be as minimum as possible. But, the provision not only infringes on men's right to decide on sexual behavior, privacy and freedom but also denies women's right to make her own decision to have sex under the guise of protecting women. Also, as the subject of protection is limited to women who have no habit of acting obscenely, thus focusing sexual ideology based on patriarchy and moralism on women, it is in violation of equality in gender.

Death Penalty Case(22-1(A) KCCR 36, 2008 Hun-Ka 23, February 25, 2010)

The Constitutional Court, in an opinion of 5(constitutional): 4(unconstitutional), held constitutional the system of death penalty. First, the Court states that although the current Constitution neither directly recognizes nor prohibits the death penalty, it is required that the death penalty system should be regarded as being implicitly recognized by the Constitution through its interpretation in connection with other constitutional provisions. Also, the Court states that even though a person's life in an ideal sense is deemed to have an absolute value, the Constitution does not textually recognize absolute basic rights and moreover, it also prescribes that all of the people's freedom and rights may be restricted only when necessary for national security, the maintenance of law and order or for public welfare under Article 37 Section 2. Therefore, the right to life may be subject to the general statutory reservation in accordance with Article 37 Section 2 of the Constitution in order to protect other lives at least with same value or public interests with same importance. Also, as long as the death penalty is sentenced only for the cruel and heinous crime, the death penalty system itself violates neither the constitutional principle of proportionality, satisfying all the elements of legitimacy of purpose, appropriateness of means, the least restrictive means and balance between legal interests, nor Article 10 of the

Constitution which stipulates human dignity and value.

Case on Real Name Verification for Election Campaign via Internet (22-1(A) KCCR 347, 2008 Hun-Ma 324, 2009 Hun-Ba 31 (Consolidated), February 25, 2010)

The Constitutional Court, in an opinion of 7(constitutional): 2(unconstitutional), held constitutional Article 82-6 Section 1, Section 6 and Section 7 of the former Public Officers Election Act which stipulate that every internet press agency shall, if it allows anyone to post information expressing his support for or opposition to candidates or political parties on the bulletin board and chatting page of its web page, take technical measure to have his real name identified and shall delete such postings without the sign of "real name verification."

Case on Treatment of Early Human Embryo under the Bioethics and Biosafety Act(22-1(B) KCCR 275, 2005 Hun-Ma 346, May 27, 2010)

Regarding the constitutional complaint filed by a group of thirteen complainants including a married couple who created embryos from artificial fertility treatment, obstetrician, gynecologist, experts in clinical research and law, ethicist and the created early human embryos against Article 13 Section 1, etc., of the Bioethics and Biosafety Act which do not view embryos as a human entity and allow the use of leftover embryos from fertility treatments for medical research and also their destruction, the Constitutional Court, in an unanimous opinion, held constitutional the Act.

First, regarding the issue as to whether the created early human embryos possess fundamental rights, the Court stated that although it could be possible to say that the embryos before being implanted into a woman's womb may have potential to develop into a human entity, given the contemporary level of scientific knowledge and technological development, it is hard to expect one that is not implanted to grow as an independent human being. The Court also added that there is no social recognition that such an early human embryo is regarded or should be treated as a human entity. Considering all the facts mentioned above, the Court concluded that an early human embryo created during artificial fertility treatments does not possess fundamental rights under the Constitution. In relation to the ones who create embryos, the Court said that they have the right to self determination recognized by the Constitution regarding the supervision or disposal of the embryos, since they are the ones who provide parts of their bodies which contain their own genetic information and they have the status as biological parents if the embryo is implanted into the mother's womb and successfully born afterward. The Court continued, however, that this right to self determination is a type of fundamental right that is more likely to be restricted when it clearly runs against the constitutional value of protecting embryos. Therefore, the Court held that the relevant provisions of the Bioethics and Biosafety Act in this case, which require fertility clinics to dispose of frozen embryos five years after the in vitro fertilization, have legitimate legislative purposes, apply appropriate means to achieve the purposes and are not in violation of the principle of least restrictive means or balance between legal interests.

II. *Cases Concerning Social Rights in Pursuit of Social Justice*

Right to Receive Social Protection

The legislature enjoys broad legislative formative power in making laws regarding the fundamental social rights such as the right to receive social protection. The legislature can make a legislative decision within reasonable standard combining all necessary socio-economic considerations. The legislative decision is not in violation of the Constitution unless such a decision is absurdly arbitrary or falls far short of providing the minimum necessary protection for the fundamental social rights(13-2 KCCR 422, 433, 2000 Hun-Ma 342, September 27, 2001).

Taxation of Married Couple's Income from Assets Case(14-2 KCCR 170, 2001 Hun-Ba 82, August 29, 2002)

The Court held that Article 61 of the Income Tax Act, which required the aggregation of assets incomes for married couples for purposes of calculating the income tax, discriminated against married couples, and therefore is unconstitutional.

Comprehensive Real Estate Tax Case(20-2(B) KCCR 1, 2006 Hun-Ba 112, 2007 Hun-Ba 71 · 88 · 94, 2008 Hun-Ba 3 · 62, 2008 Hun-Ka 12(Consolidated), November 13, 2008)

The Court ruled that the comprehensive real estate tax system itself, including the imposition of comprehensive real estate taxes on the subjected lands, does not violate the Constitution, given the legitimacy in legislative purpose and the characteristics and burden of the comprehensive real estate tax system. The Court, however, decided that the provision on the comprehensive real estate tax on house that stipulates aggregate taxation of households, imposing large amount of real estate taxation without considering the homeowner's circumstances as to possession of houses, excessively restricts the property right of homeowners beyond the necessary degree required to achieve the legislative purpose, thereby violating the rule of least restrictive means and balance between legal interests. Also, the Court held that the provision does not conform to Article 36 Section 1 of the Constitution, which ensures people's marriage and family life and gender equality, because it discriminates those who have family such as married couples or those who compose a household with family members against the individually taxed singles, couples in common law marriage, homeowner who are not household members, and etc.

Ⅲ. Case Concerning Other Fundamental Rights

Relocation of the Nation's Capital Case(16-2(B) KCCR 1, 2004 Hun-Ma 554, 566(consolidated), October 21, 2004)

The Constitutional Court held unconstitutional the Special Act on the Construction of a New Administrative Capital, which mandated relocation of the capital and set forth procedure of the relocation, on the grounds that although not explicitly stated in the text of the Constitution, Seoul's status as the nation's capital has been legally effective for more than 600 years as an endearing legal custom and regarded as a part of the most fundamental and self-evident customary constitutional norms since the establishment of the Korean constitutional system. Moreover, the Court stated that the wide consensus among the people that the capital of Korea is Seoul has existed even before the drafting of our written constitution and has gained the status of unwritten constitution, and therefore, in order to repeal certain practices exercised on the basis of such a customary constitutional norm, it is required to follow the procedures required for revising the Constitution. In this regard, the Court held that as the 'Special Act on the Construction of a New Administrative Capital' was passed without going through the process of constitutional revision, which is an attempt to make changes to the Constitution through an ordinary statute, it infringes on the right to vote of the citizens in the constitutional revision.

IV. *Cases Concerning Principle of Equality for Protecting Women or Particularly Vulnerable Minorities*

Same-Surname-Same-Origin Marriage Ban Case(9-2 KCCR 1, 17-18, 95 Hun-Ka 6, etc., July 16, 1997)

The Court held that Article 809 of the Civil Act, which prohibits marriage between two persons who have the same family name and come from the same ancestral line, not only loses its social acceptance or rationality as a marriage ban, but also is in direct conflict with the constitutional ideas and provisions regarding "human dignity and worth and the right to pursue happiness" and the constitutional provisions regarding establishment and maintenance of marriage and family life on the basis of "individual dignity and gender equality." In addition, since the scope of prohibition is limited to the same surnames, in other words, those with the same patrilineal blood ties, it is gender discrimination without any rational ground, thereby violating the constitutional principle of equality.

Nationality Act Case(12-2 KCCR 167, 97 Hun-Ka 12, August 31, 2000)

The former Korean Nationality Law adopted the patrilineal lineage system that coincided a child's nationality at birth to its father's nationality and discriminatingly granted the mother's nationality only supplementary importance. Such discrimination between the child of a Korean father and a foreigner mother and that between a Korean mother and a foreigner father disadvantage the children of Korean mothers and the mothers themselves, and thus the Court held that the law violates the principle of male female equality under Article 11 Section 1 of the Constitution.

Case on the House Head System(17-1 KCCR 1, 2001 Hun-Ka 9, etc., February 3, 2005)

The Court held that Article 778 of the Civil Act("A person who has succeed to the household lineage or has set up a branch household or who has established a new household or has restored a household for any other reason shall become the head of a household.") not only goes against the human dignity as a status of house head is designated by law regardless of the intention or self determination of the people concerned, but also discriminates men and women in achieving the status as a house head.

Also, regarding the latter part of the main text of Article 781 Section 1("a child shall be entered into his or her father's household.") and the main text of Article 826 Section 3("the wife shall be registered to her husband's household.") of the Civil Act, the Court stated that the provisions violate the human dignity as they one sidedly form marital relations and relations with children and runs afoul of the Constitution by discriminating men and women without justifiable grounds.

However, should the Court render a decision of unconstitutionality and thereby the provisions at issue lose their effects immediately, a legal vacuum would occur. In order to prevent such a problem, the Court pronounced a decision of incompatibility with the Constitution to temporarily enforce the provisions at issues until revised.

Visually Handicapped Massagist Case(20-2(A) KCCR 1089, 2006 Hun-Ma 1098, 1116, 1117 (Consolidated), October 30, 2008)

The Court states that the challenged provision which authorizes the massagist license only to visually impaired people aims to enable rewarding lives and realization of the right to humane living conditions for the visually impaired, and satisfies the legitimacy of the legislative purpose. Therefore, the Court held that the provision is neither against the right of equal treatment nor the freedom of occupational choice, and is within the constitutionally permitted level of restriction of basic rights under the Article 37 Section 2.

Restriction on Authority to Prosecute Offenders of Traffic Accidents Causing Serious Injury Case(2005 Hun-Ma 764, 2008 Hun-Ma 118 (consolidated), February 26, 2009)

The Constitutional Court decided that Article 4 Section 1 of the Act on Special Cases Concerning the Settlement of Traffic Accidents which prevents the prosecution of a driver who causes a traffic accident leading to serious injury by negligence in the conduct of business or gross negligence violates

lates the victim's right to be heard at trial stipulated in the Constitution.

Also, regarding the discrimination between severely injured victims of traffic accident which does not fall under the proviso of Article 3 Section 2 and those who are seriously injured from the traffic accidents that fall under the proviso, or the victims who died from any traffic accidents, the Court held that such discrimination does not have reasonable ground because it prevents victims from exercising the right to be heard at trial due to the coincidence that the victims happened to be injured by accidents not falling under the proviso. Also the Court held that the discrimination between the victims who died from any traffic accident and the severely injured victims who are in a vegetative state or suffer incurable injury caused by accidents not falling under the proviso is also without proper ground because the illegality of the result of the serious injury cannot be less than the accident causing death. Therefore, the part of Article 4 Section 1 that prevents the prosecution of a driver who causes a traffic accident leading to serious injury by negligence in the conduct of business or gross negligence runs afoul of the Constitution, in violation of the equality right.

V. *Basic Approach in Balancing between Central Government and State or Regional Autonomy*

Constitutional Protection of Autonomy of the Local Government

The Constitutional Court said that "the protection of the local government under the Constitution stems from the sovereignty of people. Thus, this value cannot be infringed by the central government or by the legislature. The balance of vertical power between the central government and the local government must be harmonious, and in this process of pursuing harmony the core value of self autonomy shall not be infringed"(KCCR 10-1, 380 96 Hun-Ba 62, April 30, 1998).

F. Conclusions

After having gone through the inactive and sometimes merely ornamental forms of constitutional adjudication systems such as the Constitutional Committee or the American type judicial review system in the past, the Republic of Korea finally established the Constitutional Court in 1988. And, different from its predecessors, the Constitutional Court has been known for its active and successful performance in adjudicating constitutional matters, as the last resort of upholding the Constitution and protecting fundamental rights of the citizens.

Despite its relatively short history of twenty two years, the Constitutional Court has succeeded in firmly establishing both the constitutional adjudication system in this country and itself as a constitutional institution. The Constitutional Court has become rooted in the minds of the people as the final defender of their basic rights, receiving broad support and positive evaluations from jurists, scholars and the people. For example, in polls by the newspaper, the Constitutional Court is voted every year as the most trusted governmental institution. Also, the Constitutional Court is now expending its scope to the outside of the country, exercising its leadership in establishing the "Association of Asian Constitutional Courts and Equivalent Institutions" which was created in 2010, and the writer is the Chairperson of the Preparatory Committee of the Association.

However, there are also some obstacles that should be hurdled by the Court, such as the issues related to its competence and jurisdiction, including lack of jurisdiction over the election disputes, lack of competence of constitutional review of statutory legislation *in abstracto* and no power to adjudicate the constitutional complaint against ordinary court's judgments, and the issues related to the process of nomination and appointment and term of Justices. In order to solve these problems, the Constitutional Court must examine in depth these issues and make necessary improvements.

Keeping all the citizens' support and faith in mind, the Constitutional Court must disseminate through constitutional adjudication the constitutional values grounded in human dignity and worth to the entire society so that the Constitution becomes the living norm that defines the basic conditions of the people's lives. Only then will the Constitutional Court be able to take root and acquire the people's trust and affection, and bear in abundance the beautiful constitutional fruits of human dignity and worth, liberty, and equality.

〈Chart 1〉

CASE STATISTICS OF THE CONSTITUTIONAL COURT OF KOREA

As of September 30, 2010

Type		Total	Constitutionality of Law[1]	Impeach ment	Dissolution of a Political Party	Competence Dispute	Constitutional Complaint		
							Sub total	§68 I	§68 II
Filed		19,665	715	1		70	18,880	16,145	2,735
Settled		19,001	653	1		58	18,289	15,804	2,485
Decided by Full Bench	Unconstitutional[2]	392 〈269〉[7]	179 〈166〉				213 〈103〉	62 〈52〉	151 〈51〉
	Unconformable to Constitution[3]	135 〈100〉	51 〈37〉				84 〈63〉	31 〈33〉	53 〈30〉
	Unconstitutional, in certain context[4]	52 〈39〉	15 〈9〉				37 〈30〉	11 〈9〉	26 〈21〉
	Constitutional, in certain context[5]	28 〈29〉	7 〈14〉				21 〈15〉		21 〈15〉
	Constitutional	1368	252				1,116	4	1,112
	Annulled[6]	345				14	331	331	
	Rejected	5,972		1		12	5,959	5,959	
	Dismissed	10,080 〈8,631〉	41			21	10,018 〈8,631〉	8,955 〈7,750〉	1,063 〈881〉
	Miscellaneous	6					6	5	1
Withdrawn		623	108			11	504	446	58
Pending		665	62			12	591	341	250

1) This type of "Constitutionality of Law" case refers to the constitutionality of statutes cases brought by ordinary courts, i.e., any court other than the Constitutional Court.
2) "Unconstitutional": Used in Constitutionality of Laws cases.
3) "Unconformable to Constitution": This conclusion means the Court acknowledges a law's unconstitutionality but merely requests the National Assembly to revise it by a certain period while having the law remain effective until that time.
4) "Unconstitutional, in certain context": In cases challenging the constitutionality of a law, the Court prohibits a particular way of interpretation of a law as unconstitutional, while having other interpretations remain constitutional.
5) "Constitutional, in certain context": This means that a law is constitutional if it is interpreted according to the designated way. This is the converse of "Unconstitutional, in certain context." Both are regarded as decisions of "partially unconstitutional."
6) "Annulled": This conclusion is used when the Court accepts a Constitutional Complaint which does not include a constitutionality of law issue.
7) The numbers in 〈 〉 represent the numbers of statutory provisions subject to the review.

EXPLANATION OF ABBREVIATIONS & CODES

- KCCR: Korean Constitutional Court Report.
- KCCG: Korean Constitutional Court Gazette.

- Case Codes
  - Hun-Ka: constitutionality case referred by ordinary courts according to Article 41 of the Constitutional Court Act.
  - Hun-Ba: constitutionality case filed by individual complainant(s) in the form of constitutional complaint according to Article 68, Section 2 of the Constitutional Court Act.
  - Hun-Ma: constitutional complaint case filed by individual complainant(s) according to Article 68 Section 1 of the Constitutional Court Act.
  - Hun-Na: impeachment case submitted by the National Assembly against certain high ranking public officials according to Article 48 of the Constitutional Court Act.
  - Hun-Ra: case involving dispute regarding the competence of governmental agencies filed according to Article 61 of the Constitutional Court Act.
  - Hun-Sa: various motions(such as motion for appointment of state appointed counsel, motion for preliminary injunction, motion for recusal, etc.).

* For example, "96 Hun-Ka 2" means the constitutionality case referred by an ordinary court, the docket number of which is No. 2 in the year 1996.

Case statistics of the constitutional complaints based on subject matter of review(§68 I)

1988. 9. 1.~2010. 9. 30.

Type		Filed	Settled												Pending
			Total	Decided										With drawn	
				Sub-total	Unconsti-tutional	Unconfor-mable to Constitution	Unconsti-tutional, in certain context	Constitu-tional, in certain context	Annulled	Consti-tutional	Rejected	Dismissed	Miscel-laneous	With drawn	
Total		16,145	15,804	15,358	62	31	11		331	4	5,959	8,955	5	446	341
the Legislature	Sub-total	2,255	2,128	2,044	50	28	8		2	3	444	1,509		84	127
	Statutes	2,152	2,030	1,949	50	28	8			3	439	1,421		81	122
	Omission	91	86	83					2		4	77		3	5
	Decision, Process, etc.	12	12	12							1	11			
the Executive	Sub-total	12,338	12,137	11,800	10	3	3		329	1	5,492	5,957	5	337	201
	Administrative Action, etc.	1,441	1,397	1,323	2				21	1	94	1,204	1	74	44
	Omission	165	162	152					5		3	144		10	3
	Non-prosecution Disposition	10,271	10,148	9,928					303		5,319	4,303	3	220	123
	Administrative Legislation	419	390	361	8		3				64	285	1	29	29
	Local Legislation	42	40	36		3					12	21		4	2
the Judicature	Sub-total	1,257	1,246	1,233	2						21	1,210		13	11
	Judgment	1,141	1,131	1,130							16	1,114		1	10
	Omission	27	27	26	1							25		1	
	Judicial Action other than Judgment	62	61	57								57		4	1
	Judicial Legislation	27	27	20	1						5	14		7	
Miscellaneous		295	293	281							2	279		12	2

제 4 장

일본 최고재판소 방문 및 국제헌법학회 초청 강연회 참관기*

제 1. 일본 방문에 앞서

이번 2 월 5 일부터 7 일까지의 일본 방문은 두 가지의 목적으로

* 2010년 2월 국제헌법학회 일본지부의 초청으로 도쿄대학에서 열린 초청강연회와 일본 최고재판소 방문 내용을 당시 수행한 소은영 헌법연구원이 정리한 것이다.

기획되었다. 하나는 일본 헌법학자들에게 우리 헌법재판소와 헌법재판에 대하여 본격적으로 알리기 위함이었다. 작년 11월 말 일본 도호쿠대학(東北大学)의 츠지무라 미요코(辻村みよ子) 교수(현재 국제헌법학회 일본지부 부회장 역임)가 우리 헌법재판소를 방문하여 이동흡 헌법재판관을 예방하였을 때, 마침 독일 하이델베르크에서 개최된 국제회의에 참가하여 우리나라의 헌법재판제도를 소개하고 돌아온 이동흡 재판관에게 기회가 된다면 일본에서도 우리나라의 헌법재판에 관하여 소개할 수 있도록 자리를 마련하겠다고 한 것이 계기가 되었다. 이에 곧 올해 2 월 국제헌법학회 일본지부의 집행부 회의가 있는 날에 맞추어 강연회를 열기로 하였다. 국제헌법학회 일본지부에서 활동하는 학자들은 일본 헌법학계의 중견 학자들로 현재 일본 헌법학계에서 가장 활발히 활동하고 있는 학자들로 구성되어 있다고 한다. 일본은 우리나라와 법체계가 유사하고 지리적으로도 이웃해 있지만, 헌법재판소가 존재하지 않아서인지 우리 헌법재판소에 관해서는 그다지 상세한 소개가 없었다는 초청자 츠지무라 교수의 요청에 따라 이동흡 재판관은 우리 헌법재판소에 관한 소개와 더불어 최신 판례를 다수 포함한 주요 판례를 소개하고, 헌법재판소가 어떻게 우리나라의 민주주의를 발전시키는 데 공헌해 왔는가를 중심으로 강연 내용을 구성하였다. 강연자료는 내용을 충실하게 전달하기 위하여 영어가 아닌 일본어 원고를 별도로 준비하였다.

또 한 가지 방문 목적은 현재 이동흡 재판관이 위원장을 역임하고 있는 아시아 헌법재판소연합 준비위원회에 일본의 참가를 독려하기 위함이었다. 동 준비위원회에는 아시아의 여러 나라가 참여하고 있는데, 일본은 헌법재판소가 없기 때문인지 참가에 소극적이었다. 그러나 일본도 최고재판소에서 헌법재판을 하고 있는바, 이번 기회에 최고재판소를 방문하여 아시아 헌법재판소연합 준비위원회의 진행상황을 알리고 일본의 관심을 환기시켜 참여를 긍정적으로 검토하도록 하고자 하였다.

제 2. 일본 최고재판소 방문

이동흡 헌법재판관은 2010년 2 월 5 일 15시에 일본의 최고재판소를 방문하여 약 1 시간에 걸쳐 후지타 도키야스(藤田宙靖) 재판관을 예방하여 환담을 나누고 최고재판소 청사를 둘러보는 시간을 가졌다. 일본 최고재판소의 방문에는 이동흡 헌법재판관 이외 안권섭 주일 대한민국 대사관 법무협력관 및 보고자가 참석하였다. 전 일정은 시간 절약을 위하여 통역 없이 일본어로 진행되었다.

Ⅰ. 후지타 재판관 예방

1. 양국 재판관의 임기와 자격에 관하여

후지타 재판관의 경우 7 년째 최고재 재판관을 역임하고 있으며, 올해 4 월 만 70세로 정년을 앞두고 있다. 후지타 재판관의 경우는 학자 출신으로 일본 도호쿠대학에서 행정법 교수로 재직하던 중 최고재판소 재판관이 되었다. 학자 출신의 최고재 재판관은 최고재판소 장관 및 재판관 14인으로 총 15인 중 후지타 재판관 1 인이다. 일본 최고재판소는 다른 재판소와는 달리 변호사 자격을 가진 자가 아니라고 하더라도 재판관으로 선발될 수 있어 일본 최고재판소에도 현재 행정 관료 출신이나 학자 출신의 재판관이 있다. 후지타 재판관은 재판관 출신만을 선출하지 않고 다양한 방법으로 재판관을 구성하고 있기 때문에 최고재판소에서만은 예전부터 재판원 제도(우리나라의 배심원 제도)가 시행되고 있는 것이 아닌가라는 농담을 건넸다. 이동흡 재판관은 우리나라의 현행법상 우리 헌재 재판관은 변호사 자격을 가지고 있어야 하는데, 법학교수 등 변호사 자격을 가지고 있지 아니한 자라도 재판관 임명이 가능해야 한다는 논의가 있다는 것을 소개하고, 재판관의 임기는 6 년이나 연임이 가능하다고 설명하였다.

2. 우리 헌재의 중요판례 소개

이동흡 재판관은 다음 날인 6 일 도쿄대에서 강연할 원고의 내용을 중심으로 그 동안 우리 헌법재판소가 내렸던 주요 결정들을 소개하였고, 후지타 재판관도 매우 흥미롭게 경청하였다. 특히 미결구금일수의 일부산입에 대한 위헌결정이나 법인양벌규정에 대한 위헌결정 등은 현재 일본에서 동일한 법이 존속하고 있는바, 우리 헌법재판소가 위헌결정을 하게 된 경위에 큰 관심을 보였다. 일본에서는 최고재판소에서 헌법재판을 하고 있지만, 사건 수도 적을 뿐 아니라 위헌결정은 거의 선고되지 않으므로 우리 헌법재판소가 위헌결정을 활발히 내리고 있는 점에 관하여 후지타 재판관은 판결 내용이 매우 인상적이고 일본의 입장에서 보기에는 조금 격렬해 보인다는 의견을 표하였다.

3. 아시아 헌법재판소 연합 설립준비위원회

아시아 헌법재판소 연합 설립준비위원장을 역임하고 있는 이동흡 헌법재판관은 후지타 재판관에게 위원회의 진행상황에 관하여 설명하였다.

후지타 재판관은 일본에는 헌법재판소가 따로 존재하지 않으며 최고재가 헌법재판을 하고 있지만, 헌법재판소를 별도로 둘 것인가는 정치적으로 해결하여야 할 문제이므로 최고재는 그 문제에 관하여 의견을 표명하는 데 신중을 기하고 있다고 하였고, 최고재가 아시아 헌법재판소 연합에 참여하는 것이 일본에서의 헌법재판소 설립 여부에 관하여 사법부가 영향력을 미치려고 한다는 오해를 정치권에 대하여 불러일으킬 우려가 있으므로 소극적인 태도를 취하고 있다고 설명하였다. 이에 이동흡 재판관은 헌법재판소가 없는 나라(필리핀, 말레이시아 등)도 참여하고 있기 때문에 아시아의 선진국인 일본의 참여가 매우 중요한 역할을 담당할 것이라고 설명하며 참여를 독려하였다.

후지타 재판관은 개인적으로는 동 위원회의 활동을 긍정적으로 생각하고 있다고 하면서, 최고재 재판관의 자격으로는 어렵겠지만

〈사진 1. 왼쪽부터 이동흡 재판관, 후지타 도키야스 재판관〉

개인적으로는 참석하고 싶다는 의견을 표명하였다. 이동흡 재판관은 이번 방문에서 지금까지 진행된 아시아 헌법재판소 연합의 규약 초안과 오는 4 월 초에 개최될 제 3 차 아시아 헌법재판소 연합 설립준비위원회의 일정 및 주석 의제 등을 후지타 재판관에게 전달하였으며, 후지타 재판관은 이번 방문 내용과 아시아 헌법재판소 연합 설립준비위원회의 진행상황을 최고재판소 장관에게 전달할 것을 약속하였다. 이동흡 재판관은 올해 4 월 후지타 재판관의 퇴임 후 게스트의 자격으로 참석해 줄 것을 요청하였고, 후지타 재판관은 이에 대하여 긍정적인 답변을 하였다.

4. 외국인의 직업선택의 자유

이동흡 재판관은 외국인근로자의 고용 등에 관한 법률 제25조 제 4 항 및 동법 시행령 제30조 제 2 항에 의하여 외국인근로자의 사업 또는 사업장 변경을 원칙적으로 3 회 초과할 수 없도록 제한한 것이 외국인 산업연수생의 직업선택의 자유를 침해하는 것인가가 문제된 우리 헌법재판소의 헌법소원 사건과 관련하여, 유사한 쟁점을 다룬 일본 최고재판소의 1998년(行ツ) 제93호 판례(2005년 1 월 26일 선고)에 있어서의 외국인 노동자의 기본권에 관하여 후지타 재판관과 의견을 교환하였다. 일본 최고재판소 판례는 도쿄도의 보건직 공무원으로 근무하던 재일한국인인 원고가 관리직 시험에 응시할 수 없다는 규정을 문제삼아 소를 제기한 사건이다. 후지타 재판관은 이 사건의 경우 주요 논점은 외국인이 공권력을 행사할 수 있는가의 여부였는데, 일본 최고재판소는 외국인이 공권력을 행사할 수 있는가는 입법정책의 문제이고, 외국인이 공권력을 행사할 수 없다는 입장을 밝힌 것이라고 설명하였다.

또한 일본의 경우 권리성질설에 따라 직업선택의 자유가 외국인에게 인정될 수 있을 것인가라는 질문에 대하여, 후지타 재판관은 일본 최고재에서 그러한 문제가 아직 논의된 적은 없으나 공권력행사와 관련이 없는 한 외국인이라는 이유만으로 직업선택의 자유가 없다고 할 수는 없을 것이라는 사견을 피력하였다. 그런데 전술한 재일한국인 사건에서 최종심이 직업선택의 자유를 언급하지 않은 것은 공무취임권 문제만으로 판단하였기 때문이라고 하였다. 즉 일본헌법 제22조 제 1 항(직업선택의 자유) 문제를 논하기 이전에 외국인에게 '공권력의 행사'가 가능한가의 여부로 판단한 사안이라는 것이다.

Ⅱ. 최고재판소 청사 시찰

후지타 재판관과의 면담을 마친 후 최고재판소 사무총국 소속 이시즈카 게이치(石塚敬一) 씨의 안내로 최고재판소 내부를 둘러보았다.

현 청사는 1974년 준공되었는데, 법정과 도서관을 중심으로 안내를 받았다. 대법정은 약간 어두운 감이 있으나 높이 41미터의 유리천장으로부터 자연광을 최대한 흡수할 수 있도록 설계되었다고 한다. 정면에는 최고재판소 장관(우리나라의 대법원장에 해당) 및 14인의 재판관석이 있고, 기자석은 우리나라와 달리 방청석의 왼편에 마련되어 있었다.

법정의 앞쪽 벽에는 해를, 뒤쪽 벽에는 달을 상징하는 태피스트리 작품이 걸려 있었는데, 이는 예술적으로도 가치가 있지만 소리의 울림을 흡수하는 효과도 아울러 가지고 있는 것이라고 한다. 또한 석조로 된 벽에도 조금씩 틈을 두어 최대한 소리가 울리지 않도록 설계되어 높이가 상당함에도 불구하고 소리의 울림이 없도록 설계된 점이 인상적이었다. 3 개로 나누어진 소법정 역시 뒤편에 태피스트리 작품이 장식되어 있었다.

최고재판소 도서관의 로비에는 일본법의 기틀을 다졌다고 평가되는 쇼토쿠 태자(聖德太子)를 모델로 한 그림이 나란히 3 장 걸려 있었다. 이 그림들은 각각 재판관이 가져야 할 덕목을 나타내는 것으로 사랑, 지혜, 용기를 상징하는 것이라고 한다. 또한 메이지 시대에 일본 민법의 기초를 다진 프랑스 학자 브와소나드(Gustave Emile Boissonade, 1825~1910)의 흉상이 있었다. 도서관 내부에는 일본의 문헌뿐 아니라 미국, 독일, 프랑스, 영국 등 외국의 판례집과 문헌도 다수 구비되어 있었다. 우리나라의 서적이 있는 코너를 어렵게 찾아보았는데, 유감스럽게도 헌법재판소 판례집은 결본이 많은 채 최근 판례집도 비치되어 있지 않았고, 대법원 판례집과 법원공보만이 갖추어져 있었다. 이에 이동흡 재판관은 직원에게 우리 헌법재판소의 헌법논총, 헌법재판소 공보 등 출판물을 갖추어 비치해 줄 것을 요청하고, 안권섭 법무협력관이 중간 역할을 해 줄 것을 당부하였다.[1)]

마지막으로 최고재판소의 정문 현관에 있는 홀로 나와서 그 곳에 있는 작품들을 감상하였다. 로비와 홀은 연결되어 있는데 왼편은 대법정, 오른편은 소법정으로 통하는 문이 있고, 양쪽에는 청동제의 상이 있었다. 오른편에는 정의의 여신상이 있는데, 이 여신상은 그리스 신화에 등장하는 정의의 여신에서 유래하였음에도 불구하고 일본 고유의 양식으로 불상처럼 만들어진 것이 특징이라고 한다. 또한 왼

1) 최고재판소를 방문한 이후 우리 헌법재판소와 일본 최고재판소가 자료교환 협정을 체결하기 이전의 자료도 모두 비치하도록 하여 현재 일본 최고재판소 도서관에는 헌법재판소 판례집, 공보 및 헌법논총이 모두 구비되어 있다.

〈사진 2. 일본 최고재판소 청사 로비에 있는 정의의 여신상 앞에서. 이동흡 재판관〉

편에는 '동백꽃 피는 언덕(椿咲く丘)'이라는 제목의 남녀 어린이가 앉아 있고, 비둘기가 모여 있는 청동상으로 '평화'를 상징하는 작품이 있었다. 이 두 가지가 일본 최고재판소의 덕목을 상징하는 것이라고 한다.

제 3. 국제헌법학회 일본지부 주최 강연회
－한국 민주주의의 발전에 있어 헌법재판소의 공헌－

전술한 바와 같이 2 월 6 일 오후 6 시부터 일본의 중견 헌법학자들 및 실무가들을 대상으로 하는 이동흡 재판관의 강연회가 있었다. 본 강연회는 국제헌법학회 일본지부와 도호쿠대학 글로벌 COE 프로그램의 공동주최, 그리고 일본 헌법이론연구회와 '헌법이론의 재창조' 연구회의 후원으로 개최되었다. 이 중 국제헌법학회는 4 년마다 전 세계의 헌법학자들이 모여 학회를 개최하고 있는 세계적인 규모의 학회로 매년 각 지부별로 라운드 테이블의 형식의 학회로 개최하고 있다. 작년 11월에는 우리나라 지부의 주최로 서울에서도 세계헌법학자대회가 개최되어 국내외의 많은 학자들과 실무가들이 참석한 바 있다. 일본 지부의 경우 히구치 요이치(樋口陽一) 일본 학술원 회원(전 도쿄대학 교수)이 회장을 역임하여 중견 학자들을 중심으로 활발한 연구활동을 펼치고 있다고 한다. 그리고 후원기관인 헌법이론연구회는 1964년 창립되어 약 40년의 역사를 가지고 있는 학회로 '월례 연구회' 및 춘계 연구총회와 하기 연구합숙을 통하여 연구성과를 '헌법이론총서(憲法理論叢書)'로 정리하고 있다.

주최기관 및 후원기관에 소속되어 활동하는 학자들은 국제헌법학회 일본지부의 경우 일본 헌법학자들 중 중견학자들로 구성되어 있고, 헌법이론연구회의 경우 소장 학자가 중심이 되어 활동하는 단체라고 한다. 서두에서 소개한 바와 같이 강연회 당일은 국제헌법학회의 일본지부의 집행부 회의가 예정되어 있었던 날로 학회의 집행부를 구성하는 헌법교수와 일본의 중견 헌법학자, 그리고 우리나라의 헌법재판제도에 큰 관심을 가지고 있는 실무가 등이 참석하여 강연장을 메웠다. 강연회는 도쿄대학교 내의 세이호쿠 갤러리에서 진행되었다. 세이호쿠 갤러리는 천장이 높은 목조건물이었는데, 일본에서 최초로 시도된 건축기법으로 만들어졌다고 한다.

이동흡 재판관은 강연의 원활한 진행을 위하여 일본어 강연자료와 함께 보다 자세한 내용을 담고 있는 영문 자료와 파워포인트 자료도 함께 배포하였다. 또한 강연과 질의응답은 모두 일본어로 진행되었다.

강연회에는 초청자인 츠지무라 미요코 교수 외에 도쿄대학의 하세베 야스오(長谷部恭男) 교수, 센슈(專修)대학의 이시무라 오사무(石村修) 교수, 게이오대학의 오야마 고우(小山剛) 교수와 야마모토 하지메(山元一) 교수, 와세다 대학의 니시하라 히로시(西原博史) 교수 등 약 40명 내외의 헌법학자들과 실무가가 참석하여 강연을 경청하였다. 강연회는 츠지무라 교수의 개회 인사로 시작하여 헌법이론연구회 대표인 센슈 대학의 이시무라 오사무 교수의 환영사가 있은 후, 이동흡 재판관의 강의가 이어졌다.

강연은 앞서 소개한 대로 우리나라의 헌법재판소의 설립 경위와 그 구성, 기능 및 권한을 소개하고, 주요 결정례와 최신 결정례를 다수 포함시켜 참가자들의 관심을 끌었다. 약 1시간의 강연이 끝나고 질의응답 시간이 이어졌는데, 우리나라의 헌법재판제도나 판례에 관한 다양한 질문이 있었다.

예를 들면 정치적으로 민감한 사건들에 대하여 헌법재판소는 어떠한 자세를 유지하는 것이 바람직한 것인지, 독일과 미국 등 외국의 이론과 헌법재판은 우리 헌법재판소에 어떠한 영향을 미치고 있는

〈사진 3. 이동흡 재판관의 강연 모습〉

지, 인권조약의 위반여부가 문제되는 법률, 예컨대 국가보안법에 대하여 헌법재판소는 어떻게 판단하고 있는지, 미결구금일수의 일부산입 위헌판결 중 소수의견인 합헌의견의 근거는 무엇이었으며, 동 판결이 선고된 후 해당 조문은 어떻게 개정되었고 실제로 어떻게 운용되고 있는지, 사인간의 기본권 침해가 문제된 경우 헌법재판소는 어떠한 입장을 취하고 있는지, 한국 헌법재판소는 추상적 규범통제권을 가지고 있지 않은데, 학설상 추상적 규범통제권을 가져야 한다는 견해와 갖지 않아야 한다는 견해는 각각 어떠한 것인지 등에 관한 질문이 있었다. 또한 일본 법조인의 경우 헌법에 대한 관심이 그다지 높지 않은 데 반해, 이동흡 재판관의 경우 어떻게 헌법에 관심을 가지게 되었는지에 관한 질문도 있었다. 이동흡 재판관은 질문에 대하여 일본어로 자세히 답변하였으며, 시간 관계상 질문을 하고자 했던 전원이 질문을 할 수 없었던 아쉬움도 있었다. 강연회는 도쿄대학의 하세베 야스오 교수의 폐회사로 마무리되었다.

일본의 경우 알려진 대로 헌법재판소가 별도로 존재하지 않고 우리나라의 대법원에 해당하는 최고재판소가 헌법재판도 하고 있다. 따라서 우리나라에 비해 헌법재판이 활성화되지 않고 있어 헌법에 관심을 가지고 있는 실무가가 적지만, 헌법학자의 경우에는 헌법재판소의 설립에 관하여 상당히 긍정적으로 생각하고 있는 견해도 많아서 이번 강연회는 우리나라의 헌법재판제도가 어떻게 정착되어 나아가고 있는가를 소개할 수 있었던 좋은 기회였다고 생각된다. 또한 일본의 헌법학자들도 우리 헌법재판소의 활약을 다시 한번 확인하고, 이를 높이 평가하였다.

제 4. 일본 방문을 마치며

2 박 3 일의 짧은 시간이었지만 이번 일본 방문을 통해서 우리 헌법재판소가 적어도 아시아에 있어 헌법재판의 선도적인 역할을 수행하고 있다는 점과 일본에서도 우리 헌법재판소에 대한 관심이 뜨겁다는 것을 알 수 있었다. 일본 최고재판소의 오랜 역사와 경험을 통하여 축적된 노하우는 우리 헌법재판소에서도 참고할 수 있을 뿐 아니라, 우리 헌법재판소가 아시아 헌법재판소 연합의 설립을 위하여 적극적으로 역할을 수행하고 있는 것이 또한 일본의 사법부에 자극이 될 수 있을 것이다. 헌법재판소를 따로 두고 있지 않고 있는 일본에서는 헌법재판 자체가 그다지 활발히 이루어지고 있지는 않았으나, 앞으로는 우리 헌법재판소의 성과가 일본의 헌법재판에 영향을

미칠 수 있을 것이라는 생각이 들었다.

이러한 생각은 둘째 날 있었던 도쿄대학의 강연회에서 더욱 강해졌다. 헌법에 관심이 있는 실무가들의 수는 아직 그다지 많지 않다고는 하지만, 헌법학자들의 층이 탄탄하고 실제로 헌법재판이 활발히 이루어지면 이에 관심을 가지고 활동하는 실무가의 수도 증가할 것이라 본다. 지금까지 일본에서의 헌법재판에 관하여 축적된 연구성과 및 각국의 헌법재판제도와 판례에 관한 일본의 연구성과의 수준도 상당하기 때문에 앞으로 우리 헌법재판소의 활약이 일본의 학계 및 법조계에 영향을 미칠 가능성은 더욱 커질 것이다. 이번 방문은 양국의 헌법 발전을 위한 지속적인 교류의 장을 마련하였다는 점에서 매우 의미 있는 자리였다.

◇ 후 기

강연회가 끝나고 귀국한 후 츠지무라 미요코 교수와 일본의 법률서적 전문출판사인 일본평론사가 강연자료로 배포하였던 원고를 일본의 유명 법률잡지인 "법률시보(法律時報)"에 게재할 것을 요청하였다. 이에 강연자료로 사용하였던 원고는 약간의 수정과 더불어 츠지무라 교수의 짧은 논평 겸 후기를 덧붙여 "법률시보" 2010년 5월호에 게재될 예정이다.[2)]

2) 일본 도쿄 대학에서의 강연 후 일본 법률시보 5 월호에 강연자료가 게재되었다. 이 자료에 최근까지의 헌법재판소의 판례와 자료를 업데이트한 내용은 [별지 1]과 같고, 그 번역본은 [별지 2]와 같다.

[별지 1]

韓国民主主義の発展における憲法裁判所の貢献

李　東　洽*

* 大韓民国　憲法裁判所　裁判官。

一. 憲法裁判の組織的な基礎

1. 韓国における憲法裁判のモデルとその歴史的・法的な採択根拠

憲法裁判所の設立

大韓民国の憲法裁判所は、憲法体系の主要機関として、1988年第6共和国とともに設立された。1987年の憲法改正の過程の中で、憲法裁判をどのように定めるかについて、政党間の意見は分かれていたが、結局、法律の合憲性審査と他の政治的問題を含むすべての憲法上の事件を裁判する独立した憲法裁判所を設立することに決着した。

過去の憲法裁判又は司法審査の態様

(i) 第一共和国(1948～1960)の憲法委員会、(ii) 第二共和国(1960～1961)の憲法裁判所[1]、(iii) 第三共和国(1961～1972)のアメリカ方式の司法審査制度、(iv) 第四共和国(1972～1981)と第五共和国(1981～1988)の憲法委員会が存在した。

1) 第二共和国の憲法裁判所は、1962年の軍事クーデターによって実際に設立までは至らなかった。

2. 憲法裁判所と法院[2)]との関係

憲法上の司法機能は、大法院と下級法院で構成される法院と憲法裁判所との二つに区分される。両者の関係については、下記の点が指摘できる。

(1) 法院における法律の解釈と適用及び憲法裁判所における違憲法律審判

法律の解釈と適用において、法院はまず、憲法に合致するよう法律を解釈、適用しなければならず、その際に法律の合憲性が問題となった場合には当該事件を保留し、合憲性に関する憲法裁判所の決定を待たなければならない。法律条項の内容が憲法裁判所によって違憲と宣言されれば、その法律条項は法的効力を失う。法律の合憲性に関して法院は憲法裁判所の決定に従う義務があり、具体的な事件においてその違憲とされた法律を適用してはならない。

(2) 他の救済手続をすべて経ること

憲法訴願審判は、公権力の行使・不行使等によって侵害された国民の基本権を救済する制度である。この領域は公権力の行使又は不行使による個人の権利侵害を扱う行政訴訟と重なりあう可能性がある。憲法訴願は最後の権利救済手段であるため、憲法裁判所法第68条第１項は、他の法律に救済手続がある場合には、その手続をすべて経た後でなければ、憲法訴願審判を請求することができないと定めている。

2) 「法院」とは日本における「裁判所」に当てはまる。韓国の法院組織法第３条第１項は、法院を大法院、高等法院、特許法院、地方法院、家庭法院、行政法院に区分している。

⑶ 法院の裁判に対する憲法訴願

憲法裁判所法第68条第１項によると、法院の裁判は憲法訴願審判の対象にならない。従って、憲法裁判所の憲法訴願審判権は原則的に法院の裁判には及ばない。但し、憲法裁判所が違憲宣言した法律を法院が適用することによって、結果的に国民の基本権が侵害されたときには、その法院の裁判は憲法訴願の対象になりうる。

⑷ 命令、規則、行政処分に対する憲法裁判

命令、規則又は処分が憲法や法律に違反するか否かが裁判の前提となった場合には、大法院がこれを最終的に審査する権限を有する(大韓民国憲法第107条第２項)。しかし、行政立法が違憲であるという法院の判決は、当該行政立法そのものを無効にするものでなく、具体的規範統制の形として、当該事件においてその行政立法の適用を排除するという効果を有するにすぎない。一方、命令・規則に対する憲法裁判所の違憲決定は、その命令・規則そのものを失効させるという違いがある。

命令や規則が、直接国民の基本権を侵害した場合、そのような命令・規則が憲法訴願の対象になるか否かが問題となる。大法院は、憲法の規定により命令・規則に対する独占的かつ排他的な裁判管轄は法院にあるとしたが、憲法裁判所は、国民の基本権を直接侵害した行政立法がある場合、その行政立法自体の効力を訴訟物として争う法院での救済手続きは存在しないため、このような場合は憲法訴願が許されなければならないと述べた(1990.10.15. 89憲마(マ)178、判例集2、365)。

さらに、このように不明なところを解決するため、憲法第107条第２項を全面的に改正し、命令、規則の合憲性をめぐる最終的な審査は、専

ら憲法裁判所が行うようにすべきという主張がある[3]。

(5) 変形決定をめぐる葛藤

憲法裁判所の変形決定 —「限定違憲」と「限定合憲」— をめぐって、憲法裁判所と法院は深刻な意見の対立を示している。憲法裁判所は上記の決定類型を違憲決定の一つであるとするのに対して、法院はこれを羈束力がある違憲決定でなく法律解釈の一つであるとしている。

もっとも、現行憲法裁判所法は、変形決定が法院を羈束するか否かについて明確に規定していない。このような事情から、憲法裁判所の変形決定に法的羈束力を与える明文の法律規定を制定・改正しようとする国会議員らによる試みがある。

二．韓国憲法裁判所の地位と構成

1. 司法機構としての憲法裁判所

法律の合憲性審査において、憲法裁判所の唯一の基準は、政治判断でなく憲法である。憲法裁判所は、憲法において政治の領域によって決められるように任せられている問題について、憲法裁判所自身の見解を貫徹するために、憲法を拡張解釈してはならないという立場を堅持してきた。従って、韓国憲法裁判所は一般的に政治機構でなく司法機構として認識されている。

---

3) この問題については、国会の憲法研究諮問委員会においても激しい議論があった。同委員会の結果報告書の草案では、憲法第107条第２項を削除したが、最終案は現行体系をそのまま維持することとなった。

2. 憲法裁判所の裁判官の資格

憲法裁判所の裁判官候補の指名や任命は弁護士の資格を有する者に限られる。憲法裁判所法第5条は、以下のような要件を加えている。すなわち、裁判官は15年以上、次の各号の一に該当する職にいた40歳以上の者の中で任命する：(1) 判事・検事・弁護士、あるいは、(2) 弁護士資格を有する者として、国家機関、国営・公営企業、政府投資機関その他法人で法律に関する事務に従事した者、(3) 弁護士の資格を有する者として、公認される大学の法律学の助教授以上の職にいた者。

他方、法学教授などを含む案も出されたが、このような意見は現行法には反映されなかった。これについては、韓国の特殊な事情である、多くの法学教授は弁護士の資格を有していないことに注意を払うべきである[4)]。

3. 裁判官の任期と再任可能性

裁判官の任期は6年で再任も可能である(憲法第112条第１項、憲法裁判所法第７条第１項)。定年は憲法裁判所長が70歳、他の憲法裁判官は65歳としている(憲法裁判所法第７条第２項)。

近年、憲法裁判官の任期を少なくとも9年に延長し、再任を禁ずる見解が主張された。また、裁判官の定年規定を廃止し、あるいは少なく

---

4) これに関連して、国会憲法研究諮問委員会の結果報告書では、憲法裁判所の裁判官の資格を弁護士の資格を有する者に限らず、法学教授及び国政運営の経験のある者等に開放することとされた。但し、司法手続として進められる憲法裁判の特性と高度な法的判断が伴うことから、憲法裁判官のうち、3分の1は大法官の中から選出する案を出した。

とも裁判所長と他の裁判官の定年を同一にすべきという意見もある。

4. 裁判官の任命手続及び独立性の保障

憲法によると、9人の裁判官はすべて大統領が任命するが、そのうち3人は国会が選出した者、3人は大法院長が指名する者、そして3人は大統領が選定する者である。なお、憲法裁判所の長は、裁判官のうち国会の同意を得て大統領が任命する(憲法第111条第2項、第3項及び第4項、憲法裁判所法第6条第1項)。

このような任命手続においては、専門家の役割が不十分であるという指摘がある。なお、3人の裁判官を大法院長が指名することは民主的正当性の観点から適切ではなく、憲法裁判所に対する評価を下げかねないという見解もある。所長以外の裁判官の任命においても国会の同意を要求すべきとする意見や、すべての裁判官が国会から選出されるべきという主張も存在する。

三. 憲法裁判所の管掌事項

1. 抽象的規範統制権

韓国憲法裁判所は、抽象的規範統制権を有しない。しかし、政府又は国会議員の在籍者の3分の1の要求がある場合には抽象的規範統制権を行う制度を新たに導入すべき、という議論がある[5)]。

5) 国会憲法研究諮問委員会の結果報告書には、憲法裁判所が抽象的規範統制を行う

2. 違憲法律審判権

憲法裁判所は、法院の違憲審判提請によって法律に対する違憲審査をすることができる(憲法第111条第１項第１号)。法院は係属中である事件において、法律の内容に違憲の合理的な疑いがある場合には憲法裁判所に対して違憲法律審判を提請することができる。この意味では、韓国憲法は「具体的規範統制」制度を採択しているといえよう。

ところで、アメリカ方式の司法審査制度のもとでは、法院が違憲法律審判に消極的であったため[6]、違憲法律審判権はほぼ実行しなかった。この問題を解決するため、憲法裁判所法第68条第２項は、法院が違憲法律審判提請をしなくても当該訴訟の当事者が憲法裁判所に憲法訴願の形として具体的規範統制を申請することができるように定めている。この手続は効果的に機能しており、この類型の憲法訴願の数は相当多く(法院による違憲法律審判提請事件の約3倍)、そのうち約15％の認容決定が下されている。

憲法裁判所は法律条項に対し、合憲又は違憲の決定をすることができ、変形決定として憲法不合致、限定違憲あるいは限定合憲の決定を宣告することができる。

べきと述べられている。憲法裁判所が抽象的規範統制を行う場合、国会内の政治的問題に対し、憲法裁判所が適切に判断できるかという指摘はあったが、違憲である立法の問題を解消するためには、法律が裁判の前提とならなかった場合にも、その違憲性を除去すべきという意見がより多かった。これに対して、抽象的規範統制権を与えることがかえって憲法裁判所にとって負担となりうるという見解もあった。

6) 1962年から1971年まで、大法院から法律に対して違憲宣言をしたのは、国家賠償法及び法院組織法の違憲判決(大法院1971.6.22.宣告70다(タ)1010)のみであり、それ以外では、徴発財産補償に関する大統領令に対して違憲判決を言い渡した(大法院1967.11.2.宣告67다(タ)1334)ことがある。

3. 憲法上の基本権の保障のための特別な手続

憲法訴願審判制度は、公権力によって憲法上保障されている国民の基本権が侵害された場合、これを救済する制度である(憲法第111条第1項第5号、憲法裁判所法第68条第1項)。

憲法訴願審判を請求するためには、請求人の憲法上保障されている基本権が法院の裁判を除いた公権力の行使または不行使により、直接かつ現在侵害されなければならない。

国会の立法権もまた公権力に属しており、法律が基本権を直ちに侵害している場合には、やはり憲法訴願の対象となる。

憲法訴願審判において違憲決定や認容決定に至るためには、裁判官6人以上の賛成を要する。

4. 公権力の主体間における権限配分をめぐる争い

(1) 権限争議審判

憲法裁判所は国家機関間、国家機関と地方自治団体及び地方自治団体間の権限争議に対する審判権を有する(憲法第111条第1項第4号、憲法裁判所法第61条第1項)。

ソウル特別市と政府間の権限争議事件(2009.5.28. 2006憲라(ラ)6、判例集21-1(下)、418)

旧地方自治法第158条本文は、「行政自治部長官・・・は、地方自治団体の自治事務に関して報告を受け、書類・帳簿又は会計を監査することができる」とし、同条但書は、「この場合、監査は法令違反事項に限って行う」と定めていた。この規定について憲法裁判所は、同但書の規定の監査権は、事前的・一般的な包括監査権でなく、その対象と範囲が限定的な、制限された監査権であると解釈すべきであるとした。本事件において問題となった行政安全部長官等が監査実施を通報した事務は、ソウル特別市のほぼすべての自治事務を監査対象としているため、事実上被監査対象が特定されておらず、具体的にどの自治事務がどの法令に違反しているかを明らかにしていなかったところ、行政安全部長官等の合同監査は、憲法及び地方自治法によって付与されているソウル特別市の地方自治権を侵害しているものであると判示した。

⑵ 権限争議審判の手続及び効果

権限争議審判は「国家機関又は地方自治団体」のみがこれを請求することができる。

権限争議審判の請求は被請求人の処分又は不作為が、憲法又は法律によって付与された請求人の権限を侵害し、あるいは侵害する著しい恐れがあるときに限って請求することができる(憲法裁判所法第61条第２項)。

⑶ 国家機関間の権限争議審判

憲法裁判所法第62条第１項第１号は、国会、政府、法院及び中央選挙管理委員会が権限争議審判の当事者となると定めている。

これに関して、憲法裁判所は権限争議審判における訴訟当事者の範囲を拡大する必要を認識し、国会議長のみならず個人の国会議員の当事者能力を認めた(1997.7.16. 96憲라(ラ)2、判例集9-2、154)。

国会の表決をめぐる国会議員と国会議長等との間の権限争議事件

(2009.10.29. 2009憲라(ラ)8・9・10(併合)、判例集21-1(下)、14)

憲法裁判所は「新聞等の自由と機能保障に関する法律の全部改正法律案」の可決宣布行為について、当該法律案の表決過程において、質疑・討論の手続上の違法があり、これが国会議員の審議・表決権を侵害したことが認められるが[7]、このような手続上の違法があったとしても当該可決宣布行為そのものが無効となるわけではないという理由で、可決宣布行為に対する無効確認請求を棄却した。

5. 民主的な手続の規律の保障

(1) 違憲政党解散審判権

憲法裁判所は政党解散審判権を有する。政党の目的や活動が民主的基本秩序に反する場合、政府は国務会議の審議を経て憲法裁判所にその解散を提訴することができる(憲法第8条第4項・第111条第1項第3号、憲法裁判所法第55条)。

(2) 選挙訴訟

韓国憲法裁判所は選挙訴訟に関する審判権を有していない。大統領

---

7) この事件において、i) 表決過程が一事不再議の原則に反し、審議・表決権が侵害されたか、ii) 無権投票などによって表決の自由と公正が著しく阻害され、審議・表決権が侵害されたか、iii) 質疑・討論の手続を省略することによって審議・表決権が侵害されたか否かが争点となった。筆者は質疑・討論手続の省略による審議・表決権の侵害のみを認め、他の争点については審議・表決権の侵害を認められないという意見、また積極的に議事進行を妨害したことが立証された請求人らの審判請求は、権利保護の必要性が認められないため、却下すべきという少数意見を出した。

選挙や国会議員選挙の場合、大法院が選挙訴訟の審判権を持つ。

しかし、選挙は憲法上の主要機関に対し、公権力を与える民主的手続であるため、憲法裁判所が選挙訴訟の審判権を有することがよりふさわしいという見解がある[8)]。

6. 一定の高位公務員に対する弾劾審判権

憲法第111条第1項第2号及び憲法裁判所法第48条は大統領・国務総理・国務委員・行政各部の長・憲法裁判所裁判官・法官その他法律の定める公務員が、その職務執行において憲法や法律を違反したときには、国会が弾劾訴追を議決することができると規定している。

憲法裁判所法第53条第1項は、弾劾審判請求が理由のあるものと認める場合、憲法裁判所は被請求人を当該公職から罷免する決定を宣告する。参考まで、韓国憲法裁判所に提起された弾劾審判請求事件は一件あり、大統領の弾劾審判に関するものである。

当時、大統領に対する弾劾審判事件[9)]において、国会は当時盧武鉉(ノ・ムヒョン)大統領に対する弾劾訴追案を可決した。しかし憲法裁判所は、盧元大統領が憲法と法律に違反する行為をした事実は認めたが、その行為に弾劾決定をもたらす憲法秩序に逆行する積極的な意思は認められないため、大統領に対する罷免決定を正当化する理由は存在しないという理由で、この弾劾審判請求を棄却した。この事件は憲法裁判所が比較的に短い期間内に、憲法的に瑕疵のない方法で、対立と葛藤を解決し

8) 国会憲法研究諮問委員会の報告書によると、国民投票に関わる裁判と大統領及び国会議員の選挙に関わる裁判を憲法裁判所が担当することになっている。

9) 2004.5.14. 2004憲나(ナ)1、判例集16-1、609.

た画期的な事件と記録されよう。

7. 憲法解釈問題に関する諮問意見提出権

憲法裁判所は憲法解釈問題について、諮問意見を出す権限を有しない。

8. 憲法裁判所権限の重要度

憲法裁判所の権限を重要度の順で並べると、違憲法律審査、憲法訴願、権限争議、弾劾事件の順になろう。総19,666件の中で607件[10)]の違憲決定が下された[11)]。

四. 憲法裁判所の決定の羈束力

1. 立法府に対する羈束力

(1) 主文と理由

違憲決定を宣言した憲法裁判所の決定の主文が羈束力を有するには疑問の余地がない。しかし、理論と憲法裁判所の先例によると、決定理由もなお羈束力を有するか、立法府は違憲決定に例外なく従うべきかを明らかにしていないため、議論の対象になっている。

---

10) 607件に対し違憲決定が下され、その607件のうち、437件の法律に対し違憲決定が宣告された。

11) 2010年9月30日現在。

これは立法者が違憲決定された法律と同一か実質的に類似な法律を制定した場合、すなわちいわゆる繰返し制定が生じた場合、問題となる。

憲法裁判所の決定に照らしてみると、憲法裁判所の基本的な立場は、問題解決においては特別な差がないといえるが、次のような二つの解釈ができるだろう。一つは、国会に対する羈束力を限定的な意味として解釈し、同一又は類似な立法の繰返しに合理的な正当化事由があればこれを認めることである。もう一つは、国会に対する羈束力を認めないものの、立法府に対して繰返し立法の無限の自由を認めるのでなく、繰返し立法に対する合理的な正当化事由がある場合に限り、繰返してその立法をする権限を許すという解釈である。

⑵ 立法権の尊重という側面における憲法不合致決定

憲法裁判所は違憲決定の際に、その理由において立法府にガイドラインを提示することができる。このガイドラインは直接立法者を羈束するわけではない。なお、憲法裁判所は立法権を尊重する意味にて、法律のある部分が違憲であるとしても、当該法律の違憲状態を是正するように、期限を置いて憲法不合致決定をすることができる。このような場合、その期限が終わり、現行法律がその期限内に改正されなければその法律は自動的に効力を失うことになる。

憲法裁判所は、22年間に、135件の事件のうち100個の法律に対して憲法不合致決定を下した。だが、7個の法律は是正期限が満了した後も改正されずに残っている(2010年9月30日現在)。

2. 法院に対する羈束力

(1) 違憲と決定された法律規定の効力

原則的に、違憲と決定された法律又は法律の当該条項は、その決定があった日から効力を失う。但し、刑罰に関わる法律又は法律条項は遡及して効力を失う。ところが、憲法裁判所は次のような場合は、例外として遡及効が適用されるとしている。第一に、i) 具体的規範統制の実効性を保障という見地から、一般法院の提請・憲法訴願請求などを通じて、憲法裁判所に法律の違憲決定のための契機を与える当該事件、ii) 違憲決定がある前に、その決定と同じ種類である違憲か否かが問題となり、憲法裁判所に違憲法律審判提請をする、あるいは法院に違憲法律審判提請申請をした場合の当該事件、そして、iii) 別に違憲法律審判提請申請はしなかったが、当該法律又は法律条項が裁判の前提となり、法院に係属中である事件に対しては、遡及効を認めるべきである。第二に、当事者の権利救済のための具体的妥当性の要請が著しい反面、遡及効を認めても法的安定性を侵害する恐れがなく、ひいては旧法によって形成された既得権者の利益が害される事案ではない場合であり、遡及効の否認がかえって正義と平等など、憲法上の理念に著しく反するときも遡及効が認められる。どの事件が後者のカテゴリに入るかについては、本来規範統制を担当する憲法裁判所が違憲宣言をしつつ、直接その決定主文で示すべきであるが、直接示さなければ、そのような場合に当てはまるか否かは、一般法院が具体的な事件において、該当法律・性質・保護法益などを検討したうえで、すべての利益を考慮して合理的・合目的的に決めて対処するしかできないとみている。

(2) 変形決定の効力をめぐる意見対立

憲法裁判所は憲法不合致決定、限定合憲決定、限定違憲決定のような類型の決定も、法律の違憲決定に含まれるとし、このような決定は憲法裁判所法第47条第1項によって覊束力を有するとしている(1997. 12.24. 96憲마(マ)172・173(併合)、判例集9-2、842)。

にもかかわらず、大法院は限定合憲決定と限定違憲決定は、単なる憲法裁判所の行う法律解釈の一類型であると見做し、法律の解釈や適用は専ら法院の領域であるため、憲法裁判所の法律解釈は法院に対して覊束力を持たないとしている(大法院2001.4.27. 95再다(タ)14)。

決定例）旧所得税法事件

憲法裁判所が旧所得税法の規定に対し、限定違憲決定をしたとき(1995.11.30. 94憲바(バ)40、95憲바(バ)13(併合)、判例集7-2、616)、大法院はそのような決定は憲法裁判所が当該法律規定を如何に解釈すべきかに関する見解を表明したに過ぎないため、このような憲法裁判所の決定に従うことを拒絶すると述べた。

しかし、法院の判決の取消を求めた憲法訴願事件において、憲法裁判所は、憲法裁判所法第68条第1項を、「法院の裁判」に憲法裁判所が違憲と決定した法令を適用することによって、国民の基本権を侵害した裁判も含めると解釈する限り、違憲であると判断した(1997.12.24. 96憲마(マ)172・173(併合)、判例集9-2、842)。当該事件において、憲法裁判所は問題となった大法院の判決を取消し、租税行政当局が賦課した課税処分も取消すと判示した。租税行政当局はこのような憲法裁判所の決定を尊重し、徴収をしなかった。

3. 憲法裁判所に対する羈束力

憲法裁判所は同一あるいは類似な法律規定が問題となった場合、従前の決定を変更することができる。このような側面からみると、憲法裁判所の決定の羈束力は憲法裁判所そのものまでは及ばないといえる。しかし、裁判所は事情変更や他の決定をする必要がない場合は、従前の決定とその理由を尊重しなければならない。

憲法裁判所がすでに判断した憲法又は法律の解釈・適用に関して、意見を変更する場合は、裁判官6人以上の賛成を要する(憲法裁判所法第23条)。これまで憲法裁判所は20回にわたって裁判所の決定を変更した事例がある。

4. 行政府に対する羈束力

行政府は憲法裁判所の決定を尊重しており、今まで行政府に対する羈束力が問題となったと特定なケースはなかった。

五. 憲法裁判所の決定例

1. 自由権に関する決定例

国家保安法による勾留期間延長の事件(1992.4.14. 90憲마(マ)82、判例集4、194、206、210)

憲法裁判所は、国家保安法上の犯罪において、捜査を継続するに相当な理由がある場合、勾留期間を50日まで延長することができるとしている国家保安法第19条の規定は、必要以上の長期のものであり、そのため被疑者の身体の自由、無罪推定の原則及び迅速な裁判を受ける権利を侵害するものであると判示した。

受刑者の屋外運動禁止事件(2004.12.16. 2002憲마(マ)478、判例集16-2(下)、548)

憲法裁判所は、屋外運動は拘禁されている受刑者の身体的・精神的な健康維持のための最小限の基本的要請であるとした。従って、受刑者に対して運動を一切禁止していることは、必要かつ最小限の程度を超えたものであり、受刑者の憲法第10条の人間の尊厳と価値及び第12条の身体の自由を侵害するものであると判示した。

映画の事前検閲制度事件(2001.8.30. 2000憲가(カ)9、判例集13-2、134)

憲法裁判所は影像物等級委員会が行う映画の等級分類制度は、憲法の禁ずる事前検閲に該当すると判示した。

放送広告の事前審議事件(2008.6.26. 2005憲마(マ)506、判例集20-1(下)、397)

憲法裁判所は放送委員会から委託されている韓国広告自律審議機構に、テレビ放送広告の事前審議を担当するようにしていることは、憲法の禁ずる事前検閲に該当し、違憲と判示した。

軍事機密漏れ事件(1992.2.25. 89憲가(カ)104、判例集4、64)

憲法裁判所は、軍事機密の範囲とは国民の表現の自由ないし知る権利の対象領域を最大に広げるために、必要かつ最小限にとどまるべきであると判示した。

外交機関周辺の集会禁止事件(2003.10.30. 2000憲바(バ)67等、判例集15-2(下)、41、58－59等)

憲法裁判所は「外交機関」の境界地点から100メートル以内の場所では屋外集会または示威をしてはならないとしていた集会及び示威に関する法律第11条第1項の規定は、立法目的を達成するために必要な措置の範囲を超えた過度な制限であり、最小侵害の原則を違反したものであると判示した。

夜間屋外集会禁止事件(2009.9.24. 2008憲가(カ)25、判例集21-2(下)、427)

集会及び示威に関する法律第10条本文は、日出前あるいは日没後の屋外集会(以下「夜間屋外集会」という)を原則的に禁じ[12]、同条但書は、一定の場合に、管轄警察署長が夜間屋外集会を許可している。この規定について憲法裁判所は、法律によって屋外集会の時間的制限を定めているところ、管轄警察署長の許可を定める但書条項は本文による制限を緩和するものであり、屋外集会に対する事前許可とはみられないので、上記の但書の存在とは関係なく、憲法第21条第2項が定める「事前許可禁止」には違反していないが、禁止している時間帯が広すぎるため、侵害最小性の原則に反し、法益均衡性も備えていないという理由で、同規定は憲法に合致しないと判示し、1994年の合憲決定を変更した(単純違憲5人、憲法不合致2人、合憲2人)[13]。

---

12) 但し、同法律第15条によると、学問、芸術、体育、宗教、儀式、親睦、娯楽、冠婚葬祭及び国慶行事に関する集会には第10条の適用を除く。

13) 筆者は集会の自由に関して、内容中立的な時間に対する規制は、具体的かつ明確な基準に基づいて行われる限り、憲法第21条第2項の禁じられる許可には該当せず、屋外集会に対してどの程度の時間規制が必要であるかの問題は、当時の集会及び示威文化の成熟度、法や秩序への尊重の程度などを総合的に考慮し、最終的には

法人両罰規定事件(2009.7.30. 2008憲가(カ)10、判例集21-1(上)、64)

憲法裁判所は、法人が雇用している従業員等が犯罪を行った場合、法人に従業員等の犯罪行為の責任を負わせられるか否かをまったく問わず、直ちにその法人をも罰金刑に処すると定めている青少年保護法の規定に対し、今日法人の反社会的な法益侵害活動に対して法人そのものに直接制裁を課する必要が高いとしても、立法者がいったん刑罰という手段を選択した以上、刑罰に関する憲法上の原則、すなわち法治主義と罪刑法定主義から導かれる責任主義の原則が遵守されなければならないとし、同規定は憲法に違反すると判示した[14]。

未決勾留日数の算入事件(2009.6.25. 2007憲바(バ)25、判例集21-1(下)、784)

刑法第57条第１項は、未決勾留日数は刑期に算入するが、その範囲は裁判官の裁量に任せている。憲法裁判所は未決勾留の一部のみを本刑に算入することは、身体の自由の侵害であり、被告人の上訴への意思を萎縮させ、上訴の濫用の防止という目的のための適切な手段とはいえず、被告人の裁判請求権や上訴権の行使を阻害するとした。なお、拘束被告人が故意で裁判を遅延するなど不当な訴訟行為をしたとしても、そ

議会が立法裁量によって決める問題であるが、集会及び示威に関する法律第10条が立法裁量の範囲を著しく超えたとみることは難しいため、過剰禁止の原則にも反しないという合憲意見を出した。

14) 筆者は従業員以外に、その従業員が属している法人を刑罰に処することは、従業員の法律違反行為について法人への非難可能性が高いものの、法人の組織及び業務構造の特性上、その責任の所在を明らかにすることが難しいことを配慮したものであるところ、これが従業員の法律違反行為についての法人の選任監督上の注意義務違反等に対し、強力な処罰を行うという立法者の意思を反映したものであり、法人は従業員に対し選任監督上の過失その他の責任がある場合のみ処罰されると解釈することができ、このような解釈を前提とするならば、本事件の法律条項は責任主義に違反しないという反対意見を出した。

のために未決勾留期間の一部を算入しないことは訴訟上の態度に対して刑罰上の制裁を課するものとして、適法手続の原則及び無罪推定の原則に反して違憲と判示した[15]。

ハンナラ党の大統領候補者である李明博の株価操作等の犯罪疑いの真相糾明のための特別検事の任命等に関する法律事件

(2008.1.10. 2007憲마(マ)1468、判例集20-1(上)、1)

憲法裁判所は特定人を捜査対象とする法律であっても、必ずしも違憲となるわけでなく、合理的理由があれば正当化されるとした。すなわち、特検の認定、特定事件に対して特検による捜査の実施、捜査対象の範囲などは、国民の代表者である国会がすべての事情を考慮して決めることであり、国会の幅広い裁量が認められると判示した。但し、同法が定める「参考人同行命令制」に対しては、令状主義に反し、同行に応じないとして罰金を課する場合、身体の自由などの基本権を侵害しうるため、この参考人同行命令制の規定に限って違憲であると判示した。

姦通罪事件(2008.10.30. 2007憲가(カ)17等、判例集20-2(上)、696)

この事件において憲法裁判所は、裁判官5人の違憲意見と裁判官4人の合憲意見となり、違憲意見が多数であったが、法律の違憲宣言に必要な定足数である6人に至らなかったため、配偶者のある者の姦通行為及び相姦行為を処罰する刑法第241条が憲法に反しないと宣言することとした。

---

15) 筆者は、未決勾留とは強制処分であって、刑の執行とは本質的に性質が異なるものであり、無罪推定原則の例外として、適法手続原則の適用を受けて行われた未決勾留そのものが無罪推定原則又は適法手続の原則に反するものではないし、さらに全体の未決勾留期間は様々な性質の期間が合わせられており、各未決勾留期間の性質によって異なる扱いが必要であるということから、本条が合理性と正当性が認められ、身体の自由を侵害しているとはみられないという反対意見を出した。

憲法裁判所によると、この事件における法律条項は婚姻関係を保護し、社会秩序を維持するために姦通及び相姦行為を制裁するものとして、正当な立法目的の達成のための適切な手段であり、但し、「刑罰」という制裁規定が過度なものであるか否かが問題となるが、これは基本的に立法形成の自由の属し、姦通が社会秩序を害し、他人の権利を侵害するとみている我々の法意識、また姦通の事前予防の必要性からみると、姦通を刑事処罰の対象とした立法者の判断が恣意的なものとはいえないと説示した。そして憲法裁判所は、この事件における法律条項が過剰禁止の原則を違反し、個人の性的自己決定権、私生活の秘密及び自由を侵害するとは言い難く、法定刑として懲役刑のみを定めているが、重すぎる刑罰を規定しているとみることができないと判示した。

他方、裁判官5人の反対意見のうち、3人の裁判官はこの事件の法律条項が過剰禁止の原則を違反して個人の性的自己決定権及び私生活の秘密と自由を制限するため、違憲であるとし、1人の裁判官はこの事件の法律条項が法治国家の限定を超え、国家刑罰権を行使したものであるため、憲法に合致しないと憲法不合致の意見を開陳し、1人の裁判官はこの事件の法律条項が責任と刑罰間における比例の原則に違反するという違憲意見を提示した。

婚姻憑藉姦淫罪事件(2009.11.26.　2008憲바(バ)25、2009憲바(バ)191(併合)、判例集21-1(下)、520)

憲法裁判所は、2002年に7対2により合憲決定を下して以降、7年ぶりに6人の違憲、3人の合憲へと立場を変更した。「婚姻を憑藉し、あるいはその他の偽計によって淫行の常習のない婦女を欺き姦淫した者」

を刑罰に処する婚姻憑藉姦淫罪[16]に対し、憲法裁判所は個人の性行為は私生活の内密な領域に属しており、国の介入は最小限に止まるべきであると宣言した。そのため、同条項は男性の性的自己決定権と私生活の自由を侵害しており、男女平等にも反するだけでなく、女性を保護するという口実の下で女性の性的自己決定権も否認しているとみて、違憲と判示した。

死刑制事件(2010.2.25. 2008 憲가(カ)23、判例集22-1(上)、36)

憲法裁判所は裁判官の5人(合憲)対4人(違憲)の意見に基づき、死刑制度が憲法に反しないと決定した。まず、死刑制は現行憲法においてその禁止や許容が直接定められていないが、他の憲法条項との関連からみると、文言の解釈上間接的に認められるとみるべきであると説示した。そして、たとえ生命が理念上絶対的な価値を有するものであるとしても、憲法は絶対的基本権の明文化しておらず、憲法第37条第２項は国民の有するあらゆる自由と権利は国家安全保障、秩序維持、公共福利のため、必要な場合は法律により制限されると定めているところ、少なくとも等しい価値のある他の生命又はそれに劣らない公共の利益を保護するため、やむを得ない場合には生命権もなお憲法第37条第２項による一般的法律留保の対象になるとした。従って、死刑が極めて悪質の犯罪に限定的に宣告される限り、死刑制そのものは立法目的の正当性、手段の適合性、被害の最小性、法益の均衡性をすべて備えており、生命権の制限における憲法上の比例原則にも違背せず、人間の尊厳と価値を定めている憲法第10条にも反しないと判示した。

16) 韓国の刑法学者によると、「婚姻を憑藉する」ことは、最初から婚姻する意思なくに婚姻すると相手を欺くことを指し、「その他の偽計」の一例である。

インターネット等による選挙運動事件(2010.2.25. 2008憲마(マ)324、2009憲마(マ)31(併合)、判例集22-1(上)、347)

憲法裁判所は裁判官の7人(合憲)対2人(違憲)の意見に基づき、インターネット言論社に対し、選挙期間中当該インターネット・ホームページの掲示板等に政党・候補者に対する支持・反対の意見を掲示する場合、実名の認証の技術的措置を取る義務及び上記の意見が『実名認証』の表示なく掲示された場合、これを削除する義務を課した旧公職選挙法第82条の6第１項、第６項、第７項は憲法に反しないと決定した。

生命倫理及び安全に関する法律における胚芽廃棄等に関する事件(2010.5.27. 2005憲마(マ)346、判例集22-1(上)、275)

人工授精施術を受け、胚芽を生成した夫婦と産婦人科医者、法学者、倫理学者、生成された初期胚芽等が、胚芽を生命と見做さず、実験及び廃棄対象とした生命倫理法第13条第１項等が憲法に違反するか否かが問題になった憲法訴願事件について、憲法裁判所は裁判官の全員一致した意見として合憲決定を下した。まず、受精の後着床の前、胚芽が人間へ進む潜在性を持つとみる余地はあるが、現在の自然科学的な認識レベルや科学技術のレベルからみると、独立した人間としての成長可能性を期待しがたく、このような初期胚芽が人間と認識され、あるいは人間のように扱われるべき社会的承認も存在するとはいえないことを鑑みると、初期胚芽の基本権主体性を認めることはできないと判断した。また、胚芽を生成した者について、胚芽に対し、自分の遺伝子情報が含んだ身体の一部を提供し、その胚芽が母体に着床して人間として生まれる場合、生物学的な父母としての地位を持つこととなるため、胚芽の管理又は処分については憲法上認められる自己決定権を有するとした。だが、この自己決定権は胚芽の法的保護という憲法上の価値に明らかに反する場合、その制限の必要性が相対的に大きい基本権であり、従って憲法裁判所は胚芽を5年間保存した後廃棄することを定めている審判対象条項は、その立法目的が正当であり、方法の適切性も認められ、被害の最小性に反し法益の均衡性を失ったものとみることはできないと判示した。

2. 社会権に関する決定例

社会保障を受ける権利

立法府は社会保障を受ける権利のような基本的な社会権について、法律を制定するに際して幅広い立法形成権を有する。立法府はすべての社会・経済状況を考慮し、合理的な基準の下で立法上の決定をすることができる。このような決定は、最小限に必要な社会権の保障範囲を逸脱しない限り、憲法に違反するとはいえない(2001.9.27. 2000憲마(マ)342、判例集13-2、422、433)。

夫婦資産所得の合算課税制度事件(2002.8.29. 2001憲바(バ)82、判例集14-2、170)

憲法裁判所は、所得税を計算するときに、夫婦の資産所得を合算することを定めていた所得税法第61条は、夫婦に対する差別であり、憲法に違反するとした。

総合不動産税法事件(2008.11.13. 2006憲바(バ)112、2007憲바(バ)71·88·94、2008憲바(バ)3·62、2008憲가(カ)12(併合)、判例集20-2(下)、1)

憲法裁判所は、不動産の価格安定などの立法目的の正当性、総合不動産税の性質と負担の程度などに対し、立法裁量を逸脱したとはいえないと述べた。だが、住宅分の総合不動産税の賦課規定に対しては、住宅の保有をめぐる事情を考慮せず、高率である累進率を適用して、多額の総合不動産税を賦課するものであり、その立法目的の達成に必要な政策手段の範囲を超え、住宅保有者の財産権の過度な制限とみた。なお、総合不動産税の課税方法を「人当たり合算」でなく、「世帯当り合算」と定める総合不動産税法は、婚姻した者又は家族と共に世帯を構成している者を、個人別に課税する独身者、事実婚関係のカップル、世帯員ではない住宅所有者等と比べて不利に差別して取扱っており、婚姻と家族生活における個人の尊厳と両性の平等を定めている憲法第36条第１項に違反するとし、憲法不合致決定を下した。

3. その他の基本権に関する決定例

新行政首都の建設のための特別措置法事件(2004.10.21.　2004憲마(マ)554·566(併合)、判例集16-2(下)、1)

憲法裁判所は首都としてのソウルについて、憲法が明示的に規定していないものの、600年以上慣習憲法として有効に存在しており、韓国憲法体系の確立以来、最も根本的であり自明な慣習憲法規範の一つとして認識されてきたと述べた。このような慣習憲法を廃止するためには、憲法の定めている憲法改正の手続を行わなければならず、憲法第130条によると、憲法改正は必ず国民投票を経ることになっており、国民は憲法改正において投票を通じてその意見を表明する権利を有する。当該法律の場合、憲法改正事項である首都の移転に関して、憲法改正でなく一般法律の形を採っているため、同法は憲法改正における国民の有する参政権的な基本権である国民投票権を行う権利を侵害し、憲法に違反すると判示した。

4. 女性や少数者に対する平等原則に関する決定例

同姓同本禁婚制度事件(1997.7.16. 95憲가(カ)6等、判例集9-2、1、17－18)

憲法裁判所は同姓同本である者の間の婚姻を禁ずる民法第809条の規定は、社会的妥当性ないし合理性を喪失しているのみならず、「人間としての尊厳と価値及び幸福追求権」を規定している憲法理念及び「個人の尊厳と両性平等」に基づく婚姻と家族生活の成立・維持という憲法規定に真っ向から反すると判示した。なお、婚姻禁止の範囲が同じ氏、すなわち父系血統の氏を承継した者の間の婚姻を意味しているため、合理性を欠く性別における差別であり、従って憲法上の平等原則にも違反するとした。

国籍法事件(2000.8.31. 97憲가(カ)12、判例集12-2、167)

韓国の旧国籍法は、国籍の取得における父系血統主義を採択し、生まれた当時の子の国籍を父の国籍に従うこととし、母の国籍は単に補充的な意味が与えられているにすぎなかった。このように韓国人である父と外国人である母の間の子と、韓国人である母と外国人である父の間の子を差別的に取り扱うことは、母が韓国人である子とその母に不利益を与えることとなり、憲法第11条第1項の男女平等原則に反すると判示した。

戸主制事件(2005.2.3. 2001憲가(カ)9等、判例集17-1、1)

憲法裁判所は、民法第778条(一家の系統を継承した者、分家した者、又はその他の自由によって一家を創立若しくは復興した者は戸主となる。)は、当事者の意思と自決権を無視し、法律によって戸主の地位を強要する点からして、個人の尊厳に反するのみならず、戸主の地位の獲得において男女を差別しており、民法第781条第１項本文後段(子は父家に入籍する。)及び民法第826条第３項本文(妻は夫の家に入籍する。)は、当事者の意思と自立的選択権を無視したまま、婚姻及び子女に関する身分関係を一方的に形成するため、個人の尊厳に反し、ひいては正当な理由なく男女を差別するため憲法に違反するとし、暫定的に適用するため、憲法不合致決定を宣告した。

視覚障害者である按摩師事件(2008.10.30. 2006憲마(マ)1098・1116・1117(併合)、判例集20-2(上)、1089)

憲法裁判所は、視覚障害者のみへの按摩師の資格認定規定は、視覚障害者の生活手段を保障し、人間らしい生活をする権利を実現するためのものであり、立法目的の正当性は充足されていると判断した。そのため、憲法裁判所は、当該規定は職業選択の自由を侵害しているとはいえず、憲法第37条第２項のいう基本権制限立法の憲法的許容範囲内にあるとした。

交通事故処理特例法事件(2009.2.26. 2005憲마(マ)764、2008憲마(マ)118(併合)、判例集21-1(上)、156)

憲法裁判所は交通事故処理特例法に対し合憲決定を下した立場を変更し、同法第４条第１項本文のうち、業務上の過失又は重大な過失による交通事故のため、被害者が「重傷害」を受けた場合にも公訴提起ができないと定めた部分は、被害者の裁判手続における陳述権[17]を侵害す

17）韓国憲法第27条第５項は、「刑事被害者は法律の定めるところにより、当該事件

るものであるとみた。なお、同法第3条第2項の但書に該当しない交通事故によって重傷害を受けた被害者と同但書条項に該当する交通事故の重傷害被害者及び死亡した被害者との間の差別問題について、憲法裁判所は同法第3条第2項但書に該当しないという偶然の事情によって裁判手続陳述権を行使しえないことと、被害者が死亡した場合とは異なり、重傷害を受けた場合も加害運転者を起訴しないこともなお、重傷害という結果の不法性が死亡事故の場合より小さいとばいえない理由で、合理的な理由のない差別であるため、同法第4条第1項本文のうち、業務上の過失又は重大な過失による交通事故によって、被害者が重傷害に至った場合に公訴を提起することができないと定めた部分は、平等権を侵害して憲法に違反すると判示した。

5. 中央政府、国家又は地方自治団体間の均衡における基本的アプローチ

地方自治制度の憲法的保障

憲法裁判所は「憲法上の地方自治制度は国民主権の原理から始まる。故に、この価値は中央政府や立法によって侵害されることはできない。中央政府と地方自治団体間の権力の垂直的配分は調和を果たすべきであり、その調和を追求する過程において、地方自治の核心価値は害されてはならない」と判示した(1998.4.30. 96憲바(バ)62、判例集10-1、380)。

の裁判手続において陳述することができる」と定めている。

六. 結　　論

憲法委員会やアメリカ方式の司法審査制度のように、受動的なものや単なる飾りにすぎなかった憲法裁判の態様を経て、大韓民国は1988年、ようやく憲法裁判所を設立した。過去の憲法裁判を担当した機構とは異なり、憲法裁判所は憲法上の争点を判断するに際して、憲法を擁護し、国民の基本権を保護するための最終的な手段として、能動的にその役割を果たすことに成功している。

憲法裁判所の歴史は21年という比較的短いものであるにもかかわらず、憲法裁判機関として、そして憲法機関そのものとしてしっかりと位置づけられてきた。憲法裁判所は法曹人、研究者、国民から幅広い支持と肯定的な評価を受け、基本権の最後の擁護者として根を下ろすようになった。例えば、新聞の世論調査において、憲法裁判所は毎年最も信頼される国家機関として選ばれている。なお、今や憲法裁判所は海外にその活動領域を広げ、2011年まで創立される「アジア憲法裁判所聯合」においてリーダシップを発揮しており、現在、筆者はその連合の準備委員会の議長として務めている。

しかしながら、まだ憲法裁判所が乗り越えるべき課題も残っている。その権限と管掌事項について、選挙訴訟審判権や法律に対する抽象的規範統制権、そして法院の判決に対する憲法訴願審判権を有していないこと[18)]、また裁判官の候補者の指名と裁判官の任命及びその任期に関

---

18) 法院の裁判に対する憲法訴願については、憲法研究諮問委員会の内部においても激論があったという。同委員会の報告書草案は、裁判訴願の要件を厳しくした上で、法律問題や法院固有の権限に関わる問題は、憲法訴願ができず、裁判に適用された規範の違憲性や裁判手続上の問題に限って裁判訴願を認める方向にしていたと

する問題が挙げられる。これらの課題を解決するために、憲法裁判所はこれを深く研究し、必要な改善策を模索すべきであろう。

すべての国民の支持と信念を守りつつ、憲法裁判所は憲法裁判を通じて社会全体における人間の尊厳と価値に基づいた憲法的価値を広めるべきである。それにより、憲法は人々の生の基本的な条件を規定する生きた規範となろう。

そのようにして初めて憲法裁判所は社会に根を下ろし国民の信頼と愛情を勝ち得ることができる。そして人間の尊厳と価値、自由、平等という豊かな憲法的な実が結ばれることになろう。

いう報道(法律新聞、2009年8月13日付)があった。だが、最終の結果報告書では、裁判訴願は認めないまま、現行の体制を維持することとなった。

[参　照]

審判事件累計表

1988. 9. 1.~2010. 9. 30. 現在

区分		受付	処理												未済
			合計	決定										取下げ	
				計	違憲	憲法不合致	限定違憲	限定合憲	認容	合憲	棄却	却下	その他		
合計		19,665	19,001	18,378〈437〉	392〈269〉	135〈100〉	52〈39〉	28〈29〉	345	1,368	5,972	10,080 (8,631)	6	623	664
違憲法律		715	653	545〈226〉	179〈166〉	51〈37〉	15〈9〉	7〈14〉		252		41		108	62
弾劾		1	1	1							1				
政党解散															
権限争議		70	58	47					14		12	21		11	12
憲法訴願	計	18,879	18,289	17,785〈211〉	213〈103〉	84〈63〉	37〈30〉	21〈15〉	331	1,116	5,959	10,018 (8,631)	6	504	590
	§68①	16,144	15,804	15,358〈94〉	62〈52〉	31〈33〉	11〈9〉		331	4	5,959	8,955 (7,750)	5	446	340
	§68②	2,735	2,485	2,427〈117〉	151〈51〉	53〈30〉	26〈21〉	21〈15〉		1,112		1,063 (881)	1	58	250

＊ 注: 1.「決定」欄の〈　〉は、審判対象となった法律条文の数である。

2. 憲法訴願審判事件のうち、指定裁判部の処理件数は(　)の中に記載し、本欄の数には合計を表記した。

3. 法令に対する第68条第1項の憲法訴願審判事件が認容された場合、その内容によって違憲、憲法不合致、限定違憲などと分類した。

解　説

二〇一〇年二月六日、国際憲法学会日本支部・東北大学グローバルCOE「グローバル時代の男女共同参画と多文化共生」拠点の共催、憲法理論研究会・「憲法理論の再創造」研究会の後援により、韓国憲法裁判所李東洽裁判官の講演会が東京大学で開催された。講演は、日本語と英語に堪能な李裁判官によって日本語で行われ、参加した数十名の憲法学者や実務家との間で活発な質疑が行われた。

韓国の憲法裁判所は一九八八年の設立以来多くの注目すべき判決を下し、韓国の民主主義と男女共同参画の進展に大きく貢献してきた。その違憲審査制は憲法裁判所集中型である点ではいわゆるドイツ型であるが、抽象的規範統制を行わず付随審査制である点ではアメリカ型であり、独特の制度であるといえる。これまで韓国憲法裁判所の判例等について日本での紹介が少なかったことから、本講演は、韓国の憲法状況を知る上でも、比較憲法的・憲法理論的研究の上でも大変有意義な機会となった。また、李裁判官がアジア憲法裁判所聯合準備委員会委員長であることから、今後のアジアにおける憲法学交流にとっても重要な情報を得ることができた。

(なお本稿は、当日の日本語レジメに注などを補完して頂いた後、辻村のほうで若干の形式的な整理を施したものである。)(辻村みよ子・東北大学教授)

[별지 2]

韓國 民主主義의 發展에 있어 憲法裁判所의 貢獻

李 東 洽*

* 大韓民國 憲法裁判所 裁判官.

一. 憲法審查의 組織的 基礎

1. 韓國의 憲法裁判 모델과 그 歷史的·法的 採擇根據

憲法裁判所의 設立

大韓民國의 憲法裁判所는 憲法體系의 主要機關으로 1988年 第6共和國의 시작과 더불어 設立되었다. 1987年의 憲法 改正過程에서 憲法裁判을 어떻게 規定할 것인가에 관하여 政黨間의 見解가 對立되었으나, 結局 法律의 合憲性 審査와 다른 政治的 問題를 포함한 모든 憲法的 問題를 判斷하는 獨立된 憲法裁判所를 設立하는 것으로 決定되었다.

過去의 憲法裁判 또는 司法審査의 形態

(i) 第1共和國(1948~1960)의 憲法委員會

(ii) 第2共和國(1960~1961)의 憲法裁判所[1)]

(iii) 第3共和國(1961~1972)의 美國式 司法審査制度

1) 第2共和國의 憲法裁判所는 1962年의 軍事 쿠데타로 인하여 실제로는 設立에 이르지 못하였다.

(iv) 第 4 共和國(1972~1981)과 第 5 共和國(1981~1988)의 憲法委員會가 存在하였다.

2. 憲法裁判所와 法院[2]의 關係

憲法上 司法機能은 大法院과 下級法院으로 構成되는 法院과 憲法裁判所 두 가지로 區分된다. 兩者의 관계에 관해서는 以下의 점을 指摘할 수 있다.

(1) 法院의 法律解釋과 適用 및 憲法裁判所의 違憲法律審判

法律의 解釋과 適用에 있어 法院은 우선 憲法에 合致되도록 法律을 解釋하고 適用하여야 하고, 그 때 法律의 合憲性 與否가 問題되는 경우에는 該當 事件의 審理를 中止하고 合憲性에 대한 憲法裁判所의 決定을 기다려야 한다. 法律 條項의 內容이 憲法裁判所에 의하여 違憲이라고 宣言되면, 그 法律 條項은 法的 效力을 喪失한다. 法律의 合憲性에 관하여 法院은 憲法裁判所의 決定에 따라야 할 義務가 있고, 具體的인 事件에서 違憲인 法律 內容을 適用할 수 없다.

(2) 다른 救濟節次를 모두 거쳤을 것

憲法訴願審判은 公權力의 行使・不行使 등으로 侵害된 國民의 基本權을 救濟하는 制度이다. 이 領域은 公權力의 行使 또는 不行使에 의한 個人의 權利侵害를 다루는 行政訴訟과 審査領域이 重複될

2) '法院'이란 日本의 '裁判所'에 該當한다. 韓國의 法院組織法 第 3 條 第 1 項은 法院을 大法院, 高等法院, 特許法院, 地方法院, 家庭法院, 行政法院으로 區分하고 있다.

可能性이 있다. 憲法訴願은 最後의 權利救濟手段이므로 憲法裁判所法 第68條 第1項에서는 다른 법률에 救濟節次가 있는 경우에는 그 節次를 모두 거친 後가 아니면 憲法訴願審判을 請求할 수 없도록 規定하고 있다.

⑶ 法院의 裁判에 대한 憲法訴願

憲法裁判所法 第68條 第1項에 따르면, 法院의 裁判은 憲法訴願審判의 對象이 되지 아니한다. 따라서 憲法裁判所의 憲法訴願 審判權은 原則的으로 法院의 裁判에는 미치지 아니한다. 다만, 憲法裁判所가 違憲 宣言을 한 法律을 法院이 適用함으로써 結果的으로 國民의 基本權이 侵害된 경우에, 그러한 法院의 裁判은 憲法訴願의 對象이 될 수 있다.

⑷ 命令, 規則, 行政處分에 대한 憲法裁判

命令, 規則 또는 處分이 憲法이나 法律에 違反되는지의 여부가 裁判의 前提가 된 경우에는 大法院이 이를 最終的으로 審査할 權限을 갖는다(憲法 第107條 第2項). 그러나 行政立法이 違憲이라는 法院의 判決은 해당 行政立法 自體를 無效로 하는 것이 아니라, 具體的 規範統制의 形態로 해당 事件에서 그 行政立法의 適用을 排除하는 效果를 갖는 데 그친다. 한편 命令·規則에 대한 憲法裁判所의 違憲決定은 그 命令·規則 自體를 失效시킨다는 差異가 있다.

命令이나 規則이 直接 國民의 基本權을 侵害한 경우에 그러한 命令·規則이 憲法訴願의 對象이 될 수 있는지의 여부가 問題된다. 大法院은 憲法의 規定에 따라 命令·規則에 대한 獨占的이고 排他的인 裁判管轄이 法院에 있다고 하였으나, 憲法裁判所는 國民의 基本

權을 直接 侵害한 行政立法이 있는 경우, 그 行政立法 自體의 效力을 소송물로 다투는 法院의 救濟節次가 存在하지 않으므로, 이러한 경우는 憲法訴願이 許容되어야 한다고 하였다(1990.10.15. 89憲마178, 判例集 2, 365).

더욱이 이러한 不明確함을 解決하기 위하여 憲法 제107조 제2항을 全面的으로 改正하여 命令, 規則의 合憲性에 관한 最終的 審査는 憲法裁判所만이 이를 行使할 수 있도록 하여야 한다는 主張이 있다.[3)]

(5) 變形決定을 둘러싼 葛藤

憲法裁判所의 變形決定('限定違憲'과 '限定合憲')을 둘러싸고 憲法裁判所와 法院은 상당한 意見對立을 보인다. 憲法裁判所는 위와 같은 決定類型을 違憲決定의 하나로 判斷하는 데 反하여, 法院은 이를 羈束力이 있는 違憲決定이 아닌 法律解釋의 하나로 보고 있다.

그런데 現行 憲法裁判所法은 變形決定이 法院을 羈束하는지의 여부에 관하여 명확히 規定하지 않고 있다. 이러한 事情으로 인하여 憲法裁判所의 變形決定에 法的 羈束力을 附與하는 明文의 法律規定을 制定·改正하고자 하는 國會議員들의 試圖가 있다.

---

3) 이 문제에 관해서는 國會의 憲法硏究諮問委員會에서도 激烈한 論議가 있었다. 同 委員會의 結果報告書 草案에서는 憲法 제107조 제2항을 削除하였으나, 最終案은 現行 體系를 그대로 維持하도록 하였다.

二. 韓國憲法裁判所의 地位와 構成

1. 司法機構로서의 憲法裁判所

法律의 合憲性審査에 있어 憲法裁判所의 唯一한 基準은 政治的 判斷이 아닌 憲法이다. 憲法裁判所는 憲法이 政治的 部門(political branches)에 의하여 決定되도록 委任하고 있는 問題에 관하여, 憲法裁判所 자신의 견해를 貫徹시키기 위하여 憲法을 擴張解釋해서는 안 된다는 立場을 堅持해 왔다. 따라서 韓國 憲法裁判所는 一般的으로 政治的 機構가 아닌 司法的 機構로 認識되어 있다.

2. 憲法裁判所 裁判官의 資格

憲法裁判所 裁判官의 候補와 任命은 辯護士의 資格을 가진 者로 限定된다. 憲法裁判所法 第5條는 여기에 다음과 같은 要件을 追加하고 있다. 즉 裁判官은 15年 以上 다음 各號의 1에 該當하는 職에 있던 40歲 以上의 者 중에서 任命한다: (1) 判事·檢事·辯護士, 또는 (2) 辯護士의 資格이 있는 者로 國家機關, 國·公營企業體, 政府投資機關 기타 法人에서 法律에 관한 事務에 從事한 者, (3) 辯護士의 資格이 있는 者로 公認된 大學의 法律學 助教授 이상의 職에 있던 者.

한편 法學教授 등을 포함시키자는 方案도 提示되었으나, 이러한 意見은 現行法에 反映되지 아니하였다. 이는 韓國의 特殊한 事情으로 多數의 法學教授들이 辯護士의 資格을 갖고 있지 않다는 점에 注

意할 必要가 있다.[4)]

3. 裁判官의 任期와 連任可能 여부

裁判官의 任期는 6年으로 連任할 수 있다(憲法 第112條 第1項, 憲法裁判所法 第7條 第1項). 停年은 憲法裁判所長이 70歲, 그 以外의 憲法裁判官은 65歲로 한다(憲法裁判所法 第7條 第2項).

最近 憲法裁判官의 任期를 最小限 9年으로 延長하고 連任을 禁止하자는 見解가 提示되었다. 또한 裁判官의 停年 規定은 廢止하거나 적어도 裁判所長과 다른 裁判官의 停年을 同一하게 하여야 한다는 見解도 있다.

4. 裁判官의 任命節次 및 獨立性의 保障

憲法에 의하면 9人의 裁判官은 大統領이 이를 任命하는데, 그 중 3人은 國會에서 選出하는 者, 3人은 大法院長이 指名하는 者, 그리고 3人은 大統領이 選定하는 者이다. 또한 憲法裁判所의 長은 裁判官 중에서 國會의 同意를 얻어 大統領이 任命한다(憲法 第111條 第2項, 第3項 및 第4項, 憲法裁判所法 第6條 第1項).

이러한 任命節次에 관하여 專門家의 役割이 不充分하다는 指摘이 있다. 그리고 3人의 裁判官을 大法院長이 指名하는 것은 民主的

---

4) 이와 관련하여 國會 憲法研究諮問委員會 結果報告書는 憲法裁判所 裁判官의 資格을 辯護士의 資格을 가지는 者에 限定하지 않고, 法學敎授 및 國政運營의 經驗이 있는 者 등에게도 開放하도록 하였다. 다만, 司法節次로 進行되는 憲法裁判의 特性과 高度의 法的 判斷이 隨伴하는 점 때문에 憲法裁判官 중 3分의 1은 大法官 중에서 選出하는 案을 냈다.

正當性의 觀點에서 適切하지 않으며, 憲法裁判所에 대한 評價 切下를 招來할 憂慮가 있다는 見解도 있다. 裁判所長 以外의 裁判官 任命에도 國會의 同意를 要求하여야 한다는 見解나 모든 裁判官을 國會에서 選出하여야 한다는 意見도 있다.

三. 憲法裁判所의 管掌事項

1. 抽象的 規範統制權

韓國 憲法裁判所는 抽象的 規範統制權을 가지지 아니한다. 그러나 政府 또는 國會議員 在籍議員 總數의 3分의 1의 要請이 있는 경우, 抽象的 規範統制權을 行使하는 制度를 새로이 導入하여야 한다는 論議가 있다.[5)]

2. 違憲法律審判權

憲法裁判所는 法院의 違憲審判提請에 의하여 法律에 대한 違憲審査를 할 수 있다(憲法 第111條 第1項 第1號). 法院은 係屬中인 事件에 있어 法律의 內容에 違憲의 合理的인 疑心이 있는 경우에는 憲法

5) 國會 憲法硏究諮問委員會 結果報告書는 憲法裁判所가 抽象的 規範統制權을 行使하여야 한다고 敍述하고 있다. 憲法裁判所가 抽象的 規範統制를 하는 경우, 國會 內의 政治的 問題에 대하여 憲法裁判所가 適切히 判斷할 수 있는가에 대한 指摘은 있었지만, 違憲인 立法의 問題를 解消하기 위해서는 法律이 裁判의 前提가 되지 않은 경우에도 그 違憲性을 除去하여야 한다는 見解가 더 많았다. 이에 대하여 抽象的 規範統制權을 附與하는 것이 오히려 憲法裁判所에게 부담이 될 수 있다는 見解도 있었다.

裁判所에 대하여 違憲法律審判을 提請할 수 있다. 이러한 意味에서 韓國憲法은 '具體的 規範統制' 制度를 採擇하고 있다고 할 것이다.

그런데 美國式의 司法審査制度 下에서는 法院이 違憲法律審判에 消極的이어서[6] 違憲法律審判權은 거의 作動하지 않았다. 이러한 問題를 解決하기 위하여 憲法裁判所法 第68條 第2項은 法院이 違憲法律審判提請을 하지 아니하더라도 當該 訴訟의 當事者가 憲法裁判所에 憲法訴願의 形式으로 具體的 規範統制를 申請할 수 있도록 하고 있다. 이 節次는 效果的으로 機能하여 이러한 類型의 憲法訴願 事件 數는 相當히 많으며(法院에 의한 違憲法律審判提請事件 數의 約 3倍), 그 中 約 15%의 認容決定이 내려졌다.

憲法裁判所는 法律 條項에 대하여 合憲 또는 違憲의 決定을 할 수 있고, 變形決定으로서 憲法不合致, 限定違憲 또는 限定合憲 決定을 내릴 수 있다.

3. 憲法上 基本權 保障을 위한 特別한 節次

憲法訴願審判制度는 公權力에 의하여 憲法上 保障된 國民의 基本權이 侵害된 경우, 이를 救濟하는 制度이다(憲法 第111條 第1項 第5號, 憲法裁判所法 第68條 第1項).

憲法訴願審判을 請求하기 위해서는 請求人의 憲法上 保障된 基本權이 法院의 裁判을 除外한 公權力의 行使 또는 不行使로 인하여 直接, 그리고 現在 侵害받고 있어야 한다.

6) 1962年부터 1971年까지 大法院이 法律에 대하여 違憲宣言을 한 것은 國家賠償法 및 法院組織法의 違憲判決(大法院 1971. 6. 22. 宣告 70다1010)뿐이고, 그 以外에는 徵發財産補償에 관한 大統領令에 대하여 違憲判決을 宣告한 적이 있다(大法院 1967. 11. 2. 宣告 67다1334).

國會의 立法權 또한 公權力에 속하므로 法律이 基本權을 直接 侵害하는 경우에는 역시 憲法訴願의 對象이 된다.

憲法訴願審判에서 違憲決定이나 認容決定에 이르기 위해서는 裁判官 6人 以上의 贊成을 要한다.

4. 公權力 主體間의 權限 配分에 관한 다툼

(1) 權限爭議審判

憲法裁判所는 國家機關 相互間, 國家機關과 地方自治團體 및 地方自治團體 相互間의 權限爭議에 관한 審判權을 갖는다(憲法 第111條 第1項 第4號, 憲法裁判所法 第61條 第1項).

서울特別市와 政府間의 權限爭議事件(2009.5.28. 2006헌라6, 判例集 21-1(下), 418)

舊 地方自治法 第158條 本文은 "行政自治部 長官…은 地方自治團體의 自治事務에 관하여 報告를 받아 書類·帳簿 또는 會計를 監査할 수 있다"고 하고, 同條 但書는 "이 경우 監査는 法令違反事項에 限하여 實施한다"고 規定하였다. 이 規定에 대하여 憲法裁判所는 同 但書 規定의 監査權은 事前的·一般的인 包括監査權이 아니라, 그 對象과 範圍가 限定的인 制限된 監査權이라고 解釋하여야 한다고 하였다. 본 事件에서 問題된 行政安全部 長官 등이 監査實施를 通報한 事務는 서울特別市의 거의 모든 自治事務를 監査對象으로 하므로 事實上 被監査對象이 特定되지 않고, 具體的으로 어느 自治事務가 어느 法令에 違反하는가를 明確히 하지 않은바, 行政安全部 長官 등의 合同監査는 憲法 및 地方自治法에 의하여 附與된 서울特別市의 地方

自治權을 侵害하고 있는 것이라고 判示하였다.

(2) 權限爭議審判의 節次 및 효과

權限爭議審判은 '國家機關 또는 地方自治團體'만이 이를 請求할 수 있다.

權限爭議審判의 請求는 被請求人의 處分 또는 不作爲가 憲法 또는 法律에 의하여 附與받은 請求人의 權限을 侵害하였거나 侵害할 顯著한 危險이 있는 때에 限하여 請求할 수 있다(憲法裁判所法 第61條 第2項).

(3) 國家機關間의 權限爭議審判

憲法裁判所法 第62條 第1項 第1號는 國會, 政府, 法院 및 中央選擧管理委員會가 權限爭議審判의 當事者가 된다고 規定하고 있다.

이에 관하여 憲法裁判所는 權限爭議審判에 있어 訴訟當事者의 範圍를 擴大할 必要를 認識하여 國會議長뿐 아니라 國會議員 個人의 當事者能力을 認定하였다(1997. 7. 16. 96헌라2, 判例集 9-2, 154).

國會의 表決을 둘러싼 國會議員과 國會議長 등의 權限爭議事件

(2009. 10. 29. 2009헌라8 · 9 · 10(倂合), 判例集 21-1(下), 14)

憲法裁判所는 '新聞 등의 自由와 機能保障에 관한 法律의 全部改正法律案'의 可決宣布行爲에 관하여 該當 法律案의 表決過程에서 質疑 · 討論節次上의 違法이 있고, 이것이 國會議員의 審議 · 表決權을 侵害한 것은 認定되나,[7] 이러한 節次上의 違法이 있었다고 하여도

7) 이 事件에서는 i) 表決過程이 一事不再議의 原則에 反하여 審議 · 議決權이 侵害되었는가, ii) 無權投票 등에 의하여 表決의 自由와 公正이 顯著히 沮害되어 審議 · 議決權이 侵害되었는가, iii) 質疑 · 討論의 節次를 省略함에 따라 審議 ·

該當 可決宣布行爲 그 自體가 無效로 되는 것은 아니라는 理由로 可決宣布行爲에 대한 無效確認請求를 棄却하였다.

5. 民主的 節次 規律의 保障

(1) 違憲政黨解散審判權

憲法裁判所는 政黨解散審判權을 갖는다. 政黨의 目的이나 活動이 民主的 基本秩序에 違背되는 경우, 政府는 國務會議의 審議를 거쳐 憲法裁判所에 그 解散을 提訴할 수 있다(憲法 第8條 第4項·第111條 第1項 第3號, 憲法裁判所法 第55條).

(2) 選擧訴訟

韓國 憲法裁判所는 選擧訴訟에 관한 審判權을 갖지 아니한다. 大統領 選擧나 國會議員 選擧의 경우, 大法院이 選擧訴訟의 審判權을 갖는다.

그러나 選擧는 憲法上 主要機關에 대하여 公權力을 附與하는 民主的 節次이므로, 憲法裁判所가 選擧訴訟의 審判權을 갖는 것이 보다 바람직하다는 見解가 있다.[8]

議決權이 侵害되었는가의 與否가 爭點이 되었다. 筆者는 質疑·討論節次의 省略에 의한 審議·表決權의 侵害만을 認定하고, 다른 爭點에 관해서는 審議·議決權의 侵害를 認定할 수 없다는 意見, 그리고 積極的으로 議事進行을 妨害한 것이 立證된 請求人들의 審判請求는 權利保護의 必要性이 認定되지 않으므로 却下하여야 한다는 少數意見을 냈다.

8) 國會 憲法硏究諮問委員會의 報告書에 의하면, 國民投票와 關聯된 裁判과 大統領 및 國會議員 選擧에 관한 裁判을 憲法裁判所가 擔當하도록 하고 있다.

6. 一定 高位公務員에 대한 彈劾審判權

憲法 第111條 第1項 第2號 및 憲法裁判所法 第48條는 "大統領, 國務總理, 國務委員, 行政 各部의 長, 憲法裁判所 裁判官, 法官, 기타 法律이 정하는 公務員이 그 職務執行에 있어서 憲法이나 法律을 違反한 때에는 國會가 彈劾訴追를 議決할 수 있다"고 規定하고 있다.

憲法裁判所法 第53條 第1項은 彈劾審判請求가 理由 있다고 認定하는 경우에 憲法裁判所는 被請求人을 당해 公職에서 罷免하는 決定을 宣告한다. 參考로 韓國 憲法裁判所에 提起된 彈劾審判請求 事件은 하나이며, 大統領의 彈劾審判에 관한 것이었다.

當時 大統領에 대한 彈劾審判事件[9]에서 國會는 當時 盧武鉉 大統領에 대한 彈劾訴追案을 可決하였다. 그러나 憲法裁判所는 大統領이 憲法과 法律을 違反하는 行爲를 한 事實은 認定하였으나, 그 行爲에 彈劾決定을 가져올 만큼 憲法秩序에 逆行하는 積極的인 意思는 認定할 수 없으므로 大統領에 대한 罷免決定을 正當化할 理由는 存在하지 않는다는 理由로 이 彈劾審判請求를 棄却하였다. 이 事件은 憲法裁判所가 比較的 짧은 期間 內에 憲法的으로 瑕疵가 없는 方法으로 對立과 葛藤을 解決한 劃期的인 事件으로 記錄될 것이다.

7. 法律解釋問題에 관한 諮問意見 提出權

憲法裁判所는 憲法解釋問題에 관하여 諮問意見을 낼 權限을 갖지 아니한다.

---

9) 2004. 5. 14. 2004헌나1, 判例集 16-1, 609.

8. 憲法裁判所 權限의 重要度

憲法裁判所 權限을 重要度의 順으로 羅列하면, 違憲法律審査, 憲法訴願, 權限爭議, 彈劾事件 順일 것이다. 總 19,666件 中에서 607件[10]의 違憲決定이 내려졌다.[11]

四. 憲法裁判所 決定의 羈束力

1. 立法府에 대한 羈束力

(1) 主文과 理由

違憲決定을 宣言한 憲法裁判所 決定의 主文이 羈束力을 가지는 것에는 疑問의 餘地가 없다. 그러나 學說과 憲法裁判所의 先例에 따르면, 決定 理由 또한 羈束力을 가지는가, 立法府는 違憲 決定에 例外 없이 따라야 하는가를 明確히 하고 있지 않아 論議의 對象이 되고 있다.

이는 立法者가 違憲으로 決定된 法律과 同一하거나 實質的으로 類似한 法律을 制定한 경우, 즉 이른바 反復 立法이 發生한 경우 問題된다.

憲法裁判所의 決定에 비추어 보면 憲法裁判所의 基本的 立場은 問題解決에 있어서는 特別한 差異가 없다고 할 수 있지만, 다음과 같은 두 가지의 解釋이 可能할 것이다. 하나는 國會에 대한 羈束力을

10) 607個의 事件에서 違憲決定이 내려졌고, 이 607件 中 437件의 法律에 대하여 違憲決定이 宣告되었다.

11) 2010年 9月 30日 現在.

限定的 意味로 解釋하여 同一 또는 類似한 立法의 反復에 合理的인 正當化 事由가 있으면, 이를 認定하는 것이다. 다른 하나는 國會에 대한 羈束力을 認定하지 않지만 立法府에 대하여 反復 立法의 制限 없는 自由를 認定하는 것이 아니라, 反復 立法에 대한 合理的인 正當化 事由가 있는 경우에 限하여 反復하여 그러한 立法을 할 權限을 許容한다는 解釋이다.

⑵ 立法權의 尊重이라는 側面에서의 憲法不合致 決定

憲法裁判所는 違憲決定을 할 때, 決定理由에서 立法府에 대한 가이드라인을 提示할 수 있다. 이 가이드라인은 直接 立法者를 羈束하는 것은 아니다. 또한 憲法裁判所는 立法權을 尊重하는 意味에서 法律의 어떤 部分이 違憲이라고 하여도 當該 法律의 違憲狀態를 是正하도록 期限을 두어 憲法不合致 決定을 宣告할 수 있다. 이러한 경우 그 期限이 終了되고 現行 法律이 그 期限 內에 改正되지 아니하면 그 法律은 自動的으로 效力을 喪失한다.

憲法裁判所는 22年間 135件의 事件에서 100個의 法律에 대하여 憲法不合致 決定을 내렸다. 그러나 7個의 法律은 是正期限이 滿了한 後에도 改正되지 아니한 채로 남아 있다(2010年 9月 30日 現在).

2. 法院에 대한 羈束力

⑴ 違憲으로 決定된 法律規定의 效力

原則的으로 違憲으로 決定된 法律 또는 法律의 當該 條項은 그 決定이 있은 날로부터 效力을 喪失한다. 다만, 刑罰과 關聯된 法律 또는 法律條項은 遡及하여 그 效力을 喪失한다. 그런데 憲法裁判所

는 다음과 같은 경우에는 例外的으로 遡及效가 適用된다고 하였다. 첫째, i) 具體的 規範統制의 實效性을 保障한다는 見地에서, 法院의 提請·憲法訴願審判請求 등을 통하여 憲法裁判所에 法律의 違憲決定을 위한 契機를 附與한 當該 事件, ii) 違憲決定이 있기 前에 이와 同種의 違憲 與否에 관하여 憲法裁判所에 違憲法律審判提請을 하였거나 法院에 違憲法律審判提請申請을 한 경우의 當該 事件, 그리고 iii) 따로 違憲法律審判提請申請을 아니하였지만 당해 法律 또는 法律의 條項이 裁判의 前提가 되어 法院에 係屬中인 事件에 대하여는 遡及效를 認定하여야 할 것이다. 둘째, 當事者의 權利救濟를 위한 具體的 妥當性의 要請이 顯著한 反面에 遡及效를 認定하여도 法的 安定性을 侵害할 憂慮가 없고, 나아가 舊法에 의하여 形成된 旣得權者의 利得이 侵害될 事案이 아닌 경우로서, 遡及效의 否認이 오히려 正義와 平等 등 憲法的 理念에 顯著히 反하는 때에도 遡及效를 認定할 수 있다. 어떤 事案이 後者의 範圍에 들어가는가에 관해서는 本來 規範統制를 擔當하는 憲法裁判所가 違憲宣言을 하면서 直接 그 決定主文에서 밝혀야 할 것이나, 直接 밝힌 바가 없으면 그와 같은 경우에 該當하는가의 여부는 法院이 具體的 事件에서 該當 法律의 沿革·性質·保護法益 등을 檢討한 後 諸般 利益을 衡量하여 合理的·合目的的으로 정하여 對處할 수밖에 없을 것으로 본다.

(2) 變形決定의 效力에 관한 意見對立

憲法裁判所는 憲法不合致決定, 限定合憲決定, 限定違憲決定과 같은 形態의 決定도 法律의 違憲決定에 포함된다고 하며, 이러한 類型의 決定은 憲法裁判所法 第47條 第1項에 의하여 羈束力을 갖는다고 하고 있다(1997. 12. 24. 96헌마172·173(倂合), 判例集 9-2, 842).

그럼에도 불구하고 大法院은 限定合憲決定과 限定違憲決定은 단지 憲法裁判所가 행한 法律解釋의 하나라고 看做하여 法律의 解釋과 適用은 法院의 排他的인 領域이므로 憲法裁判所의 法律解釋은 法院에 대한 羈束力을 갖지 아니한다고 하였다(大法院 2001. 4. 27. 宣告 95재다14).

決定例) 舊 所得稅法 事件

憲法裁判所가 舊 所得稅法의 規定에 대하여 限定違憲決定을 내렸을 때(1995. 11. 30, 94헌바40, 95헌바13(併合), 判例集 7-2, 616), 大法院은 그러한 決定은 憲法裁判所가 該當 法律規定을 어떻게 解釋하여야 하는가에 관한 見解를 表明한 것에 불과하므로, 이러한 憲法裁判所의 決定에 따르는 것을 拒否한다고 하였다.

그러나 法院 判決의 取消를 구한 憲法訴願 事件에서, 憲法裁判所는 憲法裁判所法 第68條 第1項을 '法院의 裁判'에 憲法裁判所가 違憲으로 決定한 法令을 適用함으로써 國民의 基本權을 侵害한 裁判도 포함되는 것으로 解釋하는 限度 內에서 違憲이라고 判示하였다(1997. 12. 24, 96헌마172·173(併合), 判例集 9-2, 842). 이 事件에서 憲法裁判所는 問題된 大法院의 判決을 取消하고, 租稅行政當局이 賦課한 課稅處分도 取消한다고 判示하였다. 租稅行政當局은 이러한 憲法裁判所의 決定을 尊重하여 徵收를 하지 아니하였다.

3. 憲法裁判所에 대한 羈束力

憲法裁判所는 同一하거나 類似한 法律規定이 問題된 경우, 從前의 決定을 變更할 수 있다. 이러한 側面에서 보면 憲法裁判所 決定의

羈束力은 憲法裁判所 自體까지에는 미치지 않는다고 할 수 있다. 그러나 裁判所는 事情의 變更이나 다른 決定을 할 必要가 없는 경우에는 從前의 決定과 그 理由를 尊重하여야 한다.

憲法裁判所가 이미 判示한 憲法 또는 法律의 解釋·適用에 관한 意見을 變更하는 경우에는 裁判官 6 人 以上의 贊成을 要한다(憲法裁判所法 第23條). 지금까지 憲法裁判所는 20回에 걸쳐 裁判所의 決定을 變更한 바 있다.

4. 行政府에 대한 羈束力

行政府는 憲法裁判所의 決定을 尊重하고 있으며, 아직까지 行政府에 대한 羈束力이 問題되는 特別한 경우는 없었다.

五. 憲法裁判所의 決定例

1. 自由權에 관한 判例

國家保安法에 의한 拘束期間의 延長 事件(1992. 4. 14. 90헌마82, 判例集 4, 194, 206, 210)

憲法裁判所는 國家保安法上의 犯罪에 있어 搜査를 계속함에 相當한 理由가 있는 경우 拘束期間을 50日까지 延長할 수 있도록 한 國家保安法 第19條의 規定은 不必要한 長期의 것이고, 따라서 被疑者의 身體의 自由, 無罪推定의 原則 및 迅速한 裁判을 받을 權利를 侵害한 것이라고 判示하였다.

受刑者의 室外運動禁止 事件(2004. 12. 16. 2002헌마478, 判例集 16-2(下), 548)

憲法裁判所는 室外運動은 拘禁되어 있는 受刑者의 身體的·精神的 健康 維持를 위한 最小限의 基本的 要請이라고 할 수 있다고 하였다. 따라서 受刑者에 대하여 一切의 運動을 禁止하는 것은 必要 最小限의 程度를 넘어선 것으로, 受刑者의 憲法 第10條의 人間의 尊嚴과 價値 및 第12條의 身體의 自由를 侵害하는 것이라고 判示하였다.

映畫의 事前檢閱制度 事件(2001. 8. 30. 2000헌가9, 判例集 13-2, 134)

憲法裁判所는 映像物等級委員會가 實施하는 映畫의 等級保留制度는 憲法이 禁止하는 事前檢閱에 該當하여 違憲이라고 判示하였다.

放送廣告의 事前審議 事件(2008. 6. 26. 2005헌마506, 判例集 20-1(下), 397)

憲法裁判所는 放送委員會로부터 委託을 받은 韓國廣告自律審議機構로 하여금 텔레비전 放送廣告의 事前審議를 擔當하도록 한 것은 憲法이 禁止하는 事前檢閱에 該當하여 違憲이라고 判示하였다.

軍事機密漏泄 事件(1992. 2. 25. 89헌가104, 判例集 4, 64)

憲法裁判所는 軍事機密의 範圍는 國民의 表現의 自由 내지 알 權利의 對象領域을 最大限 넓혀 줄 수 있도록 必要 最小限에 그쳐야 한다고 하였다.

外交機關 隣近 集會禁止 事件(2003. 10. 30. 2000헌바67등, 判例集 15-2(下), 41, 58-59 등)

憲法裁判所는 '外交機關'의 境界地點으로부터 100미터 以內의 場所에서는 屋外集會 또는 示威를 하여서는 안 된다는 集會 및 示威

에 관한 法律 第11條 第1項의 規定은 立法目的을 達成하기에 必要한 措置의 範圍를 넘는 過度한 制限으로 最小侵害의 原則을 違反한 것이라고 判示하였다.

夜間屋外集會禁止事件(2009. 9. 24. 2008헌가25, 判例集 21-2(下), 427)

集會 및 示威에 관한 法律 第10條 本文은 日出 前 또는 日沒 後의 屋外集會(以下 "夜間屋外集會"라 한다)를 원칙적으로 禁止하고,[12] 同條 但書는 一定한 경우에 管轄警察署長이 夜間屋外集會를 許可한다. 이 規定에 관하여 憲法裁判所는 法律에 의하여 屋外集會의 時間的 制限을 정하고 있는바, 管轄警察署長의 許可를 規定한 但書條項은 本文에 의한 制限을 緩和하는 것으로 屋外集會에 대한 事前許可로는 볼 수 없으므로 위 但書의 存在와는 關係 없이 憲法 第21條 第2項이 정하는 '事前許可禁止'에는 違反하지 않으나, 禁止하고 있는 時間帶가 지나치게 廣範圍하므로 侵害最小性의 原則에 反하고 法益均衡性도 갖추지 않았다는 理由로 同 規定은 憲法에 合致하지 아니한다고 判示하여 1994年의 合憲決定을 變更하였다(單純違憲 5人, 憲法不合致 2人, 合憲 2人).[13]

12) 다만, 同 法律 第15條에 따르면 學問, 藝術, 體育, 宗教, 儀式, 親睦, 娛樂, 冠婚喪祭 및 國慶行事에 관한 集會에는 第10條의 適用이 除外된다.

13) 筆者는 集會의 自由에 관하여 內容中立的인 時間에 대한 規制는 具體的이고 明確한 基準에 根據하여 이루어지는 한 憲法 第21條 第2項이 禁止하는 許可에는 該當하지 않고, 屋外集會에 대하여 어느 程度의 時間規制가 必要한가의 問題는 當時의 集會 및 示威文化의 成熟度, 法과 秩序에 대한 尊重 程度 등을 綜合的으로 考慮하여 最終的으로는 國會가 立法裁量에 따라 決定할 問題이나, 集會 및 示威에 관한 法律 第10條가 立法裁量의 範圍를 顯著히 逸脫하고 있다고 보기는 어려우므로 過剩禁止의 原則에도 反하지 않는다는 合憲意見을 냈다.

法人兩罰規定(2009. 7. 30. 2008헌가10, 判例集 21-1(上), 64)

憲法裁判所는 法人이 雇用하고 있는 從業員 등이 犯罪를 저지른 경우 法人에게 從業員 등의 犯罪行爲의 責任을 물을 수 있는가의 與否를 전혀 묻지 아니하고 바로 그 法人도 罰金刑에 處한다고 規定하고 있는 青少年保護法의 規定에 대하여, 오늘날 法人의 反社會的인 法益侵害活動에 대하여 法人 그 自體에 직접 制裁를 가할 必要가 높다고 하여도 立法者가 일단 刑罰이라는 手段을 選擇한 以上 刑罰에 관한 憲法上의 原則, 즉 法治主義와 罪刑法定主義로부터 導出되는 責任主義의 原則이 遵守되어야 한다고 하여 同 規定은 憲法에 違反한다고 判示하였다.[14]

未決拘禁日數의 算入事件(2009. 6. 25. 2007헌바25, 判例集 21-1(下), 784)

刑法 第57條 第1項은 未決拘禁日數는 刑期에 算入하되 그 範圍는 裁判官의 裁量에 맡기고 있다. 憲法裁判所는 未決拘禁日數의 一部만을 本刑에 算入하는 것은 身體의 自由에 대한 侵害이고, 被告人의 上訴에 대한 意思를 萎縮시켜 上訴의 濫用防止라는 目的을 위한 適切한 手段이라고 할 수 없어 被告人의 裁判請求權이나 上訴權의 行使를 沮害한다고 하였다. 또한 拘束被告人이 故意로 裁判을 遲延하는 등 不當한 訴訟行爲를 하였다고 하여도 그 때문에 未決拘禁期

14) 筆者는 從業員 以外에 그 從業員이 속해 있는 法人을 刑罰에 처하는 것은 從業員의 法律違反行爲에 관하여 法人에 대한 非難可能性이 높지만 法人 組織 및 業務構造의 特性上 그 責任 所在를 明確히 하는 것이 어렵다는 점을 配慮한 것인바, 이는 從業員의 法律違反行爲에 관한 法人의 選任監督上의 注意義務違反 등에 대하여 强力한 處罰을 하겠다는 立法者의 意思를 反映한 것이고, 法人은 從業員에 대하여 選任監督上의 過失 기타 責任이 있는 경우에만 處罰된다고 解釋하는 것이 可能하며, 이러한 解釋을 前提로 한다면 本 事件의 法律條項은 責任主義에 違反하지 않는다는 反對意見을 냈다.

間의 一部를 算入하지 않는 것은 訴訟上의 態度에 대하여 刑罰上의 制裁를 가하는 것으로 適法節次의 原則 및 無罪推定의 原則에 反하여 違憲이라고 判示하였다.[15)]

한나라黨 大統領候補 李明博의 株價操作 등 犯罪嫌疑의 眞相糾明을 위한 特別檢事의 任命 등에 관한 法律事件(2008. 1. 10. 2007헌마1468, 判例集 20-1(上), 1)

憲法裁判所는 特定人을 搜査對象으로 하는 法律이라고 하여도 반드시 違憲이 되는 것은 아니며, 合理的 理由가 있으면 正當化된다고 하였다. 즉 特檢의 認定, 特定 事件에 대한 特檢의 搜査 實施, 搜査對象의 範圍 등은 國民의 代表者인 國會가 諸般 事情을 考慮하여 정하는 것이고, 國會의 폭넓은 裁量이 認定된다고 判示하였다. 다만, 同法이 規定하는 '參考人 同行命令制'에 대해서는 令狀主義에 반하고, 同行에 應하지 않으면 罰金을 과하는 경우 身體의 自由 등의 基本權을 侵害할 수 있으므로, 이 參考人 同行命令制의 規定에 한하여 違憲이라고 判示하였다.

姦通罪 事件(2008. 10. 30. 2007헌가17등, 判例集 20-2(上), 696)

이 사건에서 憲法裁判所는 비록 裁判官 5人의 違憲意見과 裁判官 4人의 合憲意見으로 違憲意見이 多數이기는 하나 法律의 違憲宣言에 必要한 定足數 6人에 未達하므로, 配偶者 있는 者의 姦通行爲 및 相姦行爲를 處罰하는 刑法 第241條가 憲法에 違反되지 않는다는

15) 筆者는 未決拘禁이란 强制處分으로 刑執行과는 本質的으로 性質이 다른 것이고, 無罪推定 原則의 例外로서 適法節次 原則의 適用을 받아 이루어지는 未決拘禁 그 自體가 無罪推定 原則 또는 適法節次의 原則에 反하는 것은 아니며, 더욱이 全體 未決拘禁 期間은 여러 가지 性質의 期間이 합쳐져 있어 각 未決拘禁期間의 性質에 따라 다른 取扱이 必要하므로 本條의 合理性과 正當性을 認定할 수 있으므로 身體의 自由를 侵害하고 있다고는 볼 수 없다는 反對意見을 냈다.

宣言을 하기로 決定하였다.

憲法裁判所는 이 事件 法律條項은 婚姻關係를 保護하고 社會秩序를 維持하기 위하여 姦通 및 相姦行爲를 制裁하는 것으로 正當한 立法目的 達成을 위한 適切한 手段이며, 다만 '刑罰'의 制裁規定이 지나친 것인지 問題되나 이는 基本的으로 立法形成의 自由에 속하며, 姦通이 社會秩序를 해치고 他人의 權利를 侵害한다고 보는 우리의 法意識 및 姦通의 事前豫防 必要性에 비추어 볼 때, 姦通을 刑事處罰하기로 한 立法者의 判斷이 恣意的인 것이라 할 수 없다고 說示하였다. 또한 憲法裁判所는 이 事件 法律條項이 過剩禁止 原則을 違反하여 個人의 性的 自己決定權, 私生活의 秘密과 自由를 侵害한다고 보기 어렵고, 法定刑으로 懲役刑만을 規定하고 있으나 지나치게 過重한 刑罰을 規定하고 있다고 보기 어렵다고 說示하였다.

한편 裁判官 5人의 反對意見 中 裁判官 3人은 이 事件 法律條項은 過剩禁止 原則에 違反하여 個人의 性的 自己決定權과 私生活의 秘密과 自由를 制限하는 것이므로 違憲이라고 하였고, 裁判官 1人은 이 事件 法律條項이 法治國家的 限界를 넘어 國家刑罰權을 行使한 것으로 憲法에 合致되지 않는다는 憲法不合致 意見을 開陳하였으며, 裁判官 1人은 이 事件 法律條項이 責任과 刑罰間 比例의 原則에 違反된다는 違憲意見을 提示하였다.

婚姻憑藉姦淫罪 事件(2009. 11. 26. 2008헌바25, 2009헌바191(倂合), 判例集 21-1(下), 520)

憲法裁判所는 2002年 7對2로 合憲決定을 내린 以後 7年 만에 6人의 違憲, 3人의 合憲으로 立場을 變更하였다. '婚姻을 憑藉하거나 기타 僞計에 의하여 淫行의 常習 없는 婦女를 欺罔하여 姦淫한

者'를 刑罰에 處하는 婚姻憑藉姦淫罪[16]에 대하여, 憲法裁判所는 個人의 性行爲는 私生活의 內密한 領域에 屬하고, 國家의 介入은 最小限에 그쳐야 한다고 宣言하였다. 따라서 同 條項은 男性의 性的 自己決定權과 私生活의 自由를 侵害하고 男女平等에도 反할 뿐 아니라, 女性을 保護한다는 美名 下에 女性의 性的 自己決定權도 否認하고 있다고 보아 違憲이라고 判示하였다.

死刑制 事件(2010. 2. 25. 2008헌가23, 判例集 22-1(上), 36)

憲法裁判所는 裁判官 5(合憲): 4(違憲)의 意見으로 死刑制度가 憲法에 違反되지 아니한다고 決定하였다. 먼저 死刑制度는 現行 憲法上 그 禁止나 許容이 直接的으로 規定되어 있지는 않지만, 다른 憲法條項과 關聯하여 볼 때 文言의 解釋上 間接的으로 認定되는 것으로 보아야 한다고 說示하였다. 또한 비록 生命이 理念的으로 絕對的인 價値를 지닌 것이라 하더라도 憲法은 絕對的 基本權을 明文으로 認定하지 않고 있을 뿐 아니라, 憲法 第37條 第2項에서는 國民의 모든 自由와 權利는 國家安全保障, 秩序維持, 公共福利를 위하여 必要한 경우 法律로써 制限될 수 있도록 規定하고 있는바, 最小限 同等한 價値가 있는 다른 生命 또는 그에 못지않은 公共의 利益을 保護하기 위해 不可避한 경우에는 生命權 역시 憲法 第37條 第2項에 의한 一般的 法律留保의 對象이 될 수 있다고 보았다. 따라서 死刑이 極惡한 犯罪에 限定的으로 宣告되는 限, 死刑制度 自體는 立法目的의 正當性, 手段의 適合性, 被害의 最小性, 法益의 均衡性 등을 모두 갖추었으므로 生命權 制限에 있어서 憲法上 比例原則에 違背되지 않으

16) 韓國의 刑法學者들에 의하면 "婚姻을 憑藉한다"는 것은 처음부터 婚姻할 意思 없이 婚姻하겠다고 相對方을 欺罔하는 것을 가리키는 것으로 '기타 僞計'의 한 例이다.

며, 人間의 尊嚴과 價値를 規定한 憲法 第10條에도 違背되지 않는다고 判示하였다.

인터넷상의 選擧運動에 있어 實名人證 事件(2010. 2. 25. 2008헌마324, 2009헌바31(併合), 判例集 22-1(上), 347)

憲法裁判所는 裁判官 7(合憲): 2(違憲)의 意見으로 인터넷 言論社에 대하여 選擧運動期間 中 當該 인터넷 홈페이지의 揭示板·對話房 등에 政黨·候補者에 대한 支持·反對의 글을 揭示할 수 있도록 하는 경우 實名認證의 技術的 措置를 할 義務 및 위와 같은 글이 "實名認證"의 表示가 없이 揭示된 경우, 이를 削除할 義務를 賦課한 舊 公職選擧法 第82條의 6 第 1 項, 第 6 項, 第 7 項은 憲法에 違反되지 아니한다고 決定하였다.

生命倫理法상 胚芽에 관한 事件(2010. 5. 27. 2005헌마346, 判例集 22-1(上), 275)

人工受精을 試圖하여 胚芽를 生成한 夫婦와 産婦人科 醫師, 法學者, 倫理學者, 生成된 初期胚芽 등이 胚芽를 生命으로 看做하지 않고 實驗 및 廢棄對象으로 삼도록 한 生命倫理 및 安全에 관한 法律 第13條 第 1 項 등이 憲法에 違反된다며 낸 憲法訴願에 대하여 憲法裁判所는 裁判官 全員一致 意見으로 合憲 決定을 내렸다. 먼저 受精後 着床이 되기 前 胚芽가 人間으로 發展할 潛在性을 갖고 있다고 볼 餘地가 있으나, 現在의 自然科學的 認識水準과 科學技術 水準에서 볼 때 獨立的인 人間으로서의 成長可能性을 期待하기 힘들고, 이러한 初期胚芽가 人間으로 認識된다거나 그와 같이 取扱하여야 할 社會的 承認이 存在한다고 보기 어렵다는 점 等을 考慮해 볼 때 初期胚芽의 基本權 主體性을 認定하기 어렵다고 判斷하였다. 또한 胚芽生

成者와 關聯하여서는 胚芽에 대해 自身의 遺傳子 情報가 담긴 身體의 一部를 提供하고 그 胚芽가 母體에 着床하여 人間으로 出生할 경우 生物學的 父母로서의 地位를 갖게 되므로, 胚芽의 管理 또는 處分에 대해 憲法上 認定되는 自己決定權을 가진다고 보았다. 그러나 이러한 自己決定權은 胚芽의 法的 保護라는 憲法的 價値에 明白히 反할 경우 그 制限의 必要性이 相對的으로 큰 基本權이라 할 수 있으며, 따라서 憲法裁判所는 胚芽를 5年間 保存한 後 廢棄하도록 規定한 審判對象條項은 그 立法目的이 正當하고, 方法의 適正性이 認定되며, 被害의 最小性에 反하거나 法益의 均衡性을 잃었다고 볼 수 없다고 判示하였다.

2. 社會權에 관한 判例

社會保障을 받을 權利

立法府는 社會保障을 받을 權利와 같은 基本的 社會權에 관하여 法律을 制定함에 있어 廣範圍한 立法形成權을 갖는다. 立法府는 모든 社會·經濟的 狀況을 考慮하여 合理的인 基準 下에서 立法的인 決定을 할 수 있다. 이러한 立法的 決定은 그것이 最小限度로 必要한 基本的 社會權의 保障 範圍를 逸脫하지 않는 限 憲法에 違反된다고 할 수 없다(2001. 9. 27.2000헌마342, 判例集 13-2, 422, 433).

夫婦資産所得 合算課稅制度 事件(2002. 8. 29.2001헌바82, 判例集 14-2, 170)

憲法裁判所는 所得稅를 計算함에 있어 夫婦의 資産所得의 合算을 規定한 所得稅法 第61條는 婚姻한 夫婦에 대한 差別로 憲法에 違

反된다고 判示하였다.

綜合不動産稅法 事件(2008. 11. 13.2006헌바112, 2007헌바71 · 88 · 94, 2008헌바3 · 62, 2008헌가12(併合), 判例集 20-2(下), 1)

憲法裁判所는 不動産의 價格安定 等의 立法目的의 正當性, 綜合不動産稅의 性質과 負擔의 程度 等에 대하여, 立法裁量을 逸脫한 것이라고는 할 수 없다고 하였다. 그러나 住宅分의 綜合不動産稅의 賦課規定에 대해서는 住宅의 保有에 관한 事情을 考慮하지 않고 高率인 累進稅率을 適用하여 多額의 綜合不動産稅를 賦課하는 것은 그 立法目的의 達成에 必要한 政策手段의 範圍를 넘어 住宅保有者의 財産權의 過度한 制限으로 보았다. 또한 綜合不動産稅의 課稅方法을 '人別合算'이 아니라 '世帶別 合算'으로 規定한 綜合不動産稅法은 婚姻한 者 또는 家族과 함께 世帶를 構成하는 者를 個人別로 課稅하는 獨身者, 事實婚 關係의 夫婦, 世帶員이 아닌 住宅 等의 所有者 等에 比하여 不利하게 差別하여 取扱하고 있어 婚姻과 家族生活에 있어서의 個人의 尊嚴과 兩性의 平等을 規定하는 憲法 第36條 第1項에 違反한다고 하여 憲法不合致 決定을 내렸다.

3. 기타 基本權에 관한 判例

新行政首都의 建設을 위한 特別措置法 事件(2004. 10. 21. 2004헌마554 · 566(併合), 判例集 16-2(下), 1)

憲法裁判所는 首都로서의 서울에 관하여 헌법이 明示的으로 規定하고 있지 않지만, 600年 以上 慣習憲法으로서 有效하게 存在하고 있고 韓國의 憲法體系 確立 以來 가장 根本的이고 自明한 慣習憲法

規範의 하나로서 認識되어 왔다고 하였다. 이러한 慣習憲法을 廢止하기 위해서는 憲法이 정하는 憲法改正의 節次를 밟아야 하는바, 憲法 第130條에 의하면 憲法改正은 반드시 國民投票를 거치도록 되어 있고, 國民은 憲法改正에 있어 投票를 통하여 그 意見을 表明할 權利를 갖는다. 當該 法律의 경우 憲法改正事項인 首都의 移轉에 관하여 憲法改正이 아닌 一般法律의 形態를 취한 것은 憲法改正에 있어 國民이 갖는 參政權的 基本權인 國民投票權을 侵害한 것으로, 이는 憲法에 違反된다고 判示하였다.

4. 女性이나 少數者에 대한 平等原則에 관한 判例

同姓同本禁婚制度 事件(1997. 7. 16. 95헌가6등, 判例集 9-2, 1, 17-18)

憲法裁判所는 同姓同本인 者의 婚姻을 禁止하는 民法 第809條의 規定은 社會的 妥當性 내지 合理性을 喪失하고 있을 뿐 아니라 "人間으로서의 尊嚴과 價値 및 幸福追求權"을 規定한 憲法理念 및 "個人의 尊嚴과 兩性의 平等"에 基礎한 婚姻과 家族生活의 成立·維持라는 憲法規定에 正面으로 排置된다고 判示하였다. 또한 婚姻禁止의 範圍가 같은 姓, 즉 父系血統의 姓氏를 繼承한 者間의 婚姻을 意味하므로 合理性을 缺如한 性別에 있어서의 差別이며, 따라서 憲法上의 平等原則에 違背된다고 하였다.

國籍法 事件(2000. 8. 31. 97헌가12, 判例集 12-2, 167)

韓國의 舊 國籍法은 國籍取得에 있어 父系血統主義를 採擇하여 出生한 當時의 子女의 國籍을 父의 國籍에 따르는 것으로 하고, 母의 國籍에는 단지 補充的인 意味만을 附與하였다. 이렇게 韓國人 父와

外國人 母 사이의 子女와 韓國人 母와 外國人 父 사이의 子女를 差別取扱하는 것은 母가 韓國人인 子女와 그 母에게 不利益을 주게 되므로 憲法 第11條 第1項의 男女平等原則에 反한다고 判示하였다.

戶主制 事件(2005. 2. 3. 2001헌가9等, 判例集 17-1, 1)

憲法裁判所는 民法 第778條(一家의 系統을 繼承한 자, 分家한 자, 또는 기타 事由로 인하여 一家를 創立하거나 復興한 자는 戶主가 된다)는 當事者의 意思와 自決權을 외면한 채 法律로 戶主의 地位를 强要한다는 점에서 個人의 尊嚴에 反할 뿐만 아니라 戶主 地位의 獲得에 있어 男女를 差別하고 있으며, 民法 第781條 第1項 本文 後段(子는 父家에 入籍한다) 및 民法 第826條 第3項 本文(妻는 夫의 家에 入籍한다)은 當事者의 意思와 自律的 選擇權을 無視한 채 婚姻 및 子女에 관한 身分關係를 一方的으로 形成한다는 점에서 個人의 尊嚴에 反하고, 나아가 正當한 理由 없이 男女를 差別하므로 憲法에 違反된다고 하여 暫定適用을 하기 위해 憲法不合致 決定을 宣告하였다.

視覺障碍人 按摩師 事件(2008. 10. 30. 2006헌마1098·1116·1117(倂合), 判例集 20-2(上), 1089)

憲法裁判所는 視覺障碍人들에게만 按摩師의 資格認定을 받을 수 있도록 한 規定은 視覺障碍人들의 生活手段을 保障하고, 人間다운 生活을 할 權利를 實現하기 위한 것으로 立法目的의 正當性을 充足하고 있다고 判斷하였다. 따라서 憲法裁判所는 同 規定은 職業選擇의 自由를 侵害하였다고 할 수 없고, 憲法 第37條 第2項에서 말하는 基本權 制限立法의 憲法的 許容範圍 內에 있다고 하였다.

交通事故處理特例法 事件(2009. 2. 26. 2005헌마764, 2008헌마118(併合), 判例集 21-1(上), 156)

憲法裁判所는 交通事故處理特例法에 대하여 合憲決定을 내렸던 立場을 變更하여 同法 第4條 第1項 本文 中 業務上 過失 또는 重過失로 인한 交通事故로 被害者가 '重傷害'를 입은 경우에도 公訴提起를 할 수 없다고 規定한 部分은 被害者의 裁判節次 陳述權[17]을 侵害하는 것이라고 하였다. 또한 同法 第3條 第2項 但書에 該當하지 아니하는 交通事故에 의하여 重傷害를 입은 被害者와 同 但書 條項에 該當하는 交通事故의 重傷害 被害者 및 死亡事故의 被害者 사이의 差別問題에 관하여, 憲法裁判所는 同法 第3條 第2項 但書에 該當하지 않는 交通事故로 인하여 重傷害를 입은 被害者는 自身에게 發生한 交通事故의 類型이 但書條項에 該當하지 않는다는 偶然한 事情에 의하여 裁判節次陳述權을 行使할 수 없게 된다는 점, 그리고 被害者가 死亡한 경우와는 달리 重傷害를 입은 경우에는 加害運轉者를 起訴하지 아니하게 되는데 重傷害라는 結果의 不法性이 死亡事故의 경우보다 작다고는 할 수 없으므로, 이는 合理的인 理由 없는 差別로 同法 第4條 第1項 本文 中 業務上 過失 또는 重過失로 인한 交通事故에 의하여 被害者가 重傷害에 이른 경우에 公訴를 提起할 수 없다고 정한 部分은 平等權을 侵害하여 憲法에 違反된다고 判示하였다.

17) 韓國 憲法 第27條 第5項은 "刑事被害者는 法律이 정하는 바에 의하여 當該 事件의 裁判節次에서 陳述할 수 있다"고 規定하고 있다.

5. 中央政府, 國家 또는 地方自治團體間의 均衡에 관한 基本的 接近

地方自治制度의 憲法的 保障

憲法裁判所는 "憲法上 地方自治制度는 國民主權의 原理에서 出發하여 … 이러한 地方自治의 本質的 內容인 核心領域은 …立法 기타 中央政府의 侵害로부터 保護되어야 한다는 것을 意味한다. (中略) 中央政府와 地方自治團體間의 權力의 垂直的 配分은 서로 調和가 要請되고, 그 調和過程에서 地方自治의 核心領域은 侵害되어서는 안 되"는 것이라고 判示하였다(1998. 4. 30. 96헌바62, 判例集 10-1, 380).

六. 結 論

憲法委員會나 美國式 司法審査制度와 같이 受動的이거나 단순히 裝飾的 役割에 지나지 않았던 憲法裁判의 形態를 거쳐 大韓民國은 1988年 마침내 憲法裁判所를 設立하였다. 過去 憲法裁判을 擔當하였던 機構들과는 달리 憲法裁判所는 憲法的 爭點을 判斷함에 있어 憲法을 守護하고, 國民의 基本權을 保護하기 위한 마지막 堡壘로서 能動的이고 成功的으로 그 役割을 遂行하고 있다.

憲法裁判所는 20年이라는 비교적 짧은 歷史에도 불구하고 憲法裁判機關으로서, 그리고 憲法機關 그 自體로 굳건히 자리잡았다. 憲法裁判所는 法曹人, 學者, 國民들로부터 폭넓은 支持와 肯定的 評價를 받으면서 基本權의 마지막 守護者로서 뿌리내리게 되었다. 예를 들면 新聞의 輿論調査에서 憲法裁判所는 每年 가장 信賴받는 政府機關으로 選定되고 있다. 또한 이제 憲法裁判所는 海外로 그 活動領域

을 넓혀 2010年 7月 인도네시아의 자카르타 宣言을 통하여 正式 發足하여 2011年 5月 韓國에서 創立總會 準備理事國會議 開催가 豫定되어 있는 '아시아 憲法裁判所 聯合'에서 리더십을 發揮하고 있으며, 現在 筆者는 그 聯合의 設立準備委員會 議長을 歷任하고 있다.

그러나 아직 憲法裁判所가 넘어야 할 課題도 남아 있다. 그 權限과 裁判에 관하여 選擧訴訟審判權이나 法律에 대한 抽象的 規範統制權, 그리고 法院의 判決에 대한 憲法訴願 審判權을 가지고 있지 않는 점,[18] 그리고 裁判官 候補者의 指名과 裁判官의 任命 및 그 任期에 관한 問題를 들 수 있다. 이러한 課題를 解決하기 위하여 憲法裁判所는 이러한 問題들을 깊이 研究하고, 必要한 改善策들을 摸索하여야 할 것이다.

모든 國民의 支持와 信念을 守護하면서 憲法裁判所는 憲法裁判을 통하여 社會全體에 있어 人間의 尊嚴과 價値에 根據한 憲法的 價値를 擴散시켜야 할 것이다. 그렇게 함으로써 憲法은 사람들의 삶의 基本的 條件을 規定하는 살아 있는 規範이 될 것이다. 또한 이를 통해 비로소 憲裁가 뿌리내리고, 國民들의 信賴와 愛情을 얻을 수 있으며, 人間의 尊嚴과 價値, 自由, 平等의 풍요로운 憲法的 結實을 맺을 수 있을 것이다.

18) 法院의 裁判에 대한 憲法訴願에 관해서는 憲法研究諮問委員會의 內部에서도 激論이 있었다고 한다. 同 委員會의 報告書 草案은 裁判訴願의 要件을 엄격히 정하고, 法律問題나 法院 固有의 權限에 關聯된 問題에 대해서는 憲法訴願이 不可能하고, 裁判에 適用된 規範의 違憲性이나 裁判節次上의 問題에 限하여 裁判訴願을 認定하는 方向으로 하였다는 報道(法律新聞, 2009年 8月 13日字)가 있었다. 그러나 最終的인 結果報告書에서는 裁判訴願을 認定하지 않은 채 現行 體制를 維持하도록 하였다.

[参 照]

審判事件累計表

1988. 9. 1.~2010. 9. 30. 現在

區分		接受	處理												未濟
			合計	決定										取下	
				計	違憲	憲法不合致	限定違憲	限定合憲	認容	合憲	棄却	却下	其他		
合計		19,665	19,001	18,378 〈437〉	392 〈269〉	135 〈100〉	52 〈39〉	28 〈29〉	345	1,368	5,972	10,080 (8,631)	6	623	664
違憲法律		715	653	545 〈226〉	179 〈166〉	51 〈37〉	15 〈9〉	7 〈14〉		252		41		108	62
彈劾		1	1	1							1				
政黨解散															
權限爭議		70	58	47					14		12	21		11	12
憲法訴願	計	18,879	18,289	17,785 〈211〉	213 〈103〉	84 〈63〉	37 〈30〉	21 〈15〉	331	1,116	5,959	10,018 (8,631)	6	504	590
	§68 ①	16,144	15,804	15,358 〈94〉	62 〈52〉	31 〈33〉	11 〈9〉		331	4	5,959	8,955 (7,750)	5	446	340
	§68 ②	2,735	2,485	2,427 〈117〉	151 〈51〉	53 〈30〉	26 〈21〉	21 〈15〉		1,112		1,063 (881)	1	58	250

* 注: 1. 決定欄의 〈 〉는 審判對象法律條文의 숫자임.
2. 憲法訴願審判事件 중 指定裁判部의 處理件數는 ( )안에 記載하고 本欄의 숫자에 合算表示하였음.
3. 法令에 대한 §68①의 憲法訴願審判事件이 認容된 경우는 그 內容에 따라 違憲, 憲法不合致, 限定違憲 등으로 分類하였음.

제 5 장

프랑스 국사원, 파기원, 최고사법관회의, 유럽인권재판소 및 제네바 UN 인권이사회 방문기*

* 프랑스 방문 당시 수행하였던 박해빈 헌법연구관으로 하여금 정리하게 한 프랑스 국사원 등 방문기와 필자가 직접 기술한 유럽인권재판소 및 제네바 UN 인권이사회 방문기이다.

제 1. 프랑스, 제네바 방문에 앞서

이번 2010. 6. 5.부터 2010. 6. 18.까지의 이동흡 재판관의 프랑스·스위스 방문은 프랑스 최고사법기관인 파기원과 국사원 및 유럽인권재판소를 방문하여 프랑스 헌법재판제도 및 유럽인권재판소에 대한 이해를 도모하고, 제네바에 있는 UN 인권이사회 회의에 참관함으로써 인권에 대한 UN의 역할에 관한 이해를 높이며, 우리 헌법재판소 및 헌법재판제도에 대한 설명을 통해 유럽인권 최고사법담당자로 하여금 우리 헌법재판제도에 대한 이해의 폭을 넓히게 하고자 함에 그 목적이 있었다.

특히 프랑스는 그 동안 사전적·추상적 규범통제제도만을 실시하여 오다가 헌법 개정을 통하여 2010. 3. 1.부터 사후적·구체적 규범통제제도를 실시하고 있는 등 헌법재판과 관련하여 중대한 전환점을 맞이하고 있는데, 이에 대한 이해를 통해 유럽 주요국에서의 헌법재판제도의 변화를 확인하는 것은 큰 의미가 있다고 생각되었다.

구체적인 일정은 2010. 6. 5. 파리에 도착하여 6. 9.까지 프랑스 파기원, 국사원 및 최고사법관회의를 방문하며, 6. 17.까지 스트라스부르 소재 유럽인권재판소를 방문하고, 제네바 소재 UN 인권이사회 회의를 참관한 후 6. 18. 파리를 출발하여 6. 19. 귀국하는 것으로 계획되었다.

보고자는 2009. 6. 10.까지 이동흡 재판관을 수행하여 프랑스 파기원 및 국사원과 최고사법관회의를 방문할 기회를 갖게 되었다.

제 2. 프랑스 파기원(La Cour de cassation) 방문

Ⅰ. 파기원 도착

2010. 6. 8. 오전 8 : 40 경 이동흡 재판관과 Lacabarats(라까바라) 파기원 제 3 민사재판부장의 면담을 위해 이동흡 재판관을 수행하여 프랑스 파기원 청사에 도착했다. 청사 입구에서부터 이동흡 재판관의 방문을 환영하는 내용의 대형전광판이 준비되어 있었고, 국제업무를 담당하는 파기원 소속 여성 판사가 직접 나와 환대해 주었다. 국제담당 판사의 안내에 따라 유서 깊은 청사의 내부를 현상대로 보존하기 위해 비좁게 설계된 엘리베이터를 타고 Lacabarats 파기원 제 3 민사재판부장의 집무실에 도착했다.

Ⅱ. 파기원 재판부장과의 면담

2010. 6. 8. 오전 8 : 50 경 이동흡 재판관은 Lacabarats 파기원 제 3 민사재판부장과 재판부장의 집무실에서 면담을 가졌다. 파기원은 프랑스 최고일반법원으로서 약 180명의 판사들이 근무하고 있으며, 총 6 개의 부(3개의 민사부, 형사부, 상사부, 사회부)로 구성되어 있는데, 그 조직구조상 Lacabarats 재판부장은 우리나라 대법관에 해당하는 지위에 있는 고위법관이다. 이동흡 재판관과 Lacabarats 재판부장 간의 면담은 보고자와 프랑스 주재 대한민국 대사관 소속 통역관이 배석한 채로 약 1 시간 30분 가까이 진행되었는데, 이동흡 재판관과 Lacabarats 재판부장은 양 기관의 구성과 권한, 사건 배당 및

처리 절차 등에 관한 심도 있는 의견을 교환하였다.[1] 특히 Lacabarats 재판부장은 2010. 3. 1.부터 새롭게 실시되고 있는 사후적·구체적 규범통제제도와 관련한 파기원의 권한과 역할 등을 설명하여 주었다. Lacabarats 재판부장의 설명에 의하면 헌법위원회의 업무 과중을 방지하기 위하여 일반 국민은 구체적 소송사건에 적용되는 법률에 한하여 수소법원에 위헌법률심판제청신청을 할 수 있고, 위헌법률심판제청신청에 대하여 파기원 또는 국사원이 이유 없다고 판단한 경우에 소송당사자가 이에 대하여 불복하거나 직접 헌법위원회에 위헌법률심판을 청구할 수 없도록 규정하였으며, 기본적으로 프랑스 입법부에서는 판사들의 권한 행사를 경계하는 측면이 있어 법원이 직권으로 위헌법률심판제청을 할 수 없도록 규정하였다고 한다. 이에 이동흡 재판관은 우리의 위헌법률심판제도 및 헌법재판소의 권한과 기능을 설명하면서, 우리나라의 경우 소송당사자의 위헌법률심판제청신청이 기각될 경우 당사자가 직접 헌법소원을 제기할 수 있을 뿐만 아니라, 법원이 직권으로 위헌법률심판제청을 할 수도 있다고 하자. Lacabarats 재판부장은 이를 경청하면서 큰 관심을 보였다. 면담을 마친 후 이동흡 재판관과 Lacabarats 재판부장은 서로 양 기관의 설명책자와 기념품을 교환하였는데, Lacabarats 재판부장은 우리 헌법재판소의 설명책자의 내용을 보며 재판부의 구성 등에 관해서도 관심을 보였다.

---

1) 자세한 면담 내용은 [별 지]에 정리하였음.

〈사진 1: Lacabarats 파기원 제 3 민사재판부장 집무실에서 이동흡 재판관과 Lacabarats 재판부장〉

Ⅲ. 파기원 청사 시찰

Lacabarats 재판부장과의 면담이 끝난 후 Chige(쉬즈) 파기원 사료관장의 안내로 11 : 00 경부터 파기원 청사 내부를 둘러보았다.

Chige 사료관장의 설명에 의하면 프랑스 혁명과 함께 파기원이 신설되었으며, 1868년 파기원 내 도서관이 만들어졌는데 18세기 말부터의 전형적인 프랑스 도서관의 형태를 가지고 있다고 한다. Chige 사료관장은 15세기에 존재한 관습법과 관련된 책을 보여 주었는데, 이는 인쇄술이 최초로 개발된 후 약 50년 뒤에 만들어진 500여 년이나 된 고서라고 한다. 이 밖에도 교회로부터 인수받은 15세기 말부터의 법률관련 고서들이 매우 많아 도서관 내부뿐만 아니라 복도에까지 책장이 설치되어 있었는데, Chige 사료관장은 이러한 고 법률서적들은 연구하는 학자들이 가끔씩 열람한다고 설명하였다. 파기원 청사 복도에는 이러한 책장 외에 프랑스법의 기초를 닦은 법률가들 및 법학자들의 흉상 조각이 진열되어 있었으며, 19세기 경의 파기원 판사들 및 검찰총장들의 그림 액자도 걸려 있었다. 특히 인상적인 것은 프랑스 혁명 당시 파기원 원장이었으나 기요틴의 이슬로 사라졌다는 인물의 초상화였다. 아무튼 프랑스 파기원은 미술관 또는 박물관과 같은 인상을 주었다. Chige 사료관장은 에밀 졸라가 드레퓌스 재판[2]과 관련하여 작성한 것으로 드레퓌스의 가족에게 증여한

2) 1894년 10월 참모본부에 근무하던 포병대위 A. 드레퓌스가 독일대사관에 군사 정보를 팔았다는 혐의로 체포되어 비공개 군법회의에 의해 종신유형의 판결을 받았다. 파리의 독일대사관에서 몰래 빼내 온 정보 서류의 필적이 드레퓌스의 필적과 비슷하다는 것 이외에는 별다른 증거가 없었으나, 그가 유대인이라는 점이 혐의를 짙게 하였던 것이다. 그 후 군부에서는 진범이 드레퓌스가 아닌 다른 사람이라는 확증을 얻었는 데도 군수뇌부는 진상 발표를 거부하고 사건을 은폐하려 하였다. 드레퓌스의 결백을 믿어 재심(再審)을 요구해 오던 가족도 진상을 탐지하고, 1897년 11월 진범인 헝가리 태생의 에스테라지 소령을 고발했지만, 군부는 형식적인 신문과 재판을 거쳐 그를 무죄 석방하였다. 그러나 재판결과가 발표된 직후 소설가인 E. 졸라가 공개한 "나는 고발한다(J'Accuse)"라는 제목의 논설로 사건은 재연되었다. 졸라는 드레퓌스에게 유죄판결을 내린 군부의 의혹을 신랄하게 공박하는 논설을 대통령에게 보내는 공개장 형식으로 1898년 1월 13일자 ≪오롤≫지에 발표하였다. 이를 계기로 사회여론이 비등하여 프랑스 전체가 '정의·진실·인권옹호'를 부르짖는 드레퓌스파 또는 재심파(再審派)와 '군의 명예와 국가 질서'를 내세우는 반(反) 드레퓌스파 또는 반재심파로 분열되었다. 전자는 자유주의적 지식인을 비롯하여 사회당·급진당이 가담하여 인권동맹을 조직하였고, 후자는 국수주의파·교회·군부가 결집하여 프랑스 조국동맹을 결성하였다. 마침내 이 사건은 한 개인의 석방문제라는 차원을 넘어 정치적 쟁점으로 확대되면서 제3공화정을 극도의 위기에 빠뜨렸다. 1898년 여름 군부는 어떤 새로운 증거서류에 의거하여 드레퓌스의 유죄를 확언하였으나 그것이 날조로 판명되고, 체포된 증거서류 제출자는 자살함으로써 반(反)드레퓌스파에게 큰 타격을 주었다. 이에 정부도 재심을 결정했으며, 또 이 때 반드레퓌스파에 대항하면서 공화정 옹호를 내세운 발데크 루소내각이 성립되어 사태는 재심파에게 유리하게 돌아갔다. 1899년 9월에 열린 재심 군법회의는 드레퓌스에게 재차 유죄를 선고하였으나, 대통령의 특사로 석방되었다. 무죄 확인을 위한 법정 투쟁을 계속한

문서를 문서 수장고에서 일부러 가져와 직접 보여 주면서 그에 대해 자세히 설명해 주었다. 한편 일반인은 파기원 재판을 방청할 수 없어 법정 출입이 제한되지만, 사료관장의 안내로 파기원의 각 법정들을 둘러볼 수 있었다. 형사법정에는 시계가 있었는데, 이는 이타성과 공정성은 영원하다는 의미를 가지고 있다고 한다. 사회법정에는 1990년대의 파기원 판사들을 그린 대형 그림액자가 있었는데, 그 중에는 현재까지 근무하고 있는 파기원 판사도 있다고 한다. 상사법정은 프랑스 대혁명 당시에도 훼손되지 않아 그대로 보존되어 있는데, 법대 정면에 로마 복장을 한 나폴레옹 1세의 대형 초상화가 걸려 있고, 옆면에는 나폴레옹 3세의 초상화가 걸려 있었다. 재미있는 것은 나폴레옹 1세의 초상화는 법전을 가리키는 모습이었는데, 그 당시에는 유명한 나폴레옹 법전이 완성되기 전이었는 데도 법률의 중요성을 강조하여 그러한 초상화를 그리게 되었다는 설명이었다. 그리고 나폴레옹 3세 시절에 만들어진 법정시설인 책상에서 버튼을 누르면 컴퓨터 모니터가 나오도록 되어 있었는데, 이는 전통과 실용성을 잘 조화한 것이라고 Chige 사료관장이 자랑하였다. 부동산 법정에는 루브르 박물관을 건축한 건축가의 초상화가 걸려 있었다. 이렇게 각 법정에는 초상화나 벽화 등이 설치되어 있어서 매우 고풍스러운 분위기를 지니고 있었다. 또한 일반적으로 3 인의 판사가 재판을 하지만, 그보다 많은 판사들이 재판부를 구성할 수도 있기 때문에 법정에는 약 20여 개의 판사석이 마련되어 있는 것이 눈에 띄었으며, 우리나라 법정과는 달리 판사석이 검사나 변호사석 등 다른 좌석보다 높게

끝에 그는 1906년 최고재판소로부터 무죄판결을 받고 복직 후 승진도 하였다. 자유주의적 재심파의 승리로 끝난 이 사건은 프랑스 공화정의 기반을 다지고, 좌파 세력의 결속을 촉진하는 계기가 되었다(두산 백과사전 참조).

설치되어 있지는 않았다. 그런데 이동흡 재판관의 설명에 의하면, 최고 법원이 아닌 하급 법원의 법정에는 판사, 검사뿐만 아니라 서기석까지 다른 좌석보다 높게 설치되어 있다고 하셨다. 법정을 둘러본 후 Chige 사료관장의 안내로 소용돌이 모양의 좁은 계단을 따라 파리 시내가 한 눈에 보이는 파기원 건물의 옥상에 올라가 파리 시내의 주요 건축물에 대한 설명을 듣는 것으로 파기원 청사 시찰을 마쳤다. 한 가지 아쉬운 것은 파기원의 대법정이 가장 아름다운데, 우리 일행이 2 시간 이상 견학하는 동안에도 재판이 끝나지 않아 들어가서 사진을 찍지 못하고 얼굴만 내밀어 법정 안을 들여다 볼 수밖에 없었던 것이다.

〈사진 2: 파기원 도서관 안에서 이동흡 재판관 및 Chige 사료관장〉

〈사진 3: 부동산 법정 안의 판사석에 앉은 이동흡 재판관〉

〈사진 4: 에밀 졸라가 작성한 문서에 대한 설명을 듣고 있는 이동흡 재판관〉

제 3. 프랑스 최고사법관회의(Conseil Supérieur de la Magistrature) 방문

2010. 6. 8. 오후 5 : 30 경 이동흡 재판관과 최고사법관회의 위원인 Luc Barbier(뤽 바르비에) 판사 및 Jean-Michel Bruntz(장-미쉘 브륀) 검사와의 면담을 위해 이동흡 재판관을 수행하여 프랑스 최고사법관회의 청사에 도착했다. Luc Barbier 판사 및 Jean-Michel Bruntz 검사는 다른 국가들이나 다른 사법제도의 이해나 공유는 매우 중요한 일이라고 하면서 방문을 환영해 주었다. 이동흡 재판관과 최고사법관회의 위원인 검사 및 판사 간의 면담은 보고자와 프랑스 주재 대한민국 대사관 소속 통역관이 배석한 채로 약 1 시간 30분 가까이 진행되었는데, Luc Barbier 판사 및 Jean-Michel Bruntz 검사는 판사 분과위원회와 검사 분과위원회를 구분하여 최고사법관회의의 구성과 권한, 향후 개혁 등에 대하여 상세히 설명해 주었다.

Jean-Michel Bruntz 검사의 설명에 의하면, 프랑스의 최고사법관회의는 대통령을 의장으로, 법무부장관을 부의장으로 하고, 그 외 총 16인의 위원으로 구성되어 있는데, 판사 분과위원회 및 검사 분과위원회는 4 인의 공동직 위원을 포함하여 각 10인으로 구성된다고 한다. 4 인의 공동직 위원은 검사나 판사, 즉 사법관이 아니라 정치인, 변호사, 법학교수 등 법률적 소양이 있는 사람이 지명되는데, 대통령, 상원의장, 하원의장, 국사원이 각 1 인을 지명한다고 한다. 공동직 4 인을 제외한 판사 분과위원회의 나머지 6 인의 위원은 파기원 판사들이 선출한 판사 1 인, 파기원 부장판사들이 선출한 판사 1인,

재판부 부장회의에서 선출한 판사 1 인, 판사회의에서 선출한 판사 2 인과 검사 1 인으로 구성되며, 공동직 4 인을 제외한 검사 분과위원회의 나머지 6 인의 위원은 파기원 검사들이 선출한 검사 1 인, 고위검사총회에서 선출한 검사 1 인, 재판검사총회에서 선출한 검사 1 인, 검사총회에서 선출된 검사 2 인과 판사 1 인으로 구성된다고 한다. 특히 판사나 검사의 인사와 관련하여 각 법조 직역을 모두 포함시키기 위하여 판사 분과위원회에 검사 1 인이, 검사 분과위원회에 판사 1 인을 참여시키고 있다고 한다.

최고사법관회의의 권한은 사법관에 대한 임명제청에 관한 의견제시, 사법관에 대한 징계조사 및 요구, 사법관 관련 규칙 제정, 대통령에 대한 의견자문 등으로서, 사법관을 임명 제청하는 법무부장관이나 사법관을 임명하는 대통령은 최고사법관회의의 사법관 임명에 관한 의견에 구속되지는 않는다고 한다.

그런데 앞으로 최고사법관회의에서 직접 사법관을 임명하는 것으로 개정될 예정이고, 적정한 여과장치를 마련한 후 일반시민도 사법관의 징계요구를 할 수 있도록 할 예정이며, 사법관 직업윤리 강령을 작성하여 곧 발표할 예정이라고 한다. 나아가 2008년 헌법 개정에 따라 최고사법관회의는 앞으로 많은 변화가 예상되는데, 대통령이 사법관회의 의장이었던 것을 파기원장 또는 파기원 검찰총장이 의장이 되도록 변경하고, 사법관이 아닌 정치인, 변호사, 법학교수 등 법률소양이 있는 사람이 위원의 다수가 되도록 함으로써 사법권의 독립을 강화할 예정이라고 한다. 구체적으로 판사 분과위원회는 파기원장을 의장으로 하여 대통령이 지명한 2 인, 상원의장이 지명한 2 인, 하원의장이 지명한 2 인, 국사원이 지명한 1 인, 변호사회가 지명한 1 인(총 8 인)이 비사법관으로서 위원이 되고, 나머지 6 인은 사법관이 위원으로 되며, 검사 분과위원회는 파기원 검찰총장을 위원장으로 하여 판사 분과위원회와 동일한 구성으로 8 인의 비사법관이 위원이 되고, 나머지 6 인은 사법관이 위원으로 될 예정이라고 한다.

다음으로 Luc Barbier 판사의 설명에 의하면, 판사 분과위원회는 파기원 판사 및 법원장 등 고위판사 약 300명에 대하여는 지원서류 검토, 지원자들에 대한 면접 및 조사, 임명제청에 대한 거부권 등을 통해 그 임명의 주도권을 쥐고 있으며, 그 밖에 판사 징계에 관해 조사 및 보고를 할 권한을 가지고 있다고 한다.

이에 대하여 우리나라에서는 법관의 인사는 대법원장이, 검사의 인사는 법무부장관이 전권을 가지고 있어 그러한 제도가 사법권 독립에 기여한다는 주장과 법관 등의 인사에도 외부인의 참여가 필요하다는 주장이 대립하며 논쟁중인데, 프랑스의 최고사법관회의와 같은 제도에 대해서도 깊이 있는 연구가 필요할 것이라는 의견을 이동흡 재판관께서 피력하셨다.

한편 파기원 판사는 일반판사들 중 능력, 경험, 노력면에서 매우 우수한 판사를 임명하고, 행정법원 판사는 주로 ENA(국립행정학교) 출신으로서 국사원이 인사에 관여하며, 일반법원 판사는 주로 ENM (국립사법관학교) 출신이라고 한다.

끝으로 프랑스의 경우 역사적으로 사법권 불신으로 인하여 사법권의 독립이 이루어지지 못한 것이 아니냐는 지적에 대하여 Luc Barbier 판사는 프랑스 헌법상의 문언은 사법권이 하나의 권한으로 되어 있을 뿐이나 사법권은 엄연히 분리되어 있으며, 이는 사법권의 독립을 의미하고, 사법권의 독립이야말로 민주주의의 척도로서 현재 프랑스에서는 사법권의 독립을 위하여 최고사법관회의에 대한 개혁이 진행중이므로, 프랑스에는 사법권의 독립이 이루어지지 않았다는

〈사진 5: 최고사법관회의 청사 내에서 이동흡 재판관과 Luc Barbier 판사(왼쪽) 및 Jean-Michel Bruntz 검사(오른쪽), 보고자〉

것은 과거의 이야기일 뿐 현재의 상황은 아니라고 답변하였다.

제 4. 프랑스 국사원(Conseil d'Etat) 방문

2010. 6. 9. 오전 11 : 00 경 T. Olson(올종) 국사원 항소판사와의 면담을 위해 이동흡 재판관을 수행하여 프랑스 국사원 청사에 도착했다. T. Olson 판사가 직접 청사 입구에 나와 이동흡 재판관의 방문을 환영하였고, 그의 집무실에서 면담을 가졌다. 이동흡 재판관과 T. Olson 판사 모두 유창한 영어 구사가 가능하여 영어로 직접 대화하는 방식으로 면담이 이루어졌으며, T. Olson 판사가 영어로 표현

하기 어려운 부분에 대한 프랑스어 통역을 위하여 외교관으로서 프랑스에서 연수를 받고 있던 이동흡 재판관의 둘째 따님이 보고자와 함께 배석하였다.

T. Olson 판사는 약 10년간 정부위원[3]으로서 국사원 재판 등의 업무에 관여하다가 국사원 판사가 되었는데, 국사원의 구성 및 기능과 역할 등에 관하여 친절하게 설명해 주었고, 특히 헌법개정에 따른 사후적·구체적 규범통제제도 및 법률의 조약합치성 심사 등에 관해 자세히 설명해 주었다.[4]

T. Olson 판사의 설명에 의하면 프랑스는 행정법원과 일반법원이 구분되어 있는 이중적 구조인데, 국사원은 최고행정법원으로서 행정소송을 담당하고 있을 뿐만 아니라 법률안 초안 작성에 관여하는 등의 정부에 대한 법적 자문 역할도 하고 있으며, 법률의 조약합치성에 대한 심사를 하여 조약에 위배되는 법률은 적용을 거부할 권한도 가지고 있다고 한다. 한편 헌법개정으로 도입된 사후적·구체적 규범통제제도에 따라 국사원은 소송과 관련되어 기본권을 침해하는 법률이 위헌으로 의심될 경우 당사자의 신청에 따라 위헌법률심판을 제청할 수 있으며, 위헌으로 의심되지 않을 경우엔 그대로 법률을 적용하여 판단할 수 있는데, 2010년 3 월 이후 현재까지 약 3 개월 동안 국사원은 연금 관련 사건 등 6~7 건에 대해, 파기원은 1~2건에 대해 위헌법률심판제청을 하였다고 한다. 또한 국사원 사건 중 50%는 EU법이 관련된 사건이고, 재판부는 사건 난이도에 따라 3, 9, 15, 17명으로 구성되며, 프랑스 국사원은 유럽의 다른 나라와 같이

3) T. Olson 판사는 영어로 검사라는 표현을 사용하였으나, 우리 나라에서의 검사 개념과는 다른 국사원의 정부위원(COMMISSAIRE DU GOUVERNEMENT)으로 근무한 것으로 보임.

4) 자세한 면담 내용은 [별 지]에 정리하였음.

월권소송을 통해 전체 법규명령을 무효화시킬 수 있다고 한다. 그리고 ENA(국립행정학교)에서 매년 5명 정도 및 행정법원 판사 중에서 6~8명 정도가 국사원 판사로 임명되며, 전문분야의 지식이 필요한 행정소송사건의 특성과 정부에 대한 법적 자문 업무의 특성을 감안하여 일부 판사는 검사나 변호사 등 법조인이나 군인, 건축 엔지니어, 의사 등 외부전문가들로 임명된다고 하였다. Olson 판사 자신도 해군 장교 출신인데, 정부위원으로서 국사원에서 소송수행업무를 하다가 현재는 국사원 판사로 임명되어 근무하고 있다고 하였다. 이와 같이 최고 행정법원인 국사원에는 법률전문가뿐만 아니라 사회를 구성하는 타직역의 전문가들도 임명됨으로써 국가행정에 관한 재판이나 자문 업무의 질을 높일 수 있다고 설명하였다. 우리나라도 이러한 법원 구성에 관심을 가질 필요가 있으며, 특히 헌법재판에서는 더욱 그러하다고 이동흡 재판관께서 말씀하셨다.

집무실에서의 면담이 끝난 후 T. Olson 판사가 직접 법정 등 국사원 청사 내부를 안내해 주었는데, 청사는 오래된 건물로서 매우 많은 수의 판사석이 있는 넓은 법정이 있었으며, 법정 안의 벽에는 대형 그림 액자가 걸려 있었고, 복도에는 조각상 등이 설치되어 있어 고풍스러운 분위기가 났다. 특히 한 법정에는 사면에 가득 사농공상(士農工商)의 모든 직업인을 묘사한 대형 그림이 걸려 있어 인상적이었다. 다만, 좁은 엘리베이터 등 편의시설은 불편하였다.

〈사진 6: 국사원 법정 안에서 이동흡 재판관과 T. Olson 국사원 판사, 대한민국 외교통상부 이주원 이등서기관〉

〈사진 7: 국사원 법정 내부 모습〉

제 5. 스트라스부르 유럽인권재판소 방문

Ⅰ. 유럽인권재판소 도착

2010. 6. 10. 오전에 특급열차 TGV로 파리를 출발, 스트라스부르에 도착하여 오후 2시 경 택시를 타고 유럽인권재판소를 찾아갔다. 유럽인권재판소는 건물 전체가 유리로 뒤덮혀 있는 초현대식 건물이었는데, 유명한 영국 건축가가 설계한 것이라고 하였다. 그런데 아이러니한 것은 인권문제를 다루는 유럽인권재판소도 X-ray 투시기를 설치하는 등 들어갈 때부터 보안검색이 철저한 것이었다. 유럽인권재판소에서는 Michael O'Boyle 사무차장(Deputy Registar)을 면담하기로 약속이 되어 있었고, 사전에 우리 대사관을 통하여 질문사항

〈사진 8: 유럽인권재판소 청사 앞에 선 필자〉

등을 보내 놓았었다.

Ⅱ. 유럽인권재판소 사무차장과의 면담

O'Boyle 사무차장과는 미리 보낸 질문서를 중심으로 1시간가량 영어로 면담을 하였는데, 외교관 딸이 배석하였고 O'Boyle 사무차장 자신은 영국 변호사출신이라고 소개하였다. 유럽인권재판소는 1953년에 인권과 기본적 자유의 보호를 위한 협약으로 생겨나 1998년 Commission 대신에 상설재판소를 설립한 것이고, 그 때부터 국가간 소원뿐만 아니라 개인소원 제도도 도입한 것이라고 설명하였다.

재판소 구성은 협약 당사국당 1인의 재판관 총 47명으로 구성되고, 재판소에는 3인 재판관으로 구성되어 소원의 적법성(admissibility) 문제를 전원일치로 결정하는 위원회(Committees), 7인 재판관으로 구성되어 다수결로 판결하는 소재판부(Chamber), 17인의 재판관으로 구성되어 상급재판소 기능을 하는 대재판부(Grand Chamber)가 있다고 설명하였다. 그런데 소원의 적법성 요건은 ① 국내구제절차의 완료, ② 협약에 규정된 하나 이상의 권리 침해, ③ 마지막 사법결정 후 6개월 이내, ④ 청구인이 개인적, 직접적으로 협약 침해 당사자일 것, ⑤ 협약 당사국에 대한 제소 등이라고 하였다.

한편 제14 의정서가 2010. 6. 1. 발효하였는데, 소원의 적법성이 없는 것으로 선언되는 사건이 차지하는 비율이 90% 이상으로 너무 높고, 반복적인 신청에 소비되는 유럽인권재판소의 심리시간을 줄이고자 제도를 정비하였는바, 주요한 것들로서 아래와 같은 것이 있다고 설명하였다. 첫째로 심리가 불필요한 사건들을 걸러내는 능력을 높이기 위한 조치로서 "단독 재판관"으로도 각하가 가능하도록 개정하여 더 이상의 검토 없이도 그러한 결정을 할 수 있는 경우 신청이 적법성이 없다고 선언하거나, 이를 재판소의 사건목록에서 삭제할 수 있도록 하였고, 둘째로 개인의 소원 적법성 요건으로서 중대한 손해 또는 불이익(significant disadvantage)을 추가하였고, 셋째로 반복적인 사건(repetitive cases) 또는 pilot judgment에 관하여 위원회는 협약과 부속의정서들의 해석 혹은 적용에 관한 사건의 기초되는 문제가 이미 재판소의 잘 확립된 판례법의 주제인 경우 신청이 적법성이 있다고 선언하고, 동시에 그 본안에 대해 판결을 내릴 수 있는 권한도 아울러 부여받았으며, 넷째로 판결의 집행에 관하여 장관위원회(Committee of Ministers of the Council of Europe)에 부여된 임무를 강화하여 이행강제소송(enforcement action), 권리침해소송절차(infringement proceedings)를 제기할 권한을 부여하였고, 다섯째 재판관의 독립성과 공정성 확보를 위하여 재판관 임기를 9년 단임제로 하고, 임시재판관 임명 방식으로 재판소 소장이 체약국이 사전에 제출한 명단에서 지명하는 것으로 하였다는 것 등이었다.

내가 가지고 갔던 우리 헌재 브로셔와 기념품, 그리고 2권의 영문 판례집을 선물하였더니 O'Boyle 사무차장이 놀란 표정을 지으며, 한국에서 헌재결정을 영문으로 번역한 책이 이렇게 출판되었느냐고 하면서 도서관에 잘 비치해 참고토록 하겠다고 하였다. 그러면서 몇 해 전에 한국 헌재소장께서(아마도 윤 영철 전 헌재소장님을 가리키는 것 같았다) 인권재판소를 공식방문하고 가셨는데, 그 지위가 총리에 버금간다고 들었다고 하기에 한국 헌재소장은 3부 요인급으로 국무총리보다 지위가 더 높은 것이라고 설명해 주었다.

Ⅲ. 유럽인권재판소 청사 시찰

면담이 끝난 후 O'Boyle 사무차장이 직접 유럽인권재판소 소장실을 비롯하여 법정, 평의실 등을 자세히 안내하며 설명해 주었다. 소장이 마침 출장중이라면서 빈방을 일부러 보여 주었는데, 소장 집무실은 180도 부채꼴로 전부 유리로 되어 있어 그 앞을 흐르는 강물을 조망할 수 있었고, 책상 위에는 한국 헌재 소장이 선물로 가져오셨다는 소형 동종(銅鐘)이 놓여 있었다.

법정은 아주 커서 재판관석이 수십 개 되는 것 같았으며, 그 전날 언론의 주목을 받는 사건 변론이 있어 언론 기자들이 아주 많이 왔었다고 자랑하였는데, 법정에 언론기자들을 위한 설비가 잘 갖추

〈사진 9: 유럽 인권재판소 대법정에서 O'Boyle 사무차장과 같이 기념 촬영〉

어 있는 것을 볼 수 있었다. 평의실 겸 회의실도 둘러보았는데 회원국당 1명씩 47명의 재판관이 있으니 좌석수가 아주 많았다. 그런데 공식어로는 영어와 불어만 사용한다고 설명하였다.

제6. 제네바 UN 인권이사회 방문

Ⅰ. 제네바 도착

2010. 6. 11. 오후에 제네바 역에 TGV로 도착하였다. 역에는 임한택 주 제네바 부대사와 강남길 법무협력관(부장검사)이 마중 나와 따뜻이 맞아 주었다. 임 대사는 마침 딸 주원이가 외교부 본부 조약국에 근무할 때 국장님으로 모신 바 있어 그 당시 나와 식사자리를 가진 적이 있었는데, 이번 UN 인권이사회 방문일정을 잡아 주었을 뿐더러 제네바 체재중 부대사 관저에 머물도록 배려하는 등 많은 신경을 써주셨다. 강 법무협력관도 직접 UN 인권이사회 회의장을 안내하고 자세한 설명을 해 주어 많은 도움을 받았다.

Ⅱ. UN 인권이사회 참관

UN 인권이사회 참관을 위해서 사전에 여권 사본을 보내는 등 사전조치를 하였음에도 다시 회의 참관을 위해서는 얼굴을 직접 촬영한 신분증을 패용하게 하는 등 보안검색 절차가 엄격하였다.

UN 인권이사회(Human Rights Council)는 2006. 3. 15. 유엔총회 결의로 종전의 인권위원회(Commission on Human Rights)를 대체하

여 설립되었으며, 우리나라는 인권이사회 출범 시부터 이사국(총 47개국)을 맡아 오고 있다고 하였고, 인권이사회는 총회부속기관으로서 연 3회 총 10주간 정례회의를 열고 이사국 3분의 1 이상이 특별회의를 소집하게 됨으로써 준상설화되었다고 한다. 새로운 인권이사회 시스템의 특징은 UPR(Universal Periodic Review) 제도를 도입한 것으로, 이는 192개국 UN 회원국 전체를 대상으로 4년에 한 번 각국의 인권실태 전반을 인권이사회에서 심사받도록 하는 제도인데, 우리나라는 2008. 5. 북한은 2009. 12. 각 심사를 받았다고 한다. 이번에 참관하게 될 제14차 인권이사회 정례회의는 2010. 5. 31.부터 6. 18.까지 3주간 개최되는데, 6. 3. 회의 시 표현의 자유 특별보고관 F. La Rue가 활동사항 보고 말미에 지난 5월 한국 방문 시 정보기관의 감시를 받았다는 돌출발언을 하여 이미 동 보고관 한국 체재 시에 이를 조사하여 사실이 아님을 수차 해명하였음에도 다시 이를 언급한 것은 매우 유감스럽다고 답변하여 적극 대응하였다고 소개하였다.

100여 개국이 참가한 이사회 회의장의 한국 대표석에 앉아 회의를 참관하는 것이 아주 인상적인 일이었고, 특히 옆자리에서 김 동조 1등 서기관이 발표를 하고 있을 동안 앞에 있는 대형 화면에 나도 같이 비치는 것을 촬영하지 못한 것이 아쉬웠다. 그런데 강 법무협력관의 설명 중 인상적이었던 것은 각국의 NGO들이 일정 요건을 갖추면 발언 자격을 얻어 회의에서 발언할 수 있는바, 우리나라의 진보단체에서는 오래 전부터 관심을 가지고 발언자격을 획득하여 우리나라의 인권상황에 대하여 비판적인 발언을 해오고 있는 반면, 보수단체에서는 그 동안 그러한 자격요건을 갖추지 못하여 인권이사회에서 발언을 하지 못했는데 근래에 이르러 그 중요성을 인식하고 발언자격 요건을 갖추고 있는 중이라고 하는 것이었다. 그런데 우리나라 관련 국제 인권 이슈로는 용산사건에 관하여 세입자들이 피해자라고 NGO측에서 주장한 사건, 민변 등 NGO에서 촛불시위 진압과정에서 경찰이 과잉폭력 진압을 하였다고 주장한 사건, 여호와의 증인 등 종교적 신념을 이유로 한 병역거부 사범과 관련하여 인권특별보고관 등에게 진정을 제기한 사건, 4차 세계 사형 폐지대회 기간중 우리 헌재의 사형제 합헌 결정 소식이 전해져 대회참가자들이 많은 관심을 보인 사건 등이 있다고 설명하였다. 한편 북한의 인권상황에 대하여는 2009. 12. 북한 UPR, 2010. 3. 제13차 인권이사회 등에서 참혹한 북한 인권 실상에 대한 논의와 북한 인권 결의안이 채택되었다고 하였다.

인권이사회 회의 참관 후에는 Navanethem Pillay 고등판무관(High Commissioner for Human Rights)과 면담이 어렵게 잡혀 있었으

〈사진 10: UN 인권위원회 회의장에서 김동조 1등 서기관과 이동흡 재판관〉

〈사진 11: 인권이사회 회의장에서 강남길 법무협력관과 함께. 회의장 천정의 디자인, 색채 등이 이채롭다〉

나 갑작스런 출장일정 때문에 성사되지 못한 것이 아쉬웠다. 그렇지만 우리나라의 헌재 영문 판례집, 브로셔 등을 대사관을 통하여 전달하도록 하였더니 귀국 후에 Pillay 씨가 직접 메일을 보내 사과의 말과 함께 영문 판례집을 도서관에 잘 비치하겠다는 뜻을 표시하였다.

제 7. 방문보고서를 마치며

이번 프랑스 파기원, 국사원 등의 방문은 그 동안 독일이나 미국 등의 사법제도에 비해 상대적으로 연구가 활발하지 못했던 프랑스 사법제도 및 헌법재판제도를 심도 있게 이해하는 데 큰 도움이 된 좋은 기회였다. 또한 이동흡 재판관의 우리 헌법재판소 및 헌법재판제도에 대한 설명을 통해 프랑스 고위법관들에게 우리 헌법재판소를 더 자세히 알릴 수 있게 된 점도 의미 있는 성과라고 생각된다. 특히 우리나라 및 우리 헌법재판소의 제고된 위상은 이번 면담 과정에서 만난 프랑스 고위법관들의 환대와 우리 제도에 관한 깊은 관심을 통하여 쉽게 확인할 수 있었다. 한편 유럽 인권재판소 방문과 UN 인권이사회 참관을 통하여 국제기구에서 헌법문제, 특히 인권문제를 어떻게 다루고 있는가를 눈으로 확인할 수 있었던 것은 보람 있는 일이라고 생각되었다. 앞으로도 프랑스 헌법재판과 사법제도 및 국제적인 헌법재판기관 또는 인권기구에 대한 연구와 상호교류가 지속되길 희망하며 방문 보고서를 마친다.

[별　지]

Lacabarats 파기원 재판부장 및 T. Olson 국사원 판사와의 면담 내용 요지

제 1. 이동흡 재판관과 Lacabarats 파기원 재판부장과의 면담 내용 요지

Ⅰ. 사건의 배당 및 주심법관 제도의 운용

[이동흡 재판관]

한국의 헌법재판소에서는 접수된 개개의 사건을 재판소장을 제외한 나머지 재판관 중 1인에게 배당하고, 사건을 배당받은 주심재판관은 담당 사건에 관한 연구업무를 주도하고, 평의에 있어서도 사건의 개요와 쟁점을 다른 재판관에게 설명하며, 결정문 초고의 작성까지 담당하고 있습니다. 파기원의 통상의 재판형태(Formation ordinaire) 및 사건의 배당 절차는 어떠하며, 사건의 보고, 판결문 작성을 담당하는 '주심법관' 제도가 존재하는지를 알고 싶습니다.

[Lacabarats 재판부장]

파기원은 프랑스 최고일반법원으로서 약 180명의 판사들이 근무하고 있으며, 총 6개의 부(3개의 민사부, 형사부, 상사부, 사회부)로 구성되어 있습니다. 6인의 재판부장이 1달에 1번씩 부소속 판사들에게 사건배당을 합니다. 그러면, 배당받은 판사가 보고서 및 판결문 초안을 작성하고, 재판이 있기 몇 주 전에 재판부장 및 경륜이 많은 판사 2인이 그 보고서 및 판결문 초안을 심의하여 보다 깊은 연구나 다른 내용의 판결문 초안을 제안합니다. 그런 다음 담당 재판부의 판사 12~13인 정도가 모여 평의를 합니다. 한 달에 약 60~70건의 사건 중 15건 정도가 이와 같이 전체 평의를 거쳐 처리되고, 나머지 사건은 3~5인으로 이루어진 소부에서 약식으로 처리합니다. 마지막으로 판결문이 채택되면, 각 판사들은 모니터로 그 판결문의 내용 확인이 가능합니다. 또한 컴퓨터를 통하여 변호사, 판사 간에 정보공유도 이루어지고 있습니다.

Ⅱ. 파기원 판결의 효력 및 관할분쟁재판소 관련

[이동흡 재판관]

한국의 대법원의 파기환송판결은 하급심에 대한 기속력을 가집니다. 파기원의 파기환송판결(cassation et renvoi)은 하급심에 대한 기속력을 가지는지 궁금합니다.

[Lacabarats 재판부장]

프랑스 파기원이 선고한 파기환송판결의 효력은 대한민국 대법원의 파기환송판결의 효력과는 조금 다른 것 같습니다. 프랑스 파기원의 경우 첫번째 파기환송판결에는 기속력 없지만, 두 번째 파기환송판결에는 기속력이 있습니다.

[이동흡 재판관]

프랑스는 행정기관과 사법기관의 분리원칙에 의하여 행정법원과 사법법원이 분리되어 있고, 이로 인한 문제점을 해결하기 위하여 관할분쟁재판소(Tribunal des conflits) 제도를 두는 것으로 아는데, 이 제도에 관하여 알고 싶습니다.

[Lacabarats 재판부장]

재판관님께서 정확히 지적해 주신 바와 같이 프랑스에서는 전통적으로 일반재판과 행정재판을 담당하는 기관이 분리되어 있어 관할분쟁 문제가 생깁니다. 이 문제를 해결하기 위하여 파기원, 국사원의 판사들이 참여한 관할분쟁재판소를 두고 있습니다. 일반법원 및 행정법원이 당해 사건에 대하여 서로 무관할이라고 판단할 경우라도 관할분쟁재판소에서 관할에 대한 결정이 이루어지면, 해당 법원은 의

무적으로 사건을 처리하여야 합니다. 그런데 관할분쟁재판소 제도의 가장 큰 문제점은 당해 사건의 해결이 상당기간 지연되는 것으로서, 최근 예로 중환자가 국립병원에서 사망한 경우 사법법원 관할인지 행정법원 관할인지가 문제되어 사건처리가 굉장히 지체된 경우가 있습니다. 이런 문제점을 고려하면, 개인적으로 현행의 관할분쟁재판소 제도는 바람직하지 못한 제도라고 생각합니다.

Ⅲ. 위헌법률심판제청 관련

[이동흡 재판관]

프랑스에서는 2010. 3. 1.부터 사후적·구체적 규범통제제도가 실시되고 있는 것으로 알고 있습니다. 그리고 시민은 구체적 소송사건에 적용되는 법률에 한하여 수소법원에 위헌법률심판제청신청을 할 수 있고, 위헌법률심판제청신청에 대하여 파기원과 국사원이 이유 없다고 판단한 경우 시민이 이에 대하여 불복하거나 직접 헌법위원회에 위헌법률심판을 청구할 수는 없는 것으로 압니다. 이러한 여과제도(Filtre)를 둔 이유는 무엇인지요.

[Lacabarats 재판부장]

그러한 여과제도를 둔 이유는 헌법위원회의 업무부담이 과다해지는 것을 막기 위해서입니다. 프랑스의 헌법위원회는 위원 총원이 11명에 불과해 해결할 수 있는 사건 수에 한계가 있습니다.

[이동흡 재판관]

대한민국은 당해 법원이 위헌법률심판제청을 기각한 경우에는 당사자가 직접 헌법소원을 제기할 수 있도록 하고 있으며, 당해 법원이 직권으로 위헌제청을 할 수도 있습니다.

[Lacabarats 재판부장]

프랑스에서 당해 법원이 직권으로 위헌법률심판제청을 할 수 있는 제도를 두지 않은 이유는 심각한 위헌소지가 있는 사건만을 헌법위원회에서 처리하기 위한 것도 있고, 기본적으로 프랑스 입법부에서는 판사들의 권한 행사를 경계하는 측면이 있어 결국 판사들에게는 법률의 위헌성 판단권한을 인정하고 있지 않는 것이라 생각합니다. 그러나 파기원은 1979년부터 유럽인권조약, EU 조약 등과 관련하여 법률의 공동체조약 합치성 심사는 할 수 있어 조약에 위배된 법률은 그 적용을 거부할 수 있습니다.

[이동흡 재판관]

대한민국은 법률과 동일한 효력이 있는 조약에 대한 위헌성심사를 헌법재판소가 담당하고 있습니다. 그런데 파기원과 국사원은 위헌법률심판제청신청의 대상 법률에 대하여 이미 헌법위원회의 합헌결정이 있었던 경우에는 사정변경이 없는 한 위헌법률심판제청신청을 기각하여야 하는 것으로 알고 있습니다. 사전적 규범통제가 있었던 경우도 헌법위원회의 합헌결정이 있었던 경우에 포함되는지요. 그리고 '사정변경'의 범위는 어떠한지요.

[Lacabarats 재판부장]

사전적 규범통제가 있었던 경우도 헌법위원회의 합헌결정이 있었던 경우라 할 것입니다. 그리고 사정변경의 예를 들자면, 헌법위원회가 사전적 규범통제를 통해 합헌으로 판단한 법률이 제정되었는데, 그 후 국제인권재판소에서 당해 법률을 유럽인권협약 위배로 결정한 경우 등이 있을 것입니다. 하지만 이러한 사정변경사항이 없다면 파기원과 국사원은 위헌법률심판제청을 할 수 없습니다.

[이동흡 재판관]

파기원과 국사원이 위헌법률심판제청신청에 대하여 판단할 기간은 3 개월로 알고 있습니다. 이는 상당히 촉박한 기간으로 보이는데, 위헌법률심판제청신청 사건 처리에 어려움은 없는지 궁금합니다.

[Lacabarats 재판부장]

다른 어떤 사건보다도 우선적으로 위헌법률심판제청신청 사건을 처리하기 때문에 그 기간 내에 처리를 하는 것은 가능합니다. 다만, 이로 인하여 다른 유형의 사건들의 처리가 너무 지연되는 문제도 발생하고 있습니다.

제 2. 이동흡 재판관과 T. Olson 국사원 판사와의 면담 내용 요지

Ⅰ. 국사원의 지위와 기능, 국사원 판사의 자격 관련

[이동흡 재판관]

국사원의 지위와 기능은 무엇인지, 국사원 판사들은 어떤 자격을 가진 사람들이며, 그 지위는 어떠한지 궁금합니다.

[T. Olson 국사원 판사]

프랑스는 행정법원과 일반법원이 구분되어 있는 이중적 구조인데, 국사원은 최고행정법원으로서 행정소송을 담당하고 있을 뿐만 아니라 법률안 초안 작성에 관여하는 등의 정부에 대한 법적 자문 역할도 하고 있습니다. 그리고 법률의 조약합치성에 대한 심사를 하여 조약에 위배되는 법률은 적용을 거부할 권한이 있습니다.

국사원 사건 중 50% 정도는 EU법이 관련된 사건이고, 재판부는 사건 난이도에 따라 3, 9, 15, 17명으로 구성되며, 프랑스의 국사원은 유럽의 다른 나라와 같이 월권소송을 통해 전체 법규명령을 무효화시킬 수 있습니다. 그리고 ENA(국립행정학교)에서 매년 5명 정도 및 행정법원 판사 중에서 6~8명 정도가 국사원 판사로 임명되며, 전문분야의 지식이 필요한 행정사건의 특성과 정부에 대한 법적 자문 업무의 특성을 감안하여 일부 판사는 검사나 변호사 등 법조인이나, 해군이나, 엔지니어 등 외부전문가들이 임명됩니다.

[이동흡 재판관]

프랑스에서는 유명한 블랑코(Blanco) 판결 이후 국가배상소송이 행정법원의 관할에 속한 것으로 압니다. 이에 비해 대한민국에서는 국가배상소송이 민사소송으로 행해집니다. 프랑스에서 국가배상소송을 행정법원의 관할로 하는 이유는 무엇인지요.

[T. Olson 국사원 판사]

말씀하신 대로 1873년 블랑코 사건 이후 국가배상소송은 행정법원의 관할에 속하게 되었습니다. 이는 국가가 당사자인 사건은 원칙적으로 행정법원의 관할이라고 보는 입장에서 유래합니다. 또한 중대한 과실로 인한 책임부터 무과실책임까지 모두 행정법원의 관할로서, 행정법원 판사는 처분의 합법성 관련 사건, 국가의 책임 관련 사건, 국가가 관여한 계약 관련 사건 등에 관하여 관할권이 있습니다. 다만, 국가가 관련된 소송사건이라도 일반법원에서 담당하는 유형의 사건도 있습니다. 예를 들어 수감자가 다치거나 자살한 경우에는 행정법원이 관련 사건을 관할하게 되지만, 형사보상사건은 형사법원의 판단과 밀접한 관련이 있기 때문에 행정법원이 아닌 형사법원에서 처리를 합니다.

Ⅱ. 위헌법률심판제청 관련

[이동흡 재판관]

프랑스에서는 2010. 3. 1.부터 사후적·구체적 규범통제제도가 실시되고 있는 것으로 알고 있습니다. 위헌법률심판제청과 관련한 국사원의 권한 및 2010. 3. 1.부터 현재까지 위헌법률심판제청이 된 사건들이 얼마나 있는지 궁금합니다.

[T. Olson 국사원 판사]

헌법개정으로 도입된 사후적·구체적 규범통제제도에 따라 국사원은 소송과 관련되어 기본권을 침해하는 법률이 위헌으로 의심될 경우 위헌법률심판을 제청할 수 있습니다. 반면 당해 법률이 위헌으로 의심되지 않을 경우엔 그대로 법률을 적용하여 판단할 수도 있습니다. 사후적·구체적 규범통제제도가 도입된 2010년 3월 이후 현재까지 약 3개월 동안 국사원은 연금 관련 사건 등 6~7건 정도, 파기원은 1~2건 정도 위헌법률심판제청을 한 것으로 알고 있습니다.

[이동흡 재판관]

국사원은 위헌법률심판제청신청의 대상 법률에 대하여 이미 헌법위원회의 합헌결정이 있었던 경우에는 사정변경이 없는 한 위헌법률심판제청신청을 기각하여야 하는 것으로 알고 있습니다. 사전적 규범통제가 있었던 경우도 헌법위원회의 합헌결정이 있었던 경우에 포함되는지요.

[T. Olson 국사원 판사]

사전심사제도는 법률 전체에 대하여도 검토 가능하나, 사후심사제도는 위헌제청된 법률조항만을 그 대상으로 한다는 점에서 차이가 있습니다. 그런데 위헌법률심판제청신청을 기각하여야 하는 당해 법률에 대한 종전의 합헙결정이란 것이 사후심사제도에 의한 합헌결정만을 의미하는 것인지, 사전 또는 사후심사제도에 의한 합헌결정을 모두 포함하는 의미인지에 대한 명확한 법리는 정립되어 있지 않은 것으로 알고 있습니다.

제 6 장

인도네시아에서의 아시아 헌법재판관회의 등 참관기 및 싱가포르 대법원 방문기*

* 제 7 차 아시아 헌법재판관 회의 및 아시아 헌법재판소연합 창립준비위원회 최종 회의 참관기 부분은 당시 수행한 예승연 헌법연구원으로 하여금 정리하게 한 것이고, 싱가포르 대법원 방문기 부분은 필자가 직접 기술하였다.

제 1. 한국에서의 준비

이번 2010년 7 월 12일부터 16일까지의 인도네시아 방문은 아시아헌법재판소연합 창립 준비위원회 최종회의(Final Preparatory Committee Meeting for the Establishment of the Association of Asian Constitutional Court and Equivalent Institutions) 참석과 제 7 차 아시아헌법재판관회의(7th Conference of Asian Constitutional Court Judges) 참석이라는 두 가지 목적을 가지고 이루어졌다. 먼저 7 월 12일 월요일에 인도네시아 헌법재판소에서 열린 아시아헌법재판소연합 창립 준비위원회 회의에 위원장 자격으로 참석하게 된 이동흡 재판관은 상기 회의를 위해 준비위원회 위원장보고를 준비하였다. 이 보고를 통해 이동흡 재판관은 아시아헌법재판소연합 창립 준비위원회 설립의 역사적 고찰과 함께 지난 제 1 차 준비위원회 회의부터 제 3 차 준비위원회 회의에서 이루어진 업적을 조감하고, 제 3 차 준비위원회에서 최종결정된 아시아헌법재판소연합규약의 중요 조문에 대해 검토하며, 앞으로 아시아헌법재판소연합이 나아갈 바에 대한 비전을 제시하였다.

또한 인도네시아 자카르타 소재 리츠칼튼 호텔 대회의장에서 7

월 13일부터 14일까지 "선거법(Election Law)"을 주제로 열린 제 7 차 아시아헌법재판관회의에 첫번째 발제자로 초청받은 이동흡 재판관은 상기 회의의 참석을 통해 한국의 선거제도와 선거법 관련 판례를 세계 각국에 알리는 유용한 기회로 삼고자 주최측의 초청을 수락하였고, 이를 위해 한국의 선거제도 전반과 선거법과 관련된 헌법재판소의 다양한 판례를 소개하는 "한국의 선거제도－개념과 판례(Election System in Korea－Concepts and Cases)"라는 제목의 약 25쪽 분량의 영문보고서를 주최측인 인도네시아 헌법재판소에 제공하고, 주어진 20여 분의 발표시간에 맞춘 요약발표본을 준비하여 효율적이고 집중적인 발표를 위한 만반의 사전준비를 완료하였다.

제 2. 아시아헌법재판소연합 창립

Ⅰ. 아시아헌법재판소연합 창립준비위원회 최종회의(Final Preparatory Committee Meeting for the Establishment of the Association of Asian Constitutional Court and Equivalent Institutions)

아시아지역 헌법재판 기관들의 연합체를 만들려는 공식적인 움직임은 2005년부터 시작되었다. 즉 2005년 8 월 몽골의 울란바토르에서 열린 제 3 차 아시아헌법재판관회의를 위해 대한민국을 비롯하여 캄보디아, 인도네시아, 필리핀, 태국의 헌법재판기관 수장들이 모인 가운데 아시아 지역의 헌법재판소 및 유관기관으로 구성된 연합체를 구성하자는 뜻을 모으고, 이를 바탕으로 양해각서를 체결하기로 한 것이다. 이후 2007년 아시아헌법재판소연합 창립준비위원회의 설립의 필요성에 동의한 대한민국, 인도네시아, 몽골, 필리핀 등의 4개국 대표가 창립준비위원회 설립을 위한 양해각서를 체결하였다. 이를 바탕으로 대한민국의 적극적인 주도 하에 2008년부터 2010년까지 3년간 3차례의 준비위원회 회의가 서울에서 개최되었다. 2008년 열린 제1차 준비위원회 회의에서 이동흡 재판관이 준비위원장으로 선출되었고, 2차, 3차 회의를 거치면서 회원국간의 다양한 의견 교환을 통해 연합규약 초안을 마련하는 등 아시아헌법재판소연합의 공식출범을 가시화하고, 이를 위한 만반의 준비를 하였다. 특히 올해 4월 서울에서 열린 3차 회의에서 아시아헌법재판소연합 규약안이 완성되었고, 대한민국, 인도네시아, 키르기스스탄, 말레이시아, 몽골, 필리핀, 태국, 우즈베키스탄 등 8개국 참가자들은 이 회의에서 완성된 규약에 각 참가국대표의 이니셜을 기입하여 확정하였다. 이 회의에서 회원국들은 최종확정된 규약을 자카르타에서 열리게 될 준비위원회 최종회의에서 채택하여 발효시키는 절차를 거쳐 아시아헌법재판소연합을 공식 출범하기로 결의하였고, 아시아헌법재판소연합 창립총회를 한국에서 개최하기로 만장일치로 결정하였다.

그리고 이와 같은 5년여의 역사적 노력을 바탕으로 하여 아시아헌법재판소연합을 출범하기 위한 마지막 절차로서 7월 12일 오후 1시부터 인도네시아 헌법재판소 8층 회의실에서 아시아헌법재판소연합 창립준비위원회 최종회의가 열렸다. 이 회의에는 준비위원회 위원장인 대한민국의 이동흡 재판관을 비롯 태국의 헌법재판소장과 재판관, 말레이시아 연방대법원장과 재판관, 몽골 헌법재판소 소장, 우즈베키스탄 헌법재판소 부소장과 재판관, 필리핀 대법원 대법관 등 7개국 헌법재판기관의 기관장과 재판관들이 참석하였다. 기존의 창립멤버는 키르기스스탄을 포함한 8개 국이었으나 키르기스스탄은 불안정한 국내정치상황에 기인하여 결국 최종준비위원회 회의에 창립멤버로서 참석하지 못하였다. 나머지 회원국들은 이러한 상황에 안타까움을 표명하고, 키르기스스탄이 자국의 국내정세가 안정되는 대로 아시아헌법재판소연합의 회원국으로 가입할 수 있기를 희망하였다.

이번 준비위원회 최종 회의는 모하마드 마후드 엠디(Mohamad Mahfud MD) 인도네시아 헌법재판소장의 환영사로 시작되었다. 이어 준비위원장인 이동흡 재판관과 하르요노(Harjono) 인도네시아 헌법재판소 재판관의 공동 주재로 잠정의제를 채택하고, 이동흡 재판관의 준비위원회 활동에 대한 위원장보고[1]가 이어졌다. 이동흡 재판관은 이 보고를 통해 그 동안 아시아헌법재판소연합의 창립을 위해 회원국들이 보여 준 열정과 노력을 치하하고, 콘라드 아데나워 재단의 지원과 관심에 대한 감사의 말씀을 전한 뒤 그 동안 준비위원회 회의의 활동을 역사적으로 고찰하고, 제3차 회의에서 최종 결정된 연합규약의 주요 조항에 대해 다시 한번 정리하는 시간을 가졌다. 그런데 예상 밖의 일로서 하르요노 재판관이 터키가 아시아헌법재판소연합 가입을 신청하였으며, 특히 창립회원국이 되기를 희망하는 서신을 보내 왔으니 이를 승인함이 어떻겠느냐는 제안을 하였다. 그 때 준비위원장인 이동흡 재판관이 터키가 회원국으로 가입하는 것은 환영하는 바이나 연합규약에 의하면 준비이사회에서 창립회원국들이 다른 회원 가입국들의 신청을 받아 가부를 결정하는 절차를 거치도록 되어 있으므로, 이 문제는 내년에 한국에서 열리는 준비이사회 회의에서 결정할 문제라고 설명하자 다른 참석자들이 이구동성으로 위원장의 말이 옳다고 함으로써 이 문제는 일단락을 짓게 되었다. 다

1) 아시아 헌법재판소연합 창립준비위원회 활동보고서 내용은 [별지 1]과 같다.

만, 터키에서 가입신청이 있었다는 사실은 기록에 명기해 두기로 하였다.

이어 아시아헌법재판소연합 창립을 위한 자카르타 선언문이 채택되었다. 선언문은 "인도네시아, 대한민국, 말레이시아, 몽골, 필리핀, 태국 및 우즈베키스탄 헌법재판소 및 헌법재판기관의 수장들은 헌법재판소 및 헌법재판기관이 헌법의 기본적 권리 및 개인 자유의 실현을 위한 법치주의를 확보하는 데 있어 가지는 중요한 역할을 생각하며, 법치주의, 인권주의 및 인권증진을 위하여 회원간 헌법적 사건 및 법리에 관한 경험과 정보의 교환을 통해 긴밀한 협력을 증진해 나가야 할 필요성을 인식하고, 상호 존중 및 사법적 독립성을 기초로 아시아 민주주의의 발전과 인권 증진을 위하여 헌법재판 관련 정보 및 우수 관행 공유를 통한 동반관계를 구축해야 한다는 공동의 이해를 재확인하여 아시아헌법재판소연합 창립이 이러한 협력을 크게 증진시킬 것이라는 점을 확신하며, (중략) 아시아헌법재판소연합 규약을 채택하고, 법치주의, 민주주의 및 인권 증진을 목표로 회원간 헌법적 사건 및 법리와 관련한 공동의 관심사에 대하여 경험과 정보를 교환하기 위한 독립적, 비정치적 장으로서의 아시아헌법재판소연합을 공식적으로 발족한다"라는 내용을 담고 있다. 따라서 아시아헌법재판소연합은 앞으로 정기적인 회의를 개최하여 각국의 헌법재판에 관한 경험을 공유하고, 정보를 교류하는 역할을 하게 되며, 심포지엄이나 워크숍, 세미나 등의 행사도 꾸준히 열어 헌법에 대해 논의하는 자리도 마련될 계획이다. 또한 이 회의를 통해 대한민국이 차기 의장으로서 창립총회(Inaugural Congress)를 2년 이내에 개최하기로 공식적으로 결정되었으며, 이에 이동흡 재판관은 연합규약에 따라 창립총회 전인 2011년 5월 한국에서 창립총회 준비이사회 회의(Meeting

〈사진 1: 준비위원회 위원장 보고중인 이동흡 재판관〉

〈사진 2: 이동흡 재판관의 위원장 보고를 경청중인 각국 참가대표들〉

of Board of Members)를 개최할 것을 공식 통보하였다.

Ⅱ. 자카르타선언문 조인 및 아시아헌법재판소연합 공식 출범

아시아헌법재판소연합 창립준비위원회 최종회의가 끝나고 나서 잠시 다과 및 담화의 시간을 가진 후인 오후 3시, 참가자들은 자리를 옮겨 인도네시아 헌법재판소 2층에 위치한 대심판정으로 향했다. 인도네시아 헌법재판소의 내부는 우리의 그것보다는 규모가 작아 보였지만, 우리 헌법재판소와 유사한 모양을 띠고 있는 1층의 원형 로비와 돔 형태의 천장이 인상적이었다. 대심판정에 들어서자 웅장한 규모가 좌중을 압도하는 가운데 정면에는 창립 7개국 대표들의 조인식을 위한 일곱 개의 자리가 마련되어 있었으며, 중앙의 좌석을 위시하여 26개 국에서 참가한 제7회 아시아헌법재판관회의의 참석자들과 인도네시아 각계 인사, 현지 언론을 비롯하여 각국 대사 및 외교사절, 인도네시아 고위 각료 등이 조인식을 기다리고 있었다. 한국에서는 주 인도네시아 대사관의 정병원 참사관이 초대 인사로 참석하여 자리를 빛내 주었다. 그런데 정병원 참사관은 이동흡 재판관의 따님인 이주원 서기관이 외교통상부 국제조약국에 근무하던 시절 과장으로 모신 분으로 조인식 행사뿐 아니라 회의 당일에도 이틀간이나 회의장을 방문하여 이동흡 재판관의 발표를 비롯한 회의 진행과정을 모두 지켜 보는 등 물심양면으로 많은 배려를 아끼지 않았다. 특히 회의 마지막 날에는 현지 언론에 보도된 내용을 스크랩하고 번역문까지 첨부하여 가져다 주었다. 이어서 7명의 창립회원국 대표들이 등장하였고, 이후 약 30분가량의 조인식이 개최되었다. 지금까지 유럽, 북미, 중남미, 아프리카 등에서는 지역별, 언어권별, 문화권별

〈사진 3: 자카르타 선언문 조인식 광경. 좌로부터 준비위원회 위원장인 대한민국의 이동흡 재판관, Tun Zaki Tun Azmi 말레이시아 연방대법원 대법원장, Byambadorj 몽골 헌법재판소장, Moh. Mahfud M.D. 인도네시아 헌법재판소 소장, Marinp C. Del Castillo 필리핀 대법원 재판관, Chut Chonlavorn 태국 헌법재판소 소장, Bakhtiyar Mirbabaev 우즈베키스탄 헌법재판소 부소장〉

헌법재판관련 국제협의체가 설립되어 운영되어 오고 있었으나, 아시아 지역에서는 아직까지 이러한 형태의 협의체가 운영되고 있지 않았다. 그러나 한국 헌법재판소의 적극적인 노력과 아데나워 재단의 지원으로 아시아지역 최초의 헌법재판관련 국제협의체인 아시아헌법재판소 연합이 창립되는 성과를 거둔 역사적 현장에 참석한 많은 내외 귀빈들은 아시아헌법재판소연합의 공식 출범을 아낌없는 박수로 축하하였다.

조인식이 끝난 후 준비위원회 위원장인 이동흡 재판관을 취재하려는 현지 언론의 취재경쟁이 뜨거웠다. 각종 방송사 및 신문사 기자들은 이동흡 재판관에게 아시아 헌법재판소연합 출범과 관련한 다양한 질문을 하였으며, 이동흡 재판관은 아시아헌법재판소연합의 창립 목적, 아시아지역 헌법재판과 민주주의 실현에 미치게 될 영향력 및 향후계획에 대한 답변을 유창한 영어로 진행하여 언론의 주목을 받았다. 또한 현지 언론인 자카르타 포스트지 기자는 한국의 헌법소원제도에 관심을 보이고 이와 관련된 자세한 질문을 했으며, 이러한 한국의 제도를 통해 인도네시아 헌법재판 제도 발전에 어떠한 시사점을 찾을 수 있을지에 대해서도 집중적인 취재를 하였다. 이에 이동흡 재판관은 한국의 헌법소원제도에 대한 전반적인 설명과 더불어 우리나라만이 가지고 있는 독특한 제도인 헌법재판소법 제68조 제 2 항 관련 헌법소원제도에 대한 자세한 설명을 통해 현지 언론의 궁금증을 해소해 주었다. 인도네시아 유력지인 KOMAPS지 기자는 이동흡 재판관에게 선거 쟁송과 관련된 한국 헌법재판소의 역할에 대해 질문하였고, 이동흡 재판관은 "한국의 헌법재판소는 선거쟁송에 대한 관할권이 없으며, 이러한 사건들은 대법원이나 고등법원 등에서 다

〈사진 4: KTV와 인터뷰중인 이동흡 재판관〉

〈사진 5: 인도네시아 현지언론에 둘러싸여 집중적인 인터뷰요청을 받고 있는 이동흡 재판관〉

루어지고 헌법재판소는 선거관련 법조항의 합헌성에 대해 심사할 뿐이다"라고 대답하였다. 그러나 이동흡 재판관은 현재 한국에서도 헌법재판소에서 이러한 선거관련 쟁송에 관한 관할권을 가져야 한다는 목소리가 높다고 지적했다. 또한 이동흡 재판관은 인도네시아, 말레이시아 전역에 방송되는 한인 방송인 KTV와의 인터뷰를 통해 아시아헌법재판소연합 창립이 가지는 의의에 대해 설명하고, 준비위원회 위원장으로서 지난 3년간 아시아헌법재판소연합의 창립을 위해 노력해 온 경위와 이번 아시아헌법재판소연합 출범에 있어서 한국의 주도적인 역할에 대해 설명하였으며, 이 인터뷰는 7월 13일 밤 9시 KTV 뉴스를 통해 인도네시아 전역에 방송되었다.

Ⅲ. 대통령 주최 환영만찬

이 날 저녁 7시부터 수실로 밤방 유도요노(Susilo Bambang Yudhoyono) 인도네시아 대통령과 영부인, 부통령 내외 및 헌법재판소 재판관들과 각부 장관들이 참석한 가운데 인도네시아 헌법재판소 주최 환영 만찬이 자카르타 소재 리츠칼튼 호텔에서 열렸다. 이 날 환영 만찬은 오늘 오후에 있었던 아시아헌법재판소연합의 출범을 축하하고, 7월 13일부터 14일까지 선거법을 주제로 열리게 될 제7회 아시아헌법재판관회의의 참석자들을 환영하는 의미로 진행되었다. 이 날 환영 만찬을 위해 인도네시아 헌법재판소 측은 약 200여 명의 각국 참가단 모두를 위해 인도네시아 전통 염색 기법인 바틱(batik)을 이용해 만들어진 전통의상을 준비하여 선물하는 정성을 보였으며, 참석자들은 선물받은 바틱의상을 입고 만찬에 참여하여 인도네시아의

〈사진 6: 인도네시아 유도요노 대통령(앞줄 중앙)을 비롯한 참가국 대표 26인이 인도네시아 전통의상을 입은 가운데 기념촬영을 하고 있다〉

전통을 체험할 수 있는 좋은 기회를 얻기도 하였다. 참석자들은 시종일관 화기애애한 분위기 속에서 각국의 헌법재판과 선거법관련 법률과 실무에 관해 정보를 교환하며 식사를 함께 하였고, 인도네시아측에서 마련한 전통춤을 관람하며 즐거운 시간을 보냈다. 식사 후에는 인도네시아 대통령과 각국 참가단 대표와의 사진촬영이 이어졌다.

제 3. 제 7 차 아시아헌법재판관회의(7th Conference of Asian Constitutional Court Judges)

Ⅰ. 회의 첫날(2010년 7월 13일)

1. 개 회 식

이 날 오전 10시 자카르타 땀린(Tamrin) 街에 위치한 인도네시아 대통령궁(Presidential Palace)에서 선거법을 주제로 열리는 제 7 회 아시아헌법재판관회의의 개회식이 개최되었다. 개회식은 26개국에서 온 회의 참가단과 국제기구 대표 및 각국 외교 사절, 인도네시아 정부 고위 관료 및 사법부 인사, 군부 인사 등 200명이 넘는 관련자가 참석한 가운데 성대하게 열렸다. 이 날 우리나라에서는 주 인도네시아 대사인 김호영 대사도 초대되어 자리를 함께 하였다. 특히 김호영 대사는 다음 날 이동흡 재판관과 보고자, 정 참사관을 대사관저로 초청하여 만찬을 베풀어 주시는 등 많은 신경을 써주셨다. 인도네시아 국가연주로 시작된 개회식은 인도네시아 헌법재판소 사무처장의 보고와 헌법재판소장의 환영사에 이어 인도네시아 대통령의 환영 연설과 개회사를 끝으로 막을 내렸다. 유도요노 인도네시아 대통령은 환영사를 통해 아시아 지역에 법치주의와 민주주의의 뿌리를 내리고 정착시키는 데 있어서 헌법재판소 및 유관기관의 역할의 중요성을 강조하고, 선거법을 주제로 열리는 제7회 아시아헌법재판관회의를 통해 서로의 경험을 공유하고 의견을 교환하여 대의민주제의 꽃이라 할 수 있는 선거제도의 공정성을 확보하고, 법치주의의 근간을 마련하는 기반이 될 수 있기를 희망하면서 이번 회의의 성공적 개최를 기원하였다. 환영사가 끝난 후 유도요노 대통령은 헌법재판소장과 함께 개회의 시작을 알리는 큰 징을 울림으로써 제7차 아시아헌법재판관회의의 공식적인 출발을 알렸으며, 이어서 인도네시아 종교부 장관의 주재로 이루어진 회의 성공을 기원하는 이슬람식의 기도를 끝으로 개회식은 마무리되었다. 약 한 시간가량 치러진 대통령궁에서의 개회식이 끝난 후 참가자들은 주최 측에서 제공한 차량을 통해 회의장인 자카르타 리츠칼튼 호텔로 향하였고, 점심식사 후 1시부터 제7차 아시아헌법재판관회의의 공식 일정이 시작되었다.

〈사진 7: 유노요노 대통령과 인사를 나누는 이동흡 재판관〉

2. Session 1 : 각국의 선거제도 비교

이번 제 7 차 아시아헌법재판관회의는 선거법을 대주제로 각국의 선거제도 비교, 법과 실무상의 전형적 문제에 대한 발표, 선거관련 쟁송 등 세 가지 소주제를 나누어 이에 대한 각국 대표의 발표와 토론으로 진행되었다. 이번 회의의 참가국은 아시아국가에만 한정되지 않았고, 유럽, 남미 등 비 아시아권 국가의 참여까지 이루어 내어 총 26개의 국가와 2 개의 국제기구가 참여한 대규모의 행사였다.[2] 또한 이번 회의에는 전임 인도네시아 헌법재판관, 인도네시아 대법원 대법관, 사법위원회 위원, 선거관리위원회 위원, 헌법포럼의 회원, 헌법학 교수, 헌법재판 절차법관련 교수들과 법대 학장들이 옵저버로 참가하였다. 이번 회의 참가자들의 발표장면은 인도네시아 전역의 39개 대학에 영상회의 방식으로 생중계되었으며, 인도네시아 국내 학자들과 학생들은 물론 세계 전역의 법학자들을 위해 인도네시아 헌법재판소 홈페이지를 통해 온라인으로 방송되었다. 또한 모든 회의 내용은 공식 언어인 영어를 비롯하여 인도네시아어, 불어, 아랍어, 러시아어, 독일어, 스페인어로 동시 통역되었다.

이번 회의의 첫번째 세션은 "각국의 선거제도의 비교(Concepts of Electoral Systems in Comparison)"라는 소주제를 가지고 각국 참가자 대표의 발제와 토론으로 진행되었다. 첫번째 세션은 1 부와 2 부로 나뉘어 진행되었는데, 이 시간을 통해 참가자들은 각국의 헌법,

2) 참가국은 다음과 같다(알파벳순서).: 오스트리아, 아제르바이잔, 브루나이, 캄보디아, 칠레, 콜롬비아, 이집트, 독일, 인도네시아, 카자흐스탄, 대한민국, 라오스, 말레이시아, 멕시코, 몽골, 모로코, 네팔, 필리핀, 싱가포르, 스리랑카, 타지키스탄, 태국, 동티모르, 터키, 우즈베키스탄, 베네수엘라.
참가한 국제기구는 다음과 같다: 베니스위원회(Venice Commission), 콘라드 아데나워 재단(Konlard Adenaure Stiftung).

〈사진 8: 회의장에서 이동흡 재판관과 보고자〉

법률 및 판례에 녹아 있는 선거의 개념과 원리를 중심으로 각국의 선거제도에 대한 서로 다른 개념을 소개함으로써 여러 국가의 다양한 선거제도에 대해 비교하고 토론하는 기회를 가질 수 있었다.

인도네시아 헌법재판소 하르요노(Harjono) 재판관의 사회로 진행된 1부에서 이동흡 재판관은 첫번째 발제자로 나서 "한국의 선거제도－개념과 판례(Election System in Korea－Concepts and Cases)"라는 제목으로 약 20분에 걸쳐 발표하였다.[3] 이동흡 재판관은 이 발표를 통해 먼저 한국 선거제도의 기본 원리, 선거의 종류, 선거권과 피선거권, 선거구, 선거구획정, 후보자 등록, 선거 운동, 선거공영제, 선거쟁송 등과 관련한 한국의 선거제도 전반의 개념에 대해 설명하고, 다음으로 선거와 관련하여 헌법재판소에서 내린 주요판결에

3) 발표문은 [별지 2]와 같다.

대해 선거권 제한, 피선거권 제한, 선거운동의 자유 등으로 나누어 소개하였다. 1부의 두 번째 발제자인 자키 툰 아즈미(Zaki Tun Azmi) 말레이시아 대법원장은 말레이시아의 선거 제도와 관련 법에 대해 발표하였으며, 이어서 태국의 찰럼폰 아케 우루(Chalermpon Ake-Uru) 헌법재판관이 태국의 선거제도 전반에 대해 발표하였다. 계속해서 지정토론자인 퀘스니(Quesney) 칠레 헌법재판소(Tribunal Constitutional de Chile) 재판관, 시멘스(Ximenes) 동티모르 재판소장, 라트나야키(Ratnayake) 스리랑카 대법원 대법관이 각국의 선거제도에 대해 약 10분간 발표를 이어나갔다. 1부에 배정된 발제자 및 토론자들의 발표가 모두 끝나고 나서 약 20분간의 질의응답 시간이 마련되었다. 인도네시아의 선거관리위원회 위원인 압둘 아지스(Abdul Azis) 위원은 한국의 선거비용 제한에 대해 관심을 표명하면서, 인도네시아 같은 경우 선거비용의 제한이 없기 때문에 후보자가 제3자에게 무한정의 정치자금을 받을 수 있는 것과 관련해 한국의 선거비용 제한에 대해 자세한 설명을 부탁하고, 일정 선거비용 이상을 넘어선 후보자에게 어떠한 법률적 제재가 가해지는지에 대해 질문하였다. 이에 이동흡 재판관은 한국은 선거관리위원회에서 선거가 있을 때마다 인구수 등을 기준으로 상한액을 총액으로 산정하여 선거비용제한액을 결정하며, 선거비용 제한 제도를 효과적으로 운영하기 위해서 후보자가 사용한 선거비용이 공고한 선거비용제한액의 0.5% 이상을 초과될 경우 독립적인 선거범죄로 인정되어 처벌받게 되며, 선거사무장이나 선거사무소의 회계 담당자 등이 앞서 말한 선거비용제한액의 0.5% 이상을 초과지출한 이유로 징역 또는 300만원 이상의 벌금형의 선고를 받으면 관련 후보자의 당선은 무효가 된다고 답변하였다. 질의응답 시간이 끝나고 이어진 15분의 휴식시간에

〈사진 9: 한국의 선거제도에 대해 발표하고 있는 이동흡 재판관〉

도 한국의 선거제도, 특히 선거비용제한에 대해 관심을 가지고 있는 참가자들의 질문이 계속되었다.

다음으로 오후 3 시부터 히크마하나토 주와나(Hikmahanto Juwana) 인도네시아 대학 교수의 사회로 2 부가 시작되었다. 2 부에서는 잠스란 밤바도르치(Jamsran Byamnadorj) 몽골 헌법재판소 소장, 마리아노 델 카스틸로(Mariano C. Del Castilo) 필리핀 대법원 대법관이 발제자로 나서 자국의 선거제도에 대해 각각 약 20분간 발표를 진행했으며, 이어 라우프 굴리에브(Raouf Guliyev) 아제르바이젠 헌법재판소 사무처장, 브루나이 대법원장, 차오 힉 틴(Chao Hick Tin) 싱가포르 대법원 부대법원장 등이 지정토론자로 나서 각각 약 10분간 발표하였다. 이어 질의응답 시간이 있고 나서 오후 5 시 경 회의 첫날의 발표 일정을 모두 마쳤으며, 저녁 7 시부터 인도네시아 헌법재판소 측에서 마련한 만찬이 이어졌다.

Ⅱ. 회의 둘째 날(2010년 7월 14일)

1. Session 2 : 법과 실무상의 전형적 문제

둘째 날에는 오전 9시부터 선거관련 "법과 실무상의 전형적 문제(Typical Problems and Shortcomings in Law and Practice)"라는 소주제로 이번 회의의 두 번째 세션이 시작되었다. 두 번째 세션에서 참가자들은 선거구획정, 투표자 등록 및 투표인 명부 작성, 우편투표, 재외국민 투표문제, 후보자들간의 공정경쟁 관련 문제, 선거 개표의 공정성 확보, 선거 자금 등에 관련된 각국의 법률과 실무상의 문제에 대해 발표하고 토론하는 기회를 가졌다.

자와히르 톤토위(Jawahir Thontowi) 인도네시아 이슬람 대학교 교수의 사회로 진행된 두 번째 세션의 1부는 쵸드리(Chaudry) 파키스탄 대법원장과 아제르귀(Achergui) 모로코 헌법위원회 위원장이 발제자로 나서 각국이 직면하고 있는 선거 관련 법률적·실무적 현황과 문제에 대해 발표하였다. 이어서 멜링호프(Mellinghoff) 독일 헌법재판소 재판관이 토론자로 나서서 "민주적 선거에 있어서 투표컴퓨터의 사용 허용 문제"라는 주제로 발표하고, 쿠에르보(Cuervo) 콜롬비아 헌법재판소 소장의 토론자 발표가 이어졌으며, 질의응답 시간을 통해 각국의 다양한 경험을 교류하고 제도의 장·단점에 대해 토론하는 시간을 가졌다. 그런데 멜링호프 재판관은 이동흡 재판관과는 전부터 잘 아는 사이인데, 이번 회의에 다시 만나 더욱 돈독한 우의를 다지는 모습이었다.

15분의 휴식시간 후 10시 40분 경부터 가드자마다 대학(Gadjah-mada University)의 시지트 리얀토(Sigit Riyanto) 박사의 사회로 두 번째 세션의 2부가 시작되었다. 2부에서는 미르바바예브(Mirbabaev)

우즈베키스탄 헌법재판소 부소장 및 펜 톨(Penn Thol) 캄보디아 헌법위원회 위원이 발제자로 나서 각국이 당면하고 있는 선거관련 법률과 실무상의 현안을 발표하였고, 이어서 콘스탄시오 다자(Constancio Daza) 멕시코 연방선거재판소 재판관, 로살레스(Rosales) 베네주엘라 대법원 대법관이 토론자로 나서 발표한 후 질의 응답 시간을 가졌다.

2. Session 3 : 선거관련 쟁송

점심 식사 후 오후 1 시부터 "선거관련 쟁송(Dealing with Election Complaints)"이라는 소주제를 가지고 열린 세 번째 세션이 시작되었다. 1 부와 2 부로 구성된 세 번째 세션에서 참가자들은 각국의 대법원, 헌법재판소, 옴부즈만, 선거위원회 또는 의회 위원회 등에서 다뤄지고 있는 선거관련 쟁송과 관련된 법률과 실무에 대해 토론하는 시간을 가졌다.

데니 인드라야나(Denny Indrayana) 법률, 인권 및 부패척결 대통령 특보의 사회로 열린 세 번째 세션의 1 부에서는 킬 라즈 레그미(Khil Raj Regmi) 네팔 대법원 대법관, 이고르 로고프 이바노비치(Igor Rogov Ivanovich) 카자흐스탄 헌법위원회 위원장이 발제자로 나서 선거관련 쟁송에 관련된 자국의 헌법재판 기관의 역할과 판례 등을 발표하였고, 이어서 카미 사야봉(Khammi Xayavong) 라오스 대법원장, 브리짓 비에리엔(Brigitte Bierlien) 오스트리아 헌법재판소 부소장이 토론자로서 발표하였다.

20분의 휴식시간을 가진 후 오후 3 시 경부터 살디 이스라(Saldi Isra) 안달라스 대학(Andalas University) 교수의 사회로 세 번째 세션의 제 2 부가 진행되었다. 제 2 부에서는 아크마드 소디키(Achmad Sodiki) 인도네시아 헌법재판소 부소장, 알파르슬란 알탄(Alparslan Altan) 터키 헌법재판소 주심판사가 발제자로 나서서 각국의 선거관련 쟁송에 대해 발표하였고, 이어서 파루크 아메드 술탄(Farouk Ahmed Sultan) 이집트 헌법재판소장, 마캄 마카무도프(Mahkam Makhmudov) 타지키스탄 헌법재판소 소장이 토론자로 발표하였다. 15분 정도의 질의응답 시간을 거친 후 오후 5시 경 아시아헌법재판소재판관 회의의 이틀간 대장정의 막이 내렸다.

이 날 오후 5 시 경 이동흡 재판관은 인도네시아 글로벌 티비(Global TV)와 생방송 인터뷰를 가졌다. 글로벌 티비 5 시 뉴스를 통해 아시아헌법재판관 회의 및 아시아헌법재판소연합의 출범 소식을 전하는 보도와 더불어 준비위원회 위원장인 이동흡 재판관을 인터뷰하는 시간이 마련되었는데, 글로벌 티비의 기자는 이동흡 재판관에게 아시아재판소연합의 출범 목적과 아시아 지역에 미치는 영향은 어떤 것인가를 물었고, 이에 이동흡 재판관은 아시아재판소 연합의 출범 목적은 아시아 지역 국가의 민주주의를 보장하고 인권을 보호하며, 법치주의를 뿌리내리는 것으로서, 이를 위하여 회원간 헌법 사건 및 법리에 관한 경험과 정보의 교환을 통해 긴밀한 협력을 증진시키고, 상호 존중 및 사법적 독립성을 기초로 아시아지역 국가의 민주주의 발전과 인권 증진을 위하여 헌법재판 관련 정보 및 우수관행을 공유하는 동반자 관계를 구축하게 될 것이라고 답변하였다. 이 생방송 인터뷰는 글로벌 티비 5시 뉴스를 통해 인도네시아 전역에 방송되었다.

〈사진 10: Global TV 기자와 생방송 인터뷰하는 이동흡 재판관〉

3. 인도네시아 헌법재판소장과 이동흡 재판관의 양자회담

이 날 오전 10시 20분부터 약 20분 동안 리츠칼튼 호텔 프레지덴셜 스위트룸에서 이동흡 재판관과 모하메드 마후드 엠디(Mohammad Mahfud MD) 인도네시아 헌법재판소장의 양자회담이 이루어졌다. 이 날 양자회담은 사전에 공식적으로 약속된 회담은 아니었으나, 인도네시아 헌법재판소장과 함께 아시아헌법재판소연합의 출범에 관한 격의 없는 대화를 나누고자 한 이동흡 재판관의 제안으로 어제 성사된 것이었다. 당초 비공식적으로 가벼운 환담을 나누며 월요일에 있었던 최종준비위원회의 성과를 돌아보고, 아시아헌법재판소연합의 앞날에 대해 토론해 보고자 했던 당초의 예상과는 달리 인도네시아 헌법재판소 측에서는 공식적인 양자회담으로 이 만남을 격상시켜서 만반의 준비를 한 모습을 보였다. 이를 통해 아시아헌법재판소연합 준비위원회 준비위원장이자 대한민국 헌법재판소를 대표하여 회의에

〈사진 11: 인도네시아 헌법재판소장과 양자회담중인 이동흡 재판관〉

참가한 이동흡 재판관에 대한 주최 측의 극진한 예우를 느낄 수 있었으며, 인도네시아 헌법재판소의 철저한 준비성을 다시 한번 엿볼 수 있는 계기가 되었다.

인도네시아 헌법재판소 하로요노(Harjono) 재판관, 자네드리 가파(Janedjri Gaffar) 사무처장 및 보고자가 배석한 가운데 열린 양자회담은 시종일관 화기애애한 분위기에서 진행되었다. 가벼운 환영인사를 나눈 후 모하메드 마후드 엠디 인도네시아 헌법재판소장은 천안함 사건과 연관하여 한국과 북한과의 현재 상황 및 이러한 분단현실에서 한국 헌법재판소가 어떤 역할을 하는지를 질문함으로써 본격적인 대화를 시작하였다. 이에 이동흡 재판관은 한국의 헌법재판소는 정치적 사안에 관여하지 않고 헌법적 쟁점이 있는 사건을 다루는 독립적인 기관임을 강조하면서, 천안함 폭침 사건에 관하여 한국 헌법재판소가 어떤 역할을 한 바는 없다고 설명하였고, 더불어 북한에 의한 천안함 폭침 사건으로 인해 한국 국민들이 많은 우려를 하고 있다는 말을 덧붙였다.

이어 인도네시아 헌법재판소장은 아시아헌법재판소연합이 출범한 이후의 계획에 대해 질문하였고, 이에 이동흡 재판관은 2012년 창립총회를 한국에서 5 월 내지 7 월 중으로 개최할 것임을 밝히고, 2011년 5 월 경에 한국에서 창립총회를 준비하기 위한 이사회 회의를 개최할 것임을 밝혔다. 이사회 회의개최와 관련, 계절의 여왕인 5 월에 개최되는 만큼 개최장소도 한국의 멋과 아름다움을 한껏 즐길 수 있는 장소인 제주도 등을 고려해 볼 수도 있다는 이동흡 재판관의 말에 양자회담에 참석한 모든 참석자들이 즐거운 웃음을 나누기도 하였다.

마지막으로 인도네시아 헌법재판소장은 아시아헌법재판소연합의 회원국 영입 및 확대에 관한 절차와 현황에 대해 질문하였다. 이에 대해 이동흡 재판관은 현재 러시아, 타지키스탄 등 여러 국가가 회원가입을 희망하고 있으며, 터키의 경우 비록 이번 회의에서 창립멤버로 승인되지는 못했지만, 내년 5 월로 예정된 창립총회 준비이사회 회의에서 터키의 정식 회원국 가입을 승인하는 긍정적인 결과가 있을 것임을 확신한다고 설명하였다. 인도네시아 헌법재판소장은 2011년 5 월 한국에서 열리기로 예정되어 있는 준비이사회 회의에 직접 참석할 뜻을 밝혔으며, 초대 의장국인 한국에 대해 끊임없는 지지를 약속하였다. 공식회담이 끝난 후 양국 대표들은 선물을 교환하는 시간을 가졌다. 인도네시아 헌법재판소장은 이동흡 재판관에게 인도네시아 헌법재판소 측에서 마련한 기념패를 선물하였고, 이동흡 재판관은 한국화가 그려진 전통 부채를 선물하는 등 서로간의 우정과 협력관계를 돈독히 하는 의미 있는 시간이 되었다.

4. 폐회식 및 환송 만찬

이 날 오후 7 시부터 리츠칼튼 호텔에서 제 7 회 아시아헌법재판관회의의 폐막식 및 환송 만찬이 거행되었다. 이 날 폐막식은 인도네시아 헌법재판소 사무처장의 보고로 시작되었고, 이어 인도네시아 헌법재판소장의 폐회사가 있었다. 다음 순서로 콘라드 아데나워 재단과 베니스위원회 대표의 발언에 이어 참석국가 대표들의 발언이 있었다. 이동흡 재판관은 참석국가 대표 및 아시아헌법재판소연합 준비위원장으로서 약 10분간 연설을 진행하였다. 이 연설에서 이동흡 재판관은 아시아헌법재판소연합 최종 준비위원회와 제 7 회 아시아헌법재판관회의의 성공적인 개최를 위해 노력을 아끼지 않은 인도네시아 헌법재판소와 아시아 지역의 헌법재판 발전을 위해 끊임없는 지원을 보내 준 아데나워 재단에 대해 감사의 인사를 전하고, 네 차례의 준비위원회 회의를 거쳐 역사적인 아시아헌법재판소 연합의 출범을 가능케 한 창립회원국의 열정과 노력에 대해 아낌없는 감사의 뜻을 표했다. 또한 이 자리를 통해 이동흡 재판관은 아시아헌법재판소연합 창립총회가 2012년 한국에서 개최될 것임을 다시 한번 공식적으로 밝혔으며, 창립총회를 위한 준비이사회는 2011년 서울에서 열릴 것이며, 그 시기는 한국에서 계절의 여왕이라 불리는 5 월이 될 것임을 밝혔다. 참가국 대표의 연설이 끝난 후 인도네시아 측에서 참가국 대표들을 위해 마련한 기념품 증정식을 끝으로 공식 폐회식이 막을 내리고, 축하 공연과 함께 환송만찬이 이어졌다. 모든 참가자들은 아쉬움 속에서 지난 회의의 성과를 돌아보고 서로간의 우정을 다지며 즐거운 시간을 보냈으며, 향후에도 지속적이고 긴밀한 협력을 이어 나갈 것을 약속하는 가운데 회의 마지막 날의 밤이 저물어 갔다.

〈사진 12: 참가국 대표로 폐막연설을 하는 이동흡 재판관〉

제 4. 싱가포르 방문

Ⅰ. 방문의 동기

전부터 친분이 있는 외교부의 오준 대사가 싱가포르 대사로 부임하여 나를 초청한 바 있어 인도네시아 회의를 마치고 귀국길에 싱가포르를 1박 2일 코스로 방문하기로 일정을 잡았다. 그런데 이번 인도네시아 회의에 참석한 싱가포르 대법원의 차오 힉 틴 대법관에게 싱가포르에 들른다는 얘기를 했더니 싱가포르 대법원을 꼭 방문해 달라는 요청을 하였다. 7월 16일 12시 경 싱가포르 공항에 도착하자 오 대사가 여성 서기관 한 분과 함께 마중을 나와 주었다. 대사 일행과 오찬 후에는 오 대사는 대사관 일정으로 복귀하고, 나는 서민

정 1등 서기관과 함께 싱가포르 대법원으로 향하였다.

Ⅱ. 싱가포르 대법원 방문

오후 3시 경 싱가포르 대법원에 도착하니 국제담당관과 부판사(assistant registrar)가 우리를 기다리고 있었다. 대법원 청사는 5년 전에 구 청사 뒤편에 새로 신축하였다고 하는데, 그 규모라든지 청사 구조 등이 예상 외로 웅장하고 첨단구조로 지어졌음을 알 수 있었다. 건물 2층에는 일종의 박물관 형태로 싱가포르 대법원의 역사를 한 눈에 알 수 있도록 설비를 갖추어 놓고 있었다.

뒤이어 법정을 몇 군데 시찰하였는데, 법정의 설비가 모든 전자설비를 구비하여 세계 최첨단의 설비를 갖추고 있음을 확인할 수 있었다. 싱가포르 대법원을 소개하는 동영상도 시청하였는데, 싱가포르에서는 2000년부터 전자소송제도와 설비를 갖추어 활용하고 있으며, 변론이 끝나면 바로 조서를 컴퓨터로 확인할 수 있고, 얼마 전에는 우리나라 대법원에서도 전자소송에 대하여 견학차 다녀갔다고 소개하였다. 증인의 신변보호를 위하여 증인을 별실에 둔 채 증인신문을 할 수 있는 설비도 갖추어 놓았고, 방청석과 법정 사이에 두꺼운 아크릴 판 칸막이를 설치해 보안에 신경을 쓰고 있는 점도 눈에 띄었다.

법정 시찰을 마치고 차오 대법관실로 안내하였는데, 대법관실은 건물 꼭대기 층에 인공위성과 같은 모양을 띤 곳에 빙둘러 배치되어 있어 대법관실 방안에서 바깥을 조망하기에 아주 좋도록 설계되어 있었다. 차오 대법관과는 싱가포르의 사법제도랑 헌법재판제도 등에 관하여 얘기를 나누다가 싱가포르에서는 마약운반범에게는 유죄가 인정되면 사형이 선고될 수밖에 없도록 법이 규정된 것에 화제가 옮겨졌다. 점심 식사를 함께 하던 중 오 대사로부터 한국인들이 현재 싱가포르에서 마약운반죄로 구속되어 재판 여부를 기다리고 있는 중인데, 싱가포르 형법이 워낙 엄격하여 마약운반죄로 유죄가 인정되면 사형선고를 받을 수밖에 없는데, 피의자들이 마약인 줄 몰랐다고 변소하고 있어 대사 자신이 구치소에 가서 면회도 하고 국선변호인을 접견하기도 하였다는 이야기를 들었기 때문이다. 차오 대법관은 싱가포르에서는 마약사범을 근절하기 위하여 엄격한 처벌규정을 두고 있으며, 검찰에서 조사하여 마약인 정을 모르고 운반하였다고 인정되면 기소를 하지 않을 것이지만, 그렇지 않고 마약운반죄로 기소되어 법원의 심리 결과 유죄로 인정되면 사형을 선고할 수밖에 없고 판사에게 감형할 수 있는 재량은 없다고 설명하였다.

차오 대법관은 젊은 시절 영국에 유학하여 변호사 자격을 취득하고 법무부에 오랫동안 근무하다가 대법원의 대법관으로 임명되어 근무하던 중 검찰총장이 되었는데, 검찰총장 임기를 마치고 다시 대법원 대법관으로 복귀하였다고 하였다. 차오 대법관은 공용어인 영어로 된 싱가포르 대법원 판례집을 보여 주었는데, 그 수준이 보통이 아님을 알 수 있었다. 그래서 나는 차오 대법관에게 싱가포르가 아시아에서는 법률 선진국인데, 왜 아시아 헌법재판소 연합에는 가입하려고 하지 않느냐고 물어 보았다. 차오 대법관은 원래 싱가포르가 실용주의적 사고를 하는 나라이고, 싱가포르에서는 헌법문제가 이슈가 된 사건 수가 아주 작기 때문에 적극적으로 가입의사를 표시하지 않은 것인데, 앞으로도 가입하지 않겠다는 의사를 표시한 것은 아니고 아재연합의 향후 추이를 봐가면서 가입여부를 결정할 것이라고 말하였다. 그래서 나는 한국에서의 창립총회에는 싱가포르가 옵저버 또는 게스트 자격으로 참석해달라고 말하였더니 꼭 그렇게 하겠다고 답변하였다.

차오 대법관과의 면담은 대법관실에서의 대화에 이어 1층에 있는 카페티어리어로 옮겨 계속되었다. 우리나라와 다른 관행이 있어서인지 대법관실에서는 차 대접을 하지 아니하고 커피 대접을 위해서 자리를 옮긴 것이다. 그런데 내가 싱가포르를 짧은 시간 동안 둘러봤을 뿐이지만, 싱가포르의 1인당 국민소득이 4만 달러를 넘는다는데, 경제적인 면뿐만 아니라 사회제도, 사법제도 및 시설 등도 소득수준에 걸맞게 선진국 수준으로 높은 나라임을 실감할 수 있었다. 어떻게 40년 정도의 짧은 기간 내에 싱가포르와 같은 조그마한 도시국가를 세계적 수준의 나라로 발전시켰는지 정치지도자들의 역량이 대단하다고 느껴졌다.

〈사진 13: 싱가포르 대법원 법정에서 국제협력관, 부판사 등과 함께〉

〈사진 14: 차오 힉 틴 대법관의 집무실에서. 영문 판례집이 가득히 꽂혀 있다〉

Ⅲ. 코리아 페스티발 참석

오 대사의 관저에서 1박을 한 다음 날은 한류 축제가 벌어지는 싱가포르의 어느 지역의 문화행사에 오 대사와 함께 참석하였다. 동남아 각국에서 한류 붐을 이루고 있는데, 싱가포르에서도 마찬가지여서 현직 교육부장관의 국회의원 지역구에서 Korea Festival이 개최되는데 한국대사를 초청하였다는 것이다. 현장에 가서 오 대사가 인사말을 하고 한국에서 헌법재판소 재판관도 오셨다고 나까지 소개하였다. 축제행사로는 현지인들의 대규모 태권도 시범, 우리 교민들의 사물놀이 공연 등이 다채롭게 벌어졌다. 교육부장관과 오 대사 등과 같이 현지 마을 도서관도 둘러보았는데, 미국에서 본 마을 도서관

비슷한 수준을 갖추고 있었다. 아무튼 나도 본의 아니게 민간외교를 충실하게 수행한 셈이 되었다.

제 5. 글을 마치며

일주일 동안의 짧지 않고 힘든 일정이었으나 아시아헌법재판소연합의 공식출범이라는 역사적 사건을 직접 목격하고, 한국 헌법재판소를 대표하여 임무를 수행한 셈이 되어 뿌듯한 마음을 느낄 수 있었다. 또한 인도네시아에서 국가적 행사로 여길 정도로 성의를 가지고 이번 행사를 준비하여 성공적으로 마치는 것을 보고 인도네시아의 국력도 여간 아님을 실감하였다. 솔직히 말하면 여태껏 동남아 국가들이 우리나라에 비하면 수준이 많이 뒤떨어질 것이라고 생각했는데, 그렇지 않다는 것을 알 수 있었다. 아무튼 한국 헌법재판소가 아시아 지역 헌법재판기관들의 리더로서의 역할을 수행하기 위해서는 내년에 열릴 예정인 창립총회 준비이사회 회의 및 2012년의 창립총회를 철저히 준비함으로써 성공적인 개최를 이루어 내야 할 것이다.

[별지 1]

Report on the Preparatory Committee's Activities

Dong-Heub LEE*

Good Afternoon.

Honorable participants of the Preparatory Committee,

And distinguished guests,

First of all, I would like to start by extending my sincere appreciation for the Constitutional Court of the Republic of Indonesia's efforts and contribution to prepare for this meaningful Committee Meeting. Also, I would like to express my deep gratitude for the dedication and passion all of you have been showing for the establishment of the Association of

* Justice, Constitutional Court of Korea.

Asian Constitutional Courts and Equivalent Institutions. Without our enthusiasm and efforts towards the common goal of launching the Association, we may not have witnessed this historical event. I am very proud of ourselves and once again, thank you every one of you.

I. First and Second Preparatory Committee Meetings

The movement towards establishing a permanent regional body for Asian constitutional courts and equivalent institutions officially started when the heads of the Constitutional Council of Cambodia, the Constitutional Court of the Republic of Indonesia, the Constitutional Court of Korea, the Constitutional Court of Mongolia, the Supreme Court of the Philippines and the Constitutional Court of Thailand gathered at the third seminar of Asian Constitutional Court Judges in Ulaan Baatar, Mongolia on September 8, 2005 and adopted a MOU to establish an association composed of constitutional courts and equivalent institutions in Asia.

Later in 2007, agreeing to set up the Preparatory Committee for the establishment of the Association, representatives from four countries including Indonesia, Korea, Mongolia and the Philippines signed the MOU on Setting up a Preparatory Committee for the Establishment of the Association of Asian Constitutional Courts.

As a result, in April 2008, the First Preparatory Committee Meeting for the Establishment of the Association of Asian Constitutional Courts and Equivalent Institutions was held in Seoul, attended by Indonesia, Korea, Mongolia and the Philippines. At the first Meeting, various issues regarding the establishment of the Association including its name, objectives, functions, membership, interval of regular meetings, chairmanship and secretariat were discussed. The participants also shared the view to expand the membership of the Association.

From May 12 to 13, 2009, the Second Preparatory Committee Meeting was held in Seoul, and as new members including the Kyrgyz Republic and the Republic of Uzbekistan joined the Meeting, the participants discussed once again and further the issues regarding names, objectives, functions, chairmanship and secretariat of the Association. Although the issues related to financing were also discussed at the second Meeting, due to time constraints, members decided to review them further at the next meeting. Also, the participants, while acknowledging the members' effort to bring new members on board, reached an understanding that it was more important for the Preparatory Committee to efficiently and without additional delay make progress in launching the Association than to concentrate on further expanding the membership. In this context, it was agreed that members may as well be narrowed to the existing members the Kyrgyz

Republic, Malaysia, Mongolia, the Republic of Korea, the Republic of the Philippines, the Republic of Uzbekistan, as well as Kingdom of Thailand and the Republic of Indonesia that were not able to come to the second Meeting due to unexpected circumstances.

Ⅱ. Third Preparatory Committee Meeting

The Third Preparatory Committee Meeting was held in Seoul on April 6 to 8, 2010. The Meeting was attended by delegations from the Constitutional Court of the Republic of Indonesia, Constitutional Court of Korea, Constitutional Court of the Kyrgyz Republic, High Court in Malaya of Malaysia, Constitutional Court of Mongolia, Supreme Court of the Philippines, Constitutional Court of Thailand, and Constitutional Court of the Republic of Uzbekistan.

In the earlier part of the third Meeting, it was informed that the Constitutional Courts of Russia and Tajikistan had expressed their intention to attend the Meeting but, because of the agreement at the second Meeting not to expand membership further but focus on launching the Association at the earliest, those two courts were advised to join the Association later if they agree to the finalized Statute of the Association. Regarding other potential members such as the relevant institutions in Japan, China and India, although the Constitutional Court of Korea contacted them, they were still hesitant to participate in the Association and therefore, there has been no progress yet.

Next, in order to finalize the Statute of the Association, which was the most important task to be done at the third Meeting, members first discussed the issue of financing of the Association that was left undecided, such as the principles of financing and financial contributions on the basis of participants' status. Then, members reviewed article by article the draft Statute of the Association on the basis of the Korea's Amendment to the draft Statute prepared by the Constitutional Court of Korea reflecting various opinions of the participating members. After enthusiastically exchanging opinions and ideas with each others, members finally reached a consensus and agreed on the following major articles of the draft Statute:

Article 6. Membership

Members agreed that there was no need for distinction between the "original members" and members admitted later and thus the relevant section should be deleted. But in Article 32, it was stipulated that members of the Preparatory Committee who adopted the Statue shall be "founding members" of the Association. It was also agreed that institutions without adjudicative jurisdiction would be welcomed to the Association.

Article 15. Meetings

Regarding a member's proposal to hold the preparatory meeting of the Board of Members within one year from the last Congress, members agreed that it would be held "not later than six months before the next Congress" to give more flexibility to members.

Article 18. Quorum and Article 19. Voting

It was agreed that the quorum would be a majority of the members of the Association and that it requires a two thirds majority of the members present at a meeting to take decisions.

Part VII. Financing

The general principles agreed were as follows:

First, the general costs of organizing the meetings of the Board of Members and the Congress and other activities including symposia, workshops and seminars shall be financed primarily by the equal contribution of members. But the share of the contribution can be differentiated depending on respective capabilities of members as decided by the Board of Members.

Second, the host member shall be responsible for the costs of the Secretariat of the Association, and no Association fee would be required.

Third, members and observers shall bear their own travel and accommodation expenses. Guests, in general, shall also bear their own travel and accommodation expenses, but the expenses can be partly and entirely covered by the host member. The Board of Members may require observers to pay the costs of organizing the Congress and other activities and the costs of food and recreational events.

Article 32. Entry into force

It was agreed that the draft Statute would be finalized in the Meeting without further revisions and enter into force on the day of its adoption at a meeting of Presidents or Heads or their designated representatives of members of the Preparatory Committee. Given the nature of the text, members also agreed to initial the finalized Statute.

After intense discussion and review of the draft Statute, members finalized the Statute as agreed in the Meeting. It was decided that Presidents or Heads or their designated representatives of members of the Preparatory Committee would meet on the sidelines before the day of the 7th Conference of Asian Constitutional Court Judges in Jakarta in July specifically for the purpose of adopting the finalized Statute.

It was unanimously agreed that the Constitutional Court of Korea would host the inaugural Congress of the Association. Also, noting the need for the continuing role of the Preparatory Committee Chairperson leading up to the actual launch of the Association, members unanimously agreed to renew the two-year term of Chairperson Dong-Heub Lee.

Ⅲ. Conclusion

As I have just briefly reviewed, the Preparatory Committee, throughout three fruitful gatherings, achieved many things within short period of time. In hindsight, it was not an easy task at all, but I believe it was our concerted effort and enthusiasm towards our common goal that made it possible for us to yield this fruitful outcome. Most of all, I would like to take this opportunity to thank the Konrad Adenaure Foundation and Mr. Clauspeter Hill for the unwavering support and cooperation. Without their effort and commitment, we may not able to have this success.

Now, we are about to take the first stride to another dimension of the development of constitutional courts and equivalent institutions in the region of Asia, opening a new chapter of the Association of Asian Constitutional Court and Equivalent Institutions. I believe all the participants in today's meeting will be honorably remembered in the history of the Association as the ones who open the door for the development of constitutional adjudication in Asia.

I would like to thank all of you once again for your valuable contribution and dedication to the Preparatory Committee and the establishment of the Association. Thank you.

[별지 2]

Election System in Korea

– Concepts and Cases –

Dong-Heub LEE*

* Justice, Constitutional Court of Korea.

I. Introduction

In a country based on the doctrine of popular sovereignty and representative democracy, election system, in which political consensus among the people becomes the very source that gives legitimacy to the creation and exercise of state power, is the core principle for organizing the country's ruling system and the essential means to realize the representative democracy. Therefore, in order to make people properly exercise their sovereign power to achieve the country's interests as a whole as well as individual interests and thereby guarantee popular sovereignty, democratic election system should be established and well maintained.

The Constitution of Korea declares the doctrine of popular sovereignty by stipulating that "the sovereignty of the Republic of Korea shall reside in the people, and all state authority shall emanate from the people(Article 1 Section 2)." The Constitution also guarantees the people's franchise and provides constitutional basis for election process by stipulating that all citizens shall have the right to vote and the right to hold public office under the condition as prescribed in the Act (Article 24, 25); the National Assembly shall be composed of members elected by universal, equal, direct and secret ballot by the citizens(Article 41 Section 1); and the President shall be elected by universal, equal, direct and secret ballot by the citizens(Article 67 Section 1). Moreover, the Constitution guarantees freedom of expression in the election process by prescribing "all citizens shall enjoy freedom of speech and the press and freedom of assembly and association"(Article 21 Section 1), and equal opportunity in election campaign stating that "election campaigns shall be conducted under the management of the election commissions at each level within the limit set by Act and equal opportunity shall be guaranteed" (Article 116 Section 1). The Constitution also specifies the establishment of the National Election Commission for the purpose of fair management of elections(Article 114, 115).

In order for the election system to properly operate and sufficiently carry out its role in democracy, free and equal opportunity to participate in the election process should be guaranteed to all citizens. For this reason, the National Assembly should legislate election law constitutionally guaranteeing the people's freedom of election and equal opportunity to participate in elections. Even so, the balance between freedom of election and its restriction should also be reasonably tuned depending on the country's level of political and social development, the maturity of citizens' civic consciousness, the past and present election culture and other economic and cultural conditions. Therefore, our country, where absolutely fair and clean election culture has yet to be settled down despite more than 60 years of experience in elections, still has some legal provisions of election law that restrict the freedom of election in order to secure fairness in elections.

Accordingly, many constitutional complaints or motions to request for a constitutional review of statute have been filed against the provisions of election law in which the two important values, guarantee of the freedom of election and fairness in elections, conflict. As a result, the area of election law is one of the fields where the Constitutional Court of Korea has most actively engaged since its establishment in 1988. The Constitutional Court of Korea, in principle, has maintained strict standard of review with respect to the freedom of election, but at the same time, equally paid attention to the issue of fairness in elections. Therefore, the Constitutional Court has rendered a decision of unconstitutionality in many election cases and as a consequence, contributes to guarantee the people's political freedom and right to equality and lays the groundwork for realizing the doctrine of popular sovereignty.

For today's presentation, firstly, I would like to provide an overview of Korea's election system in general. And in the second part, important cases regarding election law decided by the Court over the past 22 years will be presented, specifically in relation to right to vote, eligibility for election and freedom of election campaign.

Ⅱ. Overview of Election System in Korea

A. Basic Principles of Election

1. Universal Ballot

In principal, every citizen reaching a specific age has the right to vote without discrimination on social status, race, religion, gender, education, property, etc.

2. Equal Ballot

Every person is entitled to one vote. No one is allowed plural votes because they are superior in social status, education, property, etc.

3. Direct Ballot

Eligible voters can participate in the voting process directly and personally.

4. Secret Ballot

The principle of voting that ensures no one will know which political party or candidate the voter has chosen so that voter can exercise the privilege of voting in a free and fair way without(being placed under) external interferences like bribery, intimidation, nepotism, etc.

5. Free Election

The Election Law obliges voters to faithfully participate in elections and exercise their privilege, but there is no penalty against non-participation.

B. Types of Elections

The types of elections prescribed in the Public Official Election Act are the presidential election, the election for the National Assembly members and the local elections for heads of local governments and members of local councils. Regarding election campaign period, in every election, election campaigns are allowed from the day after the closing date of candidate registration to the day before the Election Day and no campaign whatsoever is permitted on the Election Day.

1. Presidential Election

The presidential election is held every five years and the official campaign period lasts for 23 days. As Korea adopts the simple majority representation system, or so called "First Past the Post" system, the candidate with the majority of support from voters wins the election.

2. National Assembly Election

The National Assembly election is held every four years

and the official campaign period lasts for 14 days.

3. Election for Local Councils and Heads of Local Government

The elections for heads of local governments and members of local councils are held every four years and the official campaign period lasts for 14 days.

C. Right to Vote and Eligibility for Election

1. Right to Vote

A national of nineteen years of age or above has the right to vote in presidential election and the National Assembly election. A national who is nineteen years of age or above and is registered as a resident in the district under the jurisdiction of the local government concerned as of the record date of the voters list has the right to vote in local elections.

A Korean national who is residing abroad and nineteen years of age or above has the right to vote for the election of President and the proportional member of the National Assembly, even without being enrolled in the list of reporters of domestic domicile or registered as a resident by reporting his/her place of domestic residence. In this case, if such a Korean national residing abroad intends to vote overseas for the above mentioned elections, he or she shall file an application for registration of an overseas voter with the National Election Commission through embassies.

If a Korean national residing abroad is enrolled in the list of reporters of domestic domicile or registered as a resident, he/she has the right to vote even for the election of local constituency members of the National Assembly as well as the election of President and the proportional member of the National Assembly. In this case, if such a Korean national residing abroad intends to vote overseas, he/she shall make a report of an overseas absentee to the head of the competent local governments in writing through embassies.

The Public Official Election Act used to restrict the voting rights of Korean nationals residing abroad on the condition of enrollment in the list of reporters of domestic domicile. In 2007, however, the Constitutional Court held the provision incompatible with the Constitution as it violated the voting right of nationals residing abroad. Pursuant to the Court's decision, the provision was amended.

A Korean national residing abroad who is enrolled in the list of reporters of domestic domicile or registered as a resident also has the right to vote for the elections of members local council and heads of local governments election. But in this case, in order for such a person to cast a vote, physical presence within the territory of Korea is required.

According to Article 34 of the Immigration Control Act, any person who is registered in a foreign register of local autonomy concerned as a foreigner for whom three years have passed since the acquisition date of qualification for permanent residence have a right to vote in local elections.

However, a person falling under any of the following, as of the Election Day, shall be disfranchised: 1) A person who is declared incompetent; 2) A person who is sentenced to imprisonment without prison labor or a heavier punishment but whose sentence execution has not been terminated or whose sentence execution has not been decided to be exempted; 3) A person who commits an election crime, who commits the crimes referred to provisions of the Public Official Election Act/the Political Fund Act, or who commits the crimes in connection with the duties while in office as the President, a member of the National Assembly, a member of local council, and a head of local government and certain periods of time have not passed since one million KRW or more of fine is sentenced and the sentence was finalized; and 4) A person whose right to vote is suspended or forfeited according to a court ruling or other Acts.

2. Electoral Eligibility

For the president election, a national who is forty years of age or above and who has resided in the country for five years or longer as of the Election Day is eligible for election to the Presidency.

For the National Assembly election, a national of twenty-five years of age or above is eligible to stand for a member of the National Assembly.

For local council and heads of local governments election, a national who has registered as a resident in the district under jurisdiction of the local government concerned for sixty consecutive days or longer as of the Election Day and is twenty-five years of age or above is eligible to stand for elections for the relevant local council members and the head of the local government.

However, a person falling under any of the following, as of the Election Day, is ineligible to stand in election: 1) A person who has no voting franchise; 2) A person who is sentenced to imprisonment without prison labor or a heavier punishment and whose sentence is not invalidated and; 3) A person whose eligibility for election is suspended or forfeited according to a court ruling or pursuant to other Acts.

D. Election Districts and Full Number

1. Election District

Election districts are units of district into which the whole electorate is divided for electoral purposes. In the elections of President and heads of local governments administrative districts coincide with electoral one, so that there is little dispute, but in the elections of the National Assembly, Si(city)/Do(province) councils, district delimitation is an all- important issue.

At present, the elections of the National Assembly and

Si/Do councils adopt the small electoral district system, and those of the autonomous Gu(district)/Si(city)/Gun(county) councils also adopt the medium electoral district system.

2. District Delimitation

District delimitation, which is a system to realize the principal aims of election, requires certain standards. Overall consideration must be given to things like administrative districts, population, living districts, transportation, geographical features and various other elements concerning politics, economy, geography, and society. Delimitation must be done on the principle that it should serve to equalize the value of each vote and should not be unjustly partial towards any political group(no Gerrymandering).

3. Total Number of Members

The total number of members for the National Assembly, Si/Do council, and local council members consists of the number of constituency members and proportional members.

(1) Total number of National Assembly members

About the full number of National Assembly members, the Korean Constitution only designates the bottom line of 200, saying that a law should decide the exact number.

According to this, it is provided in the Public Official Election Act that the full number of the National Assembly members, for local constituency members and proportional representatives combined, is 299. There are 245 constituency members who are elected on the single-member constituency base and 54 proportional members whose seats had been allotted according to the proportion of votes each political party had gained.

(2) Total number of Si/Do council constituency members

The full number of Si/Do council constituency members varies with the number of autonomous Gu/Si/Gun of a Si/Do and the number of local constituencies for the National Assembly. Currently, there are 761 Si/Do council members nationwide, 680 being for local constituency members, and 81 for proportional representatives.

(3) Total number of autonomous Gu/Si/Gun council members

The elections of autonomous Gu/Si/Gun council members also adopt the medium electoral district, and the full number of the members is made in the range of 2 and 4.

Currently, there are 2,888 autonomous Gu/Si/Gun council members nationwide, 2,512 being for local constituency members, and 376 for proportional representatives.

E. Registration of Candidate

If a person is to stand for an election, he or she needs endorsement by a political party or electors. To be specific, a person needs endorsement by a political party or a certain number of electors to stand for president, National Assembly, head of a local government, Si/Do council or autonomous Gu/Si/Gun council.

1. Party-Endorsed Candidate

If a member of a political party stands as a candidate for an election, the application for registration must be accompanied by the endorsement letter signed and sealed by the representative of the endorsing party.

The application for registration of a proportional member candidate must be accompanied by the list of candidates whose ranking is decided by the endorsing political party. Besides, when a political party endorses candidates for the election of proportional representative National Assembly members and proportional representative local council members, more than half of the candidates endorsed should be female, and odd-ranking candidates must be female in the list of candidates.

2. Independent Candidate

If a person who is not a member of a political party stands as a candidate for the presidential election, the National Assembly members for a local constituency, the head of a local government, council members for local constituency members, he/she must be endorsed by a certain number of electors(for example, the numbers of endorsement required for presidential election ranges from 2,500 to 5,000, and for National Assembly election, from 300 to 500) who have registered as residents of the constituency concerned.

3. Candidate's Deposit

A person who applies for candidate registration is to deposit a specific amount of money for the main purpose of preventing the election from being flooded with candidates and heating up, and guaranteeing the sincerity of the candidates(For example, 500 million KRW is required for presidential election and 15 million KRW is required for National Assembly election. But the Constitutional Court held that the provision of the Public Official Election Act stipulating 500 million KRW as the required amount of deposit for president election does not conform to the Constitution and ordered temporary application until the legislature revises it).

F. Election Campaign

1. Definition

Election campaign refers to performing a directly or indirectly necessary and effective act for obtaining votes or for making another person be or not be elected in a specific election.

2. Restrictions on Election Campaign

(1) Reasons for Restriction

Freedom of election is a constitutional principle latent in the electoral system of a democracy and it means the freedom of a voter to form his/her views and realize them. Nevertheless, election must be prevented from becoming corrupt from money, abuse of government power and slander, and it is necessary to minimize socio-economic losses and side effects that might be incurred by allowing limitless election campaign. Accordingly, the Korean election law places certain restrictions on freedom of election campaign to harmonize two constitutional ideas, that is, freedom of election campaign and equal opportunities for it.

(2) Details about Restrictions on Election Campaign

In Korea, we eliminated the comprehensive way of restricting and prohibiting election campaign and, instead, switched to the individual way when we made the Act on Elections for Public Offices and Prevention of Electoral Malpractices in 1994. In spite of this, there are a certain restrictions on the time, subject, method and cost of election campaign.

1) Restrictions on Time

Election campaign is only allowed from the day after the end of candidate registration to the day before the Election Day. Only, in order to guarantee the equality of election campaign, we have the preliminary candidate system, that is, a preliminary candidate can do campaigning within limited scope provided in the law after notifying to the Election Commissions within jurisdiction in writing, for example, in the case of a preliminary candidate for the National Assembly, from the 120th day before the Election Day and from the 240th day before the Election Day in the case of a preliminary candidate for presidential election.

2) Restrictions on Subjects

The Public Official Election Act proclaims that everyone can electioneer freely, but then enumerates separately those who cannot engage in an election campaign, including public officials, disfranchised people, minors, foreigners, etc.

3) Restrictions on Methods

The Public Official Election Act places a variety of restrictions on the election campaign method, and typical examples under the restriction are as follows:

First, interruption of the conduct of election campaign: for instance, disturbing debates and interviews, and taking advantage of status for electioneering. Second, bribery and contribution: for instance, bribing an elector, candidate, and elected person, newspaper and broadcasting company, and contributing. Third, unfair conducts: for instance, election campaign by private organizations, establishment of a similar institution, meetings of a native society and relatives' society, and illegal use of a newspaper or broadcast. Fourth, disturbance of electors' peaceful daily life: for instance, night campaign speeches, door knocking, procession and indiscreet use of a loudspeaker. Fifth, disturbance of social order and public morals: for instance, slandering a candidate, and publicizing a false rumor.

4) Restrictions on Expenses

Korea adopts the administrative total amount restriction system by which the election commission determines the total restricted amount of expenses for a relevant election. Meanwhile, in order to make the system of restricting election expenses effective, exceeding the restricted amount election expenses by more than 0.5 percent becomes an independent election crime and is punished.

If an election campaign manager, accountant in charge of an election campaign office or accountant for a preliminary candidate commits election crime and is sentenced to the imprisonment or fine exceeding three million KRW, the election of the candidate concerned becomes invalidated.

3. Aspects of Election Campaign

As I mentioned earlier, although freedom of election campaign is the right guaranteed in the Constitution, there are individual items of restriction and prohibition on subjects, times, and methods for the sake of fairness of election and equality of opportunity. Therefore, in reality, there are not many possible ways of election campaign and the followings are the types of election campaign allowed by the Public Official Election Act:

(1) Election campaign using mass media including first, broadcast advertisement allowed only in the presidential election and the election for proportional representative National Assembly members; second, newspaper advertisement allowed only in the election of president, proportional representative National Assembly members and Si/Do governors; third, broadcast speech of candidate allowed in all elections; and forth, broadcasting profile of candidates of elections for President, National Assembly and head of local governments.

(2) Campaign rallies in which candidates make a speech or interview at an open place.

(3) Interview and debate hosted by press agencies, supervised by the Election Debate Broadcast Committee, policy debate supervised by the Election Debate Broadcast Committee and interviews or debates hosted by organizations except government related ones.

(4) Election campaign using prints including propaganda printed materials, election campaign bulletin and written campaign promises, all of which should meet a certain standard designated by the Public Official Election Act.

(5) Election campaign using electronic communication including internet homepage and using telephones from 6am to 11 pm; especially for election campaign using telephone, according to the Public Official Election Act, any person entitled

to make an election campaign may make the election campaigns by means of telephone during the campaign period only through a direct conversation between the sender and receiver with the consent of the receiver after asking whether or not receiving the campaign messages. Even though one can install a temporary telephone for electioneering in an office, home, election campaign office and the liaison office for election campaign, it is against the election law to use the programs of automatically creating a contact place of receiver, such as the telephone number by mixing the numerals, symbols or letters and other technical apparatuses.

(6) Election campaign by utilizing facilities such as signboard, tablets and handing placard.

(7) Election campaign by persons related to election campaign affairs.

G. Public Management of Election

Public management of election means either that election campaign is controlled by State to prevent election abuses that could be caused by a let-alone policy towards election campaign, or that election expenses are paid by State to guarantee equal opportunities for election campaign among candidates and reduce the election expenses with the ultimate purpose of embodying fair elections. Under the general idea of public management of election, the Korean Constitution makes it clear that election campaign should be carried out under the supervision of the election commission at each level within the limit set by Act and equal opportunity should be guaranteed(Article 116 Section 1). The Constitution also declares the principle of public management of election in holding election campaign and defraying election expenses in Article 116 Section 2 saying that "except as otherwise prescribed by Act, expenditures for elections shall not be imposed on political parties or candidates."

1. Public Management

The classic example of public management is that the election commission posts and sends printed matter like propaganda posters. If direct management of election campaigns by an election managing body is expanded, however, this might lead to some negative aspects like uniformity of election campaigns and restrictions on candidates' free electioneering.

2. Public Funding

If a candidate obtains a certain number of votes and becomes qualified to get the deposit money back, the state or the local government fills the expenses spent on the election campaign which include expenses spent on propaganda posters and campaign bulletins, broadcast and newspaper advertisements, broadcast speeches, rent of campaign vehicles and loudspeakers, allowances for electioneers.

Furthermore, the state or local government also pays the expenses spent on posting and sending posters and bulletins, interviews and debates supervised by the Election Debate Broadcast Committee, and witnesses' allowances and meals at the voting and ballot counting.

Thus, the election commission corrects the inequality of opportunity and unfairness that might be caused by discrepancy among candidates in financial power.

H. Election Litigation

The Korean Constitutional Court does not have jurisdiction over the election disputes. In cases of presidential elections and general elections of the National Assembly, when there is a dispute over the validity of an election itself or the validity of electoral results, a lawsuit can be directly filed with the Supreme Court.

On the other hand, in cases of local elections, when there is a dispute over the validity of an election itself or the validity of electoral results, firstly, a petition can be filed with the election commission, and secondly, if there is an objection to the decision on the petition rendered by the election commission, a lawsuit can be filed either with the Supreme Court or with appeals court(High Court): i) for Si/Do governor election and proportional Si/Do council member elections, the Supreme Court; and ii) for district Si/Do council member, autonomous Gu/Si/Gun Governor elections, and autonomous Gu/Si/Gun council member elections, appeals court(High Court).

Meanwhile, when the issues as to whether an Act or Statute related to election violates the Constitution or infringes on people's fundamental rights become the contested subject matters of election disputes, the Constitutional Court may conduct a constitutional review of the related Act or Statute. And recently, some suggest that given the characteristics of election dispute, it is more desirable that the Constitutional Court has the jurisdiction over the election disputes since national election is a democratic process which grants governmental power to its relevant authority under the Constitution.

Ⅲ. Important decisions by the Constitutional Court

A. Restrictions on Right to Vote

1. Restriction on Age

The Court held that the provision of the former Public Official Election Act which limits the right to vote to nationals of twenty years of age or above does not infringe on people's right to vote or the right to equality(9-1 KCCR 674, 96 Hun-Ma 89, June 26, 1997). Meanwhile, the provision at issue was revised in 2005 so as to give the right to vote to nationals of nineteen years of age or above.

2. Restriction on Korean Nationals Residing Abroad

In *Right to Vote of Nationals Residing Abroad Case*(19-1 KCCR 859, 2004 Hun-Ma 644, 2005 Hun-Ma 360(consolidated), June 28, 2007), the Constitutional Court held that the provisions of the Public Official Election Act providing that 1) voters need to be registered as residents in order to be able to cast their votes for the presidential election, National Assembly election, local election, and national referendum and 2) registering for absentee ballots is allowed only for Korean national living in Korea, thereby denying any possibility that Korean nationals abroad and Korean national staying overseas even for short period of time are able to exercise their right to vote, are not compatible with the Constitution, as the provisions violate the right to vote and the right to equality of Korean nationals aboard, as well as the principle of universal election.

3. Absentee Vote

In regards to the provision of the Public Official Election Act which does not provide any way to vote for the sailors who stay on the ship for a long time, the Court rendered a decision of incompatibility with the Constitution, as it violates the sailors' right to vote(19-1 KCCR 899, 2005 Hun-Ma 772,

June 28, 2007).

4. Restriction on Prisoners

In *Restriction on Prisoner's Right to Vote Case*(157 KCCG 2035, 2007 Hun-Ma 1462, October 29, 2009), the Court, in an opinion of 4(constitutional): 5(unconstitutional), denied the constitutional complaint against the provision of the Public Official Election Act which stipulates that "a person who is sentenced to imprisonment without prison labor or a heavier punishment, but whose sentence execution has not been terminated shall be disfranchised." The court opinion states that the standard of "a sentence of the imprisonment without prison labor or a heavier punishment" is important enough to justify such restriction on the fundamental rights.

5. Problems on Population Disparity in Electoral Districts

In *National Assembly Election Redistricting Plan Case* (13-2 KCCR 502, 2000 Hun-Ma 92, 2000 Hun-Ma 240(consolidated), October 25, 2001), the National Assembly Election Redistricting Plan was declared to be incompatible with the Constitution, as the division of districts for the National Assembly Election which exceeds the permissible maximum deviation of population in an electoral district, which is 50% (or in other words, the maximum ratio between the most populous district and the least populous district would be 3 : 1.), is beyond the limits of legislative discretion and therefore, violates the complainant's constitutional right to vote and the right to equality.

Regarding the division of districts for Si/Do council election and autonomous Gu/Si/Gun council election, the Court has adopted a little more relaxed standard of permissible limits on population disparity by setting it at 60%(in other words, the maximum ratio between the most populous district and the least populous district would be 4 : 1) (19-1 KCCR 287, 2005 Hun-Ma 985 · 1037, 2006 Hun-Ma 11(consolidated), March 29, 2007; 21-1(A) KCCR 482, 2006 Hun-Ma 14, March 26, 2009).

6. Election of Proportional Representatives

In *One-Person One-Vote Case*(13-2 KCCR 77, 2000 Hun-Ma 91, 2000 Hun-Ma 112, 2000 Hun-Ma 134(consolidated), July 19, 2001), the Court held that the Public Official Election Act which permits only "one vote for each voter" in the electoral district violates the Constitution as long as a separate vote for a political party is not allowed, while the election system implements both the majority representation system and the proportional representation system based on party nomination. Such practice is contrary to the democratic principles which call for the accurate reflection of people's opinions and guarantee people's freedom of choice in public election and the principle of direct election as well as in violation of the right to vote for proportional representatives and the right of equality of people voting for independent candidates. Pursuant to the Court decision, the provision was amended to stipulate that in the election of the National Assembly members, the election of the Si/Do council members and the election of the autonomous Gu/Si/Gun council members, it shall be one vote per person at each election of local constituency members and of proportional representative members.

B. Restriction on Eligibility for Election

1. Restriction on Age

In *Requirement of Twenty-Five Years of Age or Above to be Elected as Assemblyperson Case*(17-1 KCCR 547, 2004 Hun-Ma 219, April 28, 2005), the Court found constitutional the provision of the Public Official Election Act, which limits the right to be elected as an assemblyperson to nationals of twenty-five years of age or above, as it is within the realm and limit of legislative discretion, not excessive to the degree of violating the essential aspect of the complainant's basic rights such as to hold public office.

2. Restriction on Korean Nationals Residing Abroad

In *Right to Vote of Nationals Residing Abroad Case*(19-1 KCCR 859, 2004 Hun-Ma 644, 2005 Hun-Ma 360(consolidated), June 28, 2007), the Constitutional Court rendered a decision of incompatibility with the Constitution regarding the provision of the Public Official Election Act which stipulates that in order to be elected in local election, a candidate needs to be registered as a resident in the local district concerned. The Court held that since the provision at issue practically prevents Korean nationals abroad living in Korea who cannot register as residents according to the Resident Registration Act from being elected as a member of local council, it violates their right to hold public office.

3. Restriction on Criminals

In *Restriction on Election Law Violator's Eligibility for Election Case*(20-1(A) KCCR 98, 2004 Hun-Ma 41, January 17, 2008), the Court upheld the provision of the Public Official Election Act which prevents election law violator from running for public election for five years from when he/she was sentenced to a fine of one million KRW or more, on the ground that the provision at issue restricting eligibility for election does not infringe upon the right to hold public office in violation of the principle against excessive restriction.

4. Restriction on Succeeding Seats for Proportional Representatives

In *Prohibition of Succeeding Local Council Seats Reserved for Proportional Representation in the Event of Vacancies Occurring from Election Crimes Case*(21-1(B) KCCR 850, 2007 Hun-Ma 40, June 25, 2008), concerning the provision of the Public Official Election Act providing that vacancies in the office of a proportional representative local council member, in principle, should be filled by the next eligible candidate on the relevant party list except for ones arising from invalidation of election due to election crimes, the Court held unconstitutional the aforementioned exception, on the ground that it infringes on the right of the next eligible candidate to hold public office, violating the principle of representative democracy and the principle of least restrictive means.

In *Prohibition of Succeeding National Assembly Member Seats Reserved for Proportional Representation in the Event of Vacancies Occurring Within 180 Days Prior to the Term Expiration Date Case*(21-1(B) KCCR 928, 2008 Hun-Ma 413, June 25, 2009), the Court ruled that, the provision of the Public Official Election Act providing that a vacancy in the seat of the National Assembly reserved for proportional representation should, in principle, be succeeded by the next eligible candidate on the roll of proportional representative National Assembly members but that the same will not apply to vacancies occurring within 180 days prior to expiration of terms is against the Constitution, on the ground that the provision infringes on the next eligible candidate's right to hold public office. Pursuant to the Court's decision, the provision was revised in January 25, 2010 so that the 180 day limitation is now replaced by "within 120 days."

5. Restriction on Candidates

(1) Prohibition of Holding Another Position

In *Time Limit for Resignation for the National Assembly Election Case*(15-2(A) KCCR 516, 2003 Hun-Ma 106, September 25, 2003), the Court held unconstitutional the provision of the Public Official Election Act providing that a head of a local government who runs for election to be a member of the National Assembly in the local district should resign from the local government position no later than 180 days prior to the election, on the grounds that requiring resignation from the office of the head of local government far sooner than what is normally required for other public officials, which is 60 days, is discrimination against the head of local government with no reasonable ground in relation to other public officials and it also violates the right to hold public office of the head of local government, running afoul of the principle of proportionality.

(2) Restriction on Local Government Officers' Elected Term

In *Local Government Officers' Elected Term Limit Case* (18-1(A) KCCR 320, 2005 Hun-Ma 403, February 23, 2006), the Court held constitutional that the three consecutive term limit on the head of local government to be elected as provided in the provision of the Local Autonomy Act, on the ground that the provision does not infringe on the right to hold public office of the head of local government.

6. Restriction on Deposit

In *Deposit Money in National Assembly Election Case*(13-2 KCCR 77, 2000 Hun-Ma 91, 2000 Hun-Ma 112, 2000 Hun-Ma 134(consolidated), July 19, 2001), the Court declared unconstitutional the provisions of the Public Official Election Act which requires a candidate for the National Assembly election to make a deposit of 20 million KRW when submitting the application for candidate registration and provides grounds for the return and forfeiture of election deposit. In this case, the Court stated that the deposit requirement of 20 million KRW is excessive considering the economic conditions of average citizens and therefore, will prohibit potential candidates from running for office only for the reason that he or she cannot raise the deposit money. Therefore, the provisions at issue violate the right of equality and the right of potential candidates to hold public office, and it violates the voters' freedom of choice. Meanwhile, pursuant to the Court's decision, the provisions at issue in this case have been amended and now the election deposit, in the case of National Assembly election, is 15 million KRW.

In *Deposit Money in Presidential Elections Case*(20-2(B) KCCR 477, 2007 Hun-Ma 1024, November 27, 2008), the Court decided that the provision of the Public Official Election Act which requires the applicants to pay 500 million KRW as deposit money upon registration of presidential candidate is not compatible with the Constitution, on the grounds that it imposes extremely excessive burden on individuals, which is an unreasonable discrimination in offering the opportunity to exercise the right to hold public office according to the amount of candidates' assets. This, therefore, infringes the complainant's right to hold public office.

C. Freedom of Election Campaign

1. Restriction on Subject

(1) Public Officials

In *Petition to Invalidate the Notice of Compliance Request for President's Duty of Impartiality toward Election Case* (20-1(A) KCCR 139, 2007 Hun-Ma 700, January 17, 2008), the Court held that 1) President's political remarks during a campaign season violate the provision of the Public Official Election Act which prohibits public officials, etc from acting in a manner which may influence election result; and 2) the National Election Commission's Notices of request for compliance with President's duty of impartiality toward election and the Public Officials Act as the basis of the Notices do not violate the Constitution, as it balances between the public interest of fair election and the restriction on freedom of expression.

In *Prohibition against Election Campaign Planning by Public Officials Case*(20-1(B) KCCR 270, 2006 Hun-Ma 1096, May 29, 2008), the Court decided that the application of the provision of the Public Official Election Act, which bans the "act of participating in the planning of an election campaign or in the implementation of such planning" of public officials, even to public officials who do not take advantage of their positions, infringed upon the freedom of political expression and equality rights, and thus violated the Constitution. Pursuant to the Court's decision, the provision is revised in 2010 to apply only to act taking advantage of public official's status.

(2) Proportional Member Candidate

In *Prohibition of Campaign Activities against Proportional Member Candidate Case*(18-2 KCCR 212, 2004 Hun-Ma 217, July 27, 2006), the Court held that the provisions of the Public Official Election Act which do not allow the candidates for proportional members of the National Assembly to conduct the campaign activities which are otherwise allowed for the candidates for constituency members of the National Assembly do not violate the freedom of election guaranteed to the proportional member candidates or the political parties concerned.

2. Restriction on Time

(1) In *limitation on Election Campaign Period Case*(13-2 KCCR 263, 2000 Hun-Ma 212, August 30, 2001), the Court upheld the provision of the Public Official Election Act limiting an election campaign period and punishing campaign activities done before the campaign period, on the ground that considering the purpose and manners of restriction, common elec-

tion activities in Korea and practical necessity, restriction of the election period is necessary and reasonable and does not excessively restrict the freedom of election campaign.

(2) Restriction on Premature Electioneering

Regarding premature electioneering, the Court held constitutional the provision of the Public Official Election Act which limits election campaign period and punishes any person who prematurely carries out election campaign before the designated period, on the ground that the provision does not infringe on the freedom of campaign election(20-2 KCCR 750, 2005 Hun-Ba 32, October 30, 2008).

3. Restriction on Methods

(1) Election Campaign Using Prints, Text Messages, UCC, etc.

1) Prints

Regarding restriction on printed documents, the Court held that the provisions of the Public Official Election Act which prevent anyone from distributing name cards from 180 days prior to the Election Day to the Election Day, except when a candidate does so during the campaign period, with the intention of influencing the election and punish such violation do not infringe on the freedom of election campaign and the right to equality(20-2(A) KCCR 750, 2005 Hun-Ba 32, October 30, 2008).

2) Text Messages

Regarding restriction on election campaign sending text

message through mobile phone, the Court held that prohibition of sending text messages to voters, pursuant to the provision of the Public Official Election Act banning unlawful distribution of documents or the like which contains the contents of supporting, recommending or opposing a political party or candidate from 180 days prior to the Election Day to the Election Day with the intention of influencing the election, does not violate the principle against excessive restriction and therefore does not violate the freedom of election campaign. Despite the majority of five Justices rendered a decision of unconstitutionality, the provision held constitutional as the Court failed to meet the quorum requirement of more than six Justices to render a decision of unconstitutionality(21-1(B) KCCR 599, 2007 Hun-Ba 24, May 28, 2009).

3) UCC(User Created Contents)

Regarding restriction on UCC, the Court, in an opinion of 3(constitutional): 5(unconstitutional) held that prohibition of distributing 'UCC', pursuant to the provision of the Public Official Election Act banning unlawful distribution of documents or the like which contains the contents of supporting, recommending or opposing a political party or candidate from 180 days prior to the Election Day to the Election Day with the intention of influencing the election, does not violate the principle against excessive restriction and therefore, does not violate the freedom of election campaign(20-2(A) KCCR 750, 2005 Hun-Ba 32, October 30, 2008).

4) Real Name Verification Process

In *Real Name Verification of Internet News Site Case*(161 KCCG 595, 2008 Hun-Ma 324, 2009 Hun-Ba 31(consolidated), February 25, 2010), the Court held constitutional the provisions of the former Public Official Election Act that impose the duty on the Internet News Site to implement technical measures to identify the real name of the one who posts message expressing support for or opposition to political parties or candidates on the message board or chat room of its homepage during the election campaign period and to delete messages posted without the verification of real name, not in violation of the rule of clarity, the principle against prior censorship and the principle of the least restrictive means.

(2) Interview and Policy Debates

Regarding restriction on interviews and policy debates, the Court held constitutional the provision of the Public Official Election Act which requires 5/100 or more of support rate averaging the results of public opinion poll as a condition for participating in interviews and policy debates by the Election Debate Broadcasting Committee, as it does not violate the freedom of election campaign and the right to hold public office(21-1(A) KCCR 708, 2007 Hun-Ma 1327, March 26, 2009).

(3) Rejection Campaign

In *Rejection Campaign by the Citizen's Alliance Case*(13-2 KCCR 263, 2000 Hun-Ma 121, August 30, 2001), the Court upheld the provision of the Public Official Election Act prohibiting a rejection campaign including the one launched by a third party with no objective to win an election. The Court states that although a rejection campaign by a third party without direct interest in the outcome of an election is different from a rejection campaign by candidates against their opponents in that it is not launched for the purpose of winning an election but for the public good of preventing the election of an unfit candidate, there is essentially no difference between them as both have the same methods and effects. Therefore, it is inevitable to regulate such activities regardless of the intention to win an election and there is a balance between the restriction imposed on the freedom of expression and the public interest of managing a fair election.

(4) Support and Recommendation from Party

In *Party Affiliation of Candidates for Local Election Case* (15-1 KCCR 7, 2001 Hun-Ka 4, January 30, 2003), the Court declared unconstitutional the provision of the Public Official Election Act which prohibited a candidate in the local council election from revealing the fact that he/she was supported or nomi- nated by a political party, as it restricts the candidates' free- dom of political speech and violate the principle against ex- cessive restriction, failing to strike a balance between the public benefit derived from the ban on expression of party affiliation and the negative effects of the ban.

(5) Receipt of Illegal Contribution

In *Imposition of Penalty against Receipt of or Demand for Illegal Contribution Case*(21-1(A) KCCR 337, 2007 Hun-Ka 22, March 26, 2009), the Court held that the provision of the Public Official Election Act, which punishes a person who receives or demands contribution by uniformly imposing penalty equivalent to 50 times of the amount or the value of foods or goods given to him/her and provides no possibility of a reduction, does not conform to the Constitution as it violates the principle against excessive restriction. Reflecting the Court's decision, the provision was revised in 2010 and "penalty equivalent to 50 times of the amount or the value of foods or goods" was replaced by "penalty of not less than 10 times and not more than 50 times of the amount or the value of foods or goods."

4. Restriction on Expenses

(1) In *Excluding Perspective Candidate for the National Assembly Election from Receiving Political Fund Case*(13-2 KCCR 174, 99 Hun-Ba 92, August 30, 2001), the Court held constitutional the provision of the former Political Fund Act which excluded a prospective candidate for the National Assembly election, who has yet to be registered with the competent election commission as a candidate, from being the one who may receive political fund, as it does not violate the principle of equality and therefore, not infringe on the right

to hold public office.

(2) In *Trade Union's Political Contributions Case*(11-2 KCCR 555, 95 Hun-Ma 154, November 25, 1999), the Court held that the provision of the Political Fund Act allowing political contributions by other social organizations, especially management, but bans political contributions by labor union was in violation of the labor union's right to equality, and therefore unconstitutional. Pursuant to the Court's decision, the provision was revised to prohibit foreigners, foreign or domestic corporations or organizations from contributing any political funds.

D. Others

1. Subsidy to Political Parties

In *Allocating Proportion of Country Subsidy to Political Parties Case*(18-2 KCCR 242, 2004 Hun-Ma 655, July 27, 2006), the Court held constitutional the provision of the Political Fund Act, which differs in the proportion of country subsidy to political parties depending upon whether such party is formed as a negotiating one, as it does not amount to notably change the competitive dynamics among political parties, thereby not leading up to the lack of reasonableness.

2. Report on Parliamentary Activities

In *Reporting Parliamentary Activities Before the Election*

Campaign Period Case(13-2 KCCR 174, 99 Hun-Ba 92, August 30, 2001), the Court held that the provision of the Public Official Election Act which allows a National Assembly member or a local council member to report his/her parliamentary activities before the commencement of the election campaign period does not violate the Constitutions.

3. Listing Order of Candidate's Name on Ballot Paper

Regarding this, the Court declared constitutional the provision of the Public Official Election Act which stipulates the listing order of candidates on the ballot paper based on the number of the representatives belonging to the political party, such as the candidate from majority party as of the voting day first, the candidate from minority party later, and the independent candidate latest, and also declared constitutional the provision which lists candidates for the municipal election on the ballot paper in alphabetical order when a political party nominates more than one candidate in the same electoral district, as they do not infringe on the complainant's fundamental rights including the right to equality(19-2 KCCR 412, 2006 Hun-Ma 364 · 587 · 791(consolidated), October 4, 2007).

Ⅳ. Conclusion

It is deep-rooted idea that election is the essence of democracy and the ultimate democratic device, and therefore, it may not be exaggerating to say that the rise and fall of the Parliamentary politics solely depends on the election system itself. The Constitutional Court of Korea has played a pivotal role in the development of election law in the country. In many cases related to election, the Court has been rendering well balanced decisions between the freedom of election and its fairness, staying vigilant at any excessive restriction on the election by applying strict standard of review in order to practically secure people's right to vote and right to hold public office, while carefully considering the fact that fairness in election process is also equally important public interest we have to pursue.

Reflecting such stance the Constitutional Court of Korea has taken, in recent years, legislative restrictions on the freedom of election seems to be somewhat relaxed in Korea, such as expanding the freedom of election campaign via introducing the system of preliminary candidate. Due to the improvement of election culture and public awareness in election system and the technological development, it is expected that in the near future, the Court will deal with cases containing new constitutional arguments about the restrictions or limitations stipulated in the election act.

제 7 장

中國 人民大學 法學院 特講 및 中國 最高人民法院, 全國人民代表大會 常務委員會 방문기

제 1. 머 리 말

이번의 중국방문도 두 가지 목적을 가지고 추진되었다. 그 하나는 중국의 헌법학자 및 헌법을 연구하는 학생들에게 한국의 헌법재판소와 헌법재판에 대해서 본격적으로 알리기 위해서였다. 지난 2 월에 일본 도쿄대학에서 일본 헌법학자들에게 강연한 것과 마찬가지로 중국 人民大學 法學院 韓大元 學長의 招請을 받아 特講 형식으로 강연을 하기로 되었다. 중간에서 연락을 맡아 수고해 주신 분은 전부터 나와 친분관계가 있던 김현경 교수였다. 김 교수는 중국 인민대학에 유학하여 박사학위 취득 후 인민대학 법학원 民法 교수로 재직 중인 한국인 여성교수이다. 강연 내용은 지난 번 獨逸에서와 日本에서 한 강연내용에 최신 헌재판례를 추가하는 것으로 구성하였다. 또한 講演言語도 영어가 아니라 中國語로 준비하기로 하였다. 2002년 여름 내가 서울 고등법원 부장판사로 재직할 때 친구들과 상하이, 수조우 관광을 갔다가 상상했던 것보다 발전된 중국의 모습을 보고 앞으로의 중국과의 교류와 중국 문화 이해를 위해서는 중국어를 공부할 필요가 있다고 판단하여 배석판사들과 함께 선생님을 모시고 중국어 스터디 반을 만들어 공부를 시작하였다. 헌재 재판관이 되고 나서도 연구관들과 중국인 선생님을 모시고 중국어 반을 구성하여 공부해 오고 있으니 공부기간이 통산 6년 반 가까이나 되었으나 아직도 영어나 일본어에 비하면 수준이 훨씬 못 미치는 수준이다. 그런데 일본어는 공부하면 전공인 법률공부에도 큰 도움이 되지만, 중국어는 일본어에 비하면 훨씬 배우기가 어려울 뿐만 아니라 법률공부에도 별로 도움이 되지 않는 언어인데, 무얼 하려고 그렇게 열심히 하느냐는 말을 주위에서 듣기도 하였다. 나 자신도 그런 생각이 들기도 하였지만 계속 공부하고 있었는데, 드디어 이번에 중국어 공부가 빛을 볼 기회가 온 것이다. 중국어로 강연 준비를 한 理由는 제3국어인 英語로 강연할 경우, 강연자와 청중과의 사이에 意思疏通이 정확하고 충분히 되지 않는 것을 피하고자 함이었다. 먼저 英語로 된 강연원고를 김현경 교수에게 보내어 中國語로 번역해 줄 것을 부탁하였다. 그러나 그 결과물을 보니 워낙 우리와 사용하는 법률용어가 相異하고 일부 誤譯이 된 부분도 있고 하여 걱정을 하고 있던 차에 우연히 헌재

연구관으로부터 한국과 중국의 헌법에 정통한 조선족 헌법학자가 있다는 것을 알게 되었다. 다행히도 헌재 연구관을 통하여 소개받은 延邊大學校 헌법교수인 蔡永浩 교수와 연락이 닿아 채 교수가 거의 재번역하는 수준으로 강연원고를 修正하는 수고를 해 주셨다. 채 교수는 조선족으로서 한국어와 중국어가 능통할 뿐만 아니라 서울대학교에서 "韓國, 日本, 臺灣의 違憲審査 제도의 比較法的 연구"라는 제목의 논문으로 博士學位를 취득한 분이라 법률용어 선택뿐만 아니라 내용 이해에 있어서도 탁월하였다. 우리나라의 헌법재판소 내지 헌법재판이 본격적으로 중국 헌법학계에 소개되는 것은 이번이 최초이므로 用語選擇이 중요한데, 채 교수와 메일을 통하여 같이 의견을 나눈 끝에 憲法法院이란 용어 대신에 憲法裁判所라고 하고, 그 외에도 變形決定, 憲法不一致(憲法不合致의 뜻) 결정, 憲法所願, 抽象性規範審査, 違憲法律審判, 權限爭議審判, 約束力(羈束力의 뜻) 등의 법률용어를 사용하였다.

또 한 가지 방문목적은 내가 준비위원장을 맡고 있으며, 지난 7월에 자카르타 宣言을 통하여 국제기구로 발족한 亞細亞 憲法裁判所聯合에 관하여 중국 관계기관에 알림으로써 중국 측으로 하여금 관심을 갖게 하고 참가를 독려하기 위함이었다. 주중 한국 大使館의 노정환 법무협력관을 통하여 最高人民法院과 全國人民代表大會 常務委員會에 機關訪問 요청을 하였던바, 최고인민법원에서는 바로 승낙이 왔으나 全人代에서는 도저히 시간이 나지 않는다고 거절하였다가 출국 직전에야 승낙이 떨어져 어려운 방문을 할 수 있게 되었다.

10월 25일(일) 오후에 베이징에 도착하여 저녁에는 한대원 중국 인민대학 법학원장이 환영만찬회를 열어 주었다. 같이 수행한 전병관 헌법재판소 부장연구관, 김현경 교수, 헌재 연구관인 조혜수 연구관의 남편인 주중 한국대사관의 남진 서기관 등이 만찬에 참석하였다. 인민대의 다른 교수들도 참석하려고 하였으나, 韓國語로 자유스럽게 대화하시는 게 좋을 것 같아 중국 교수분들은 참석치 않았다고 김 교수가 설명하였다. 한대원 원장은 조선족 출신으로 중국 吉林大學을 졸업한 헌법교수로서 능력과 인품이 출중하여 막강한 경쟁을 뚫고 인민대학 법학원 원장에 취임하였다고 한다. 한 원장은 현재 중국 憲法學會 會長職을 맡고 있고, 한국의 서울대학교, 일본의 도쿄대학교, 미국 하바드 대학교 등에서 留學한 화려한 경력을 갖고 있었다. 한 원장은 우리나라에서도 중국교수들과 공저로 中國法 入門書를 출판한 바 있고, 외국헌법, 외국헌법판례 등 다수의 저술을 한 것으로 알려져 있다.

〈사진 1: 인민대학 법학원 특강에 앞서 법학원 귀빈실에서 韓大元 법학원장과 담소를 나누는 필자〉

만찬 도중 자연스럽게 중국의 현재의 違憲法律審査 制度, 즉 全人代 상무위원회의 憲法監督 제도 및 그 구체적 사례 등에 대하여 한 원장으로부터 자세한 설명을 들을 수 있었다. 뿐만 아니라 한 원장은 중국이 앞으로 서구식의 소위 위헌법률심사 제도를 어떻게 갖추는 것이 바람직한가에 대하여 중국 헌법학계에서 논의되는 방안들을 4가지로 나누어 자세히 설명하였다. 그 중에서 한 원장은 전국인민대표대회 하부기관으로 독립한 違憲法律審査機關을 설치하고 最高人民法院과 함께(위헌제청권 행사 등을 통해) 위헌법률심사권을 행사토록 하는 것이 바람직하다고 생각한다고 의견을 피력하였다. 요컨대 프랑스의 憲法委員會 제도를 가장 가까운 모델로 생각하는 것으로 느껴졌다. 나는 우리나라의 위헌법률심사제도의 변천과 그 동안의 경험 등을 한 원장에게 설명하였다.

제 2. 中國人民大學 法學院 特講

10월 26일(월) 오후 2 시 30분 경에 중국인민대학 법학원의 귀빈 접견실에 안내되었다. 접견실에는 韓大元 법학원 원장, 劉明祥 법학원 부원장, 胡錦光 법학원 부원장 등 인민대학 교수뿐만 아니라 王磊 북경대학 교수, 焦洪昌 政法大學 부원장, 李樹忠 정법대학 교수, 任進 국가행정학원 교수 등도 다수 참석하여 필자를 환영해 주었다. 한 원장은 내빈 교수들에게 나를 일일이 소개한 다음 竹簡으로 된 법학원 개원 60주년 기념품 등을 선물하였다. 나도 준비해 간 기념품과 우리 헌재의 20년간 영문 판례집 등을 전달하고 참가 교수 전원에게 헌재 홍보 브로셔를 선물하였다.

오후 3시부터 인민대학 법학원 국제회의실에서 강연회가 시작되었다. 강연회장 설비는 우리나라나 일본에서 보던 것보다 더 첨단의 장비와 구조를 갖추고 있었다. 인민대학의 외부인사 특강 시리즈에는 등급이 4가지 있는데, 내가 한 특강은 大法官講壇이라는 명칭의 最上級 강연이라고 김 교수가 설명해 주었다. 보통 중국 최고인민법원의 법원장, 대법관이나 최고 인민검찰원의 검찰관이 대법관 강단에 서는데, 외국 대법관으로서는 미국의 케네디 대법관이 왔었고 내가 두 번째라고 했다. 한 원장의 소개에 이어 내가 연단에 나아가 중국어로 인사말씀을 하고 나자 청중들의 뜨거운 박수가 쏟아졌다.

이어서 강연회는 미리 중국어로 배포한 강연원고의 중요부분을 내가 골라 읽는 방식으로 發表를 하고, 質疑應答 시간에는 通譯을 통해 심도 있는 토론이 가능하도록 하였다. 통역은 인민대학 측에서 조선족 인민대학 학생과 유학 온 한국학생 두 사람이 하도록 준비하였

〈사진 2: 필자가 중앙에 앉아 강연을 마치고 참석자들과 활발하게 질의, 응답을 하고 있는 모습. 필자가 앉아 있는 뒤편에 大法官 講壇이라는 글자가 보인다〉

는데, 주로 조선족 학생이 수고하였다. 중국어는 四聲이 있어 정확히 발음하지 않으면 의사전달이 잘 되지 않으므로 강연원고에 四聲 표시까지 미리 하여 한국에서 연습을 많이 하였다. 그런데 실제 강연장에서는 나 자신이 놀라울 정도로 장시간 발표를 하는데도 긴장되지 않고 연습할 때보다 발음도 잘 되어 45분간 준비한 원고의 중요부분을 충실하게 발표할 수 있었다. 강연 내용은 한국 헌법재판소의 설립역사, 위헌심사제도의 변천, 헌재와 법원과의 관계, 헌재의 지위와 구성, 헌재의 관장사항, 헌재결정의 기속력 및 20여 년 간의 헌재의 주요판례 등에 관하여 요점을 정리하는 것으로 구성하였다.[1)]

발표가 끝난 뒤 토론시간에는 질문이 쏟아졌는데, 주로 내빈으로 참석한 헌법 교수들이 한 분도 빠짐없이 질문을 하고 어떤 분은 재차 질문을 하여 참석한 학생들에게는 차례가 돌아가지 않았다. 중요한 질문들을 열거해 보면 한국은 成文憲法을 갖고 있는데 慣習憲法을 어떻게 인정할 수 있느냐, 命令, 規則에 대한 위헌심사권은 대법원이 가지고 違憲法律審査權은 헌재가 가지면 충돌이 일어나지 않느냐, 헌재가 한 變形決定을 법원이 따르지 않으면 어떻게 해결하느냐, 헌재가 國家機關 중 序列은 몇 번째이냐, 映像物等級委員會라는 것이 어떤 기관이고 감독이 어떠한 영화를 제작하더라도 상영할 수 있느냐, 死刑制度의 위헌성에 대한 의견은 어떠하냐, 姦通罪에 대해서는 어떤 결정이 내려졌나, 노무현 대통령 彈劾 사건은 노 대통령이 임명한 재판관들이니까 기각한 것은 아니냐, 法學敎授가 재판관이 될 자격이 없다는 것이 말이 되느냐, 위헌법률심사제도나 헌법재판소 제도는 西方에서 발달한 제도인데 東方에 위치한 한국에서 어떻게 정착되어 발전할 수 있었느냐, 헌법재판소 로비에 있는 조각물은

1) 중국어 강연자료는 [별지 1]과 같고, 그 한국어 번역본은 [별지 2]와 같다.

무엇을 상징하는 것이냐, 중국에서는 헌법에 있는 규정을 그대로 법률에 옮긴 경우가 다수 있는데, 그 규정에 위반한 경우 憲法違反이냐 아니면 단순한 法律違反이냐 등 다양한 질문이 쏟아졌다. 나는 질문 하나하나마다 내가 생각하는 바를 솔직하고 분명하게 답변하였다. 발표 1시간, 토론 1시간으로 예정되어 있었는데, 토론 시간이 거의 2시간으로 늘어지자 한 원장이 학생 중 누군가가 대표로 질의하라고 하였다. 그러자 한 학생이 일어나 한국 헌재의 재판관은 정치권으로부터 壓力을 받거나 影響力을 행사받는 경우는 없느냐고 질문한 것이 유일하였다. 그런데 특이한 것은 3시간 가까이나 진행된 강연회인 데도 주의가 산만해지지 않고 중간에 나가는 사람도 없으며, 수업시간 등으로 미리 참석하지 못한 사람이 추가로 참석하여 오히려 시

〈사진 3: 강연과 질의, 응답을 모두 마친 다음 참석한 교수들과 함께 기념촬영〉

간이 갈수록 인원이 늘어나는 것이 인상적이었다. 學生管理를 엄격하게 해서 그런 것 같지는 않고, 중국의 헌법학 교수 등 전문가뿐만 아니라 헌법을 공부하는 학생들까지도 한국의 헌법재판소 및 헌법재판에 대한 관심이 매우 높다는 것을 알 수 있었다.

6시 경 인민대학이 운영한다는 인민대학 구내에 있는 호텔식당인 天使食府에서 晩餐이 열렸다. 내빈으로 온 타 대학 교수들도 모두 참석하여 20명 가까이 되는 인원이 한 자리에 둘러 앉아 성대한 만찬이 이어졌다. 한 원장은 조금 전까지의 토론의 열기를 의식한 듯 앞으로 이 자리에서는 學術討論은 禁止한다고 宣言하여 술자리 분위기를 한층 띄웠다. 50도가 넘는 빠이쥬(白酒)를 원샷으로 마시는 것이 중국의 酒法이라고 강요(?)하여 주량에 넘치게 술도 마시고 화기애애한 분위기에서 참석자 모두가 友誼를 나눌 수 있었다. 그런데 이번 강연에는 中央日報 베이징 지국장인 장세정 기자가 직접 인민대

〈사진 4: 강연을 마친 후 天使食府에서 내빈들과 함께 만찬을 시작하는 모습〉

학 국제학술회의장에 와서 참관 및 취재를 하였고, 만찬장에도 동석하여 중국교수들과도 교분을 나누었다. 장 기자는 자신이 4년 정도 베이징에 주재하고 있는데, 이번처럼 한국의 고위관리가 중국에 와서 중국어로 강연을 하고, 강연회가 3시간 가까이 열띤 분위기 속에서 진행된 것은 본 적이 없다고 讚辭를 하였다. 장 기자는 10월 27일자 중앙일보에 "獨學 中國語로 중국 헌법전문가들에게 45분 特講, 이동흡 헌법재판소 재판관, 한국 헌재의 역할 소개"라는 제목으로 강연내용뿐만 아니라 질의·응답 내용, 강연장의 분위기 등을 생생하게 보도하였다.

제 3. 中國 最高人民法院 방문

10월 27일(수) 오후 2시 경에 최고인민법원을 방문하였다. 이때는 대사관의 노정환 법무협력관도 동행하였고, 통역으로는 한국로펌에 고용된 조선족 중국 변호사가 와서 수고해 주었다. 최고 인민법원 접견실도 1층에 크게 잘 차려져 있었는데, 의자 배치가 정상회담을 하는 모양으로 배치되어 있는 것이 인상적이었다. 최고인민법원 측에서는 江必新 부원장과 韓遠征 외사국 부국장 등 3인이 나와 우리 일행과 숫자를 맞추어 맞이해 주었다. 강 부원장은 인민대학에서 나의 강연이 성공적으로 이루어졌다고 들었다는 축하인사를 하는 것으로 시작하여 중국 최고 인민법원의 대법원장의 사법행정의 施政目標 4가지를 자세히 설명하였다. 나는 중국의 行政訴訟法, 國家賠償法 분야의 최고권위자이신 강 부원장을 만나 뵙게 되어 영광이라고 인사말을 한 다음 인민대학에서의 강연회장의 뜨거웠던 열기에 대해서도 설명하고, 중국어로 된 강연원고를 강 부원장에게 전달하였다.

또한 機關訪問 目的 수행의 일환으로 亞細亞 憲法裁判所 聯合을 4년여의 노력 끝에 금년 7월에 發足하였으며, 한국이 창립총회 개최국으로서 내년 5월 경에 준비이사국 회의를 개최할 예정임을 설명하고, 현재 중국에서는 최고인민법원이 위헌법률심사권을 행사하고 있지는 않지만 이러한 아시아 각국의 헌법재판제도에 중국 측에서도 관심을 가지고 참여할 것을 독려하기 위하여 왔다고 강조하였다. 이에 강 부원장은 그 동안 李 재판관께서 아재연합 발족을 위해 힘쓰신 덕분에 國際機構 設立을 이루신 것에 치하를 드린다고 하면서 회원국들이 어떤 나라이냐고 물었다. 원래 한국, 몽골, 필리핀, 인도네시아, 타일랜드, 말레이시아, 우즈베키스탄, 키르기스스탄 8개 국이었으나 지난 7월에 인도네시아 자카르타에서 아재연합 규약을 서명하고 정식발족할 때에는 키르기스스탄은 정변으로 참석하지 못하여 7개 국이 창립회원국이 되었다고 설명하였다. 다만, 현재까지 터키, 러시아, 타지키스탄이 가입신청을 한 상태이고, 내년 5월 한국에서의 준비이사국 회의 때 가입 신청국들에 대하여 가입여부를 결정할 예정이라고 덧붙였다. 강 부원장은 현재 중국의 최고인민법원은 위헌법률심사권을 행사하지 않고 있으므로 중국이 아재연합에 회원국으로 참석하기는 어려울 것으로 보는데, 옵저버나 게스트로 참석할 것인지 여부는 관계부서와 외교부 등과 상의를 거쳐 검토를 해보겠다고 답변하였다. 내가 예상했던 것 이상의 수준의 답변을 들어 상당히 기분이 좋았다. 준비해 간 선물과 영문 판례집, 브로셔 등을 선물하였더니 강 부원장은 최고 인민법원의 기념품을 주는 외에 자신의 사무실에서 책을 가져오라고 해서 자신이 저술한 행정소송법과 국가배상법 저서 등 4권을 선물하였다. 한국에서 출국하기 전에 중국에 유학한 현재 연구관으로부터 강 부원장은 법학박사이면서 중국 司法府

〈사진 5: 江必新 최고인민법원 부원장과 면담을 마친 후 기념품을 받는 모습. 뒷벽의 그림은 중국이 자랑하는 萬里長城이다〉

〈사진 6: 최고인민법원 대법정에 선 필자. 벽면 천장 등이 대리석으로 치장되어 매우 화려하다〉

〈사진 7: 최고인민법원의 현관 정면 벽면에 새겨진 獨角獸. 중국 사법의 상징동물이다〉

의 대표적인 改革的 사고를 하는 대법관이라고 들었는데, 과연 직접 만나 보니 대단한 實力家임을 느낄 수 있었다.

면담이 끝난 뒤에는 직원이 대법정, 소법정 등을 안내하면서 자세히 설명해 주었는데, 대법정의 위용과 시설의 으리으리함에 놀랐다. 대법정은 재판관석이 11석이고, 법정 안에 2개의 대형 화면도 설치되어 있고, 벽면, 천장 등이 화려하게 장식되어 있었다. 보통은 3인으로 구성된 소법정에서 재판을 많이 하고, 중국은 2심제를 채택하고 있으므로 재심 사건이 상대적으로 많아 再審 재판부 법정이 따로 마련되어 있다고 설명해 주었다. 1층 현관에는 중국의 태초 전설에 나오는 상상의 동물인 獨角獸가 최고인민법원의 상징으로 새겨져 있었고 돌로 새겨진 대형 프레스코 벽화가 있었는데, 그 설명이 인상적이었다. 그 내용을 옮기면 司法은 "重如山, 堅如石, 明如鏡,

淸如水(산같이 무겁고, 돌같이 견고하며, 거울같이 밝고, 물같이 맑다)"여야 한다는 것이었다.

제 4. 中國 全國人民代表大會 常務委員會 방문

오후 4시 반 경에는 우리의 국회 격인 중국 전국인민대표대회 상무위원회를 방문하였다. 그런데 대사관을 통하여 사전에 연락이 다 되었음에도, 청사를 들어가는 데 x-ray 검색대를 통과하도록 하는 것은 외교상 결례가 아닌가 생각되었다. 큰 회의실로 안내되어 들어갔더니 李飛 상무위원회 法制工作委員會 副主任, 張桂龍 法制工作委員會 法規備案 審査室 부주임 등 3인이 우리 일행을 맞이해 주었다. 李飛 부주임은 우선 얼마 전 한국 국회를 방문했을 때 대사관에서 잘 배려해 주어 서울뿐 아니라 경주, 부산까지 여행을 잘 하고 왔다고 인사한 다음, 이번 방문의 목적에 대해서 물었다. 나는 최고인민법원에서 했던 것처럼 인민대학에서의 특강 및 아시아 헌법재판소연합에 대해 이야기하고, 중국은 법률에 대한 헌법감독권을 국회의 內部機關인 全人代 상무위원회에서 갖고 있으므로 상무위원회에서 아재연합에 관하여 관심을 가지고 가입할 것을 독려하기 위하여 기관방문을 하였다고 설명하였다. 李 부주임은 아재연합의 성격이 상설기구인지, 세미나 중심의 기구인지를 묻고 아재연합의 규약 등이 있으면 대사관을 통해 보내달라고 말하였다. 나의 느낌으로는 상무위원회 측의 반응이 최고인민법원에 비하여 상대적으로 미온적으로 느껴졌지만, 아재연합의 규약 설립경위 등을 자세히 밝혀 가입을 권유하는 書信을 보내는 것이 좋겠다고 생각되었다. 면담이 끝난 뒤에 중국 측에서는 중국 각 省(4 直轄市, 23省, 5 自治區, 2 行政區)의 특징을 설명하고 우표까지 붙인 편지봉투가 가득 든 상자와 베이징 市 화록을 선물하고, 나는 영문 헌재판례집과 하회탈 등을 선물하였다. 그런데 우리를 안내한 방은 西藏省 룸이어서 온 벽면과 천정에 티벳에 사는 藏族들의 생활상을 그린 그림들이 화려하게 그려져 있었는데, 全國人民代表大會 人民大會堂에는 중국의 모든 성을 묘사한 큰 회의실 겸 휴게실이 각각 마련되어 있다고 설명하였다.

〈사진 8: 중국 全國人民代表大會 常務委員會 法制工作委員會 간부들과 함께 기념촬영. 필자의 우측이 李飛 부주임이고, 좌측은 수행한 전병관 헌법재판소 부장연구관. 뒷 배경 벽의 그림은 藏族들의 생활상을 그린 것으로 매우 화려하다〉

제 5. 마치는 말

중국 헌법학계에 한국의 헌법재판소와 헌법재판에 관하여 소개하고, 한국의 민주주의 발전에 헌법재판소가 어떠한 기여를 하였는가를 알리는 것과 새로이 발족한 아시아 헌법재판소연합에 관하여 중국 측에 알리고자 했던 중국방문의 목적은 기대 이상으로 달성되었다고 생각되었다. 직접 중국인들을 만나 대화를 해보니 근래에 국력이 급격히 신장되어 세계의 2 대 강국으로 부상했다는 평가를 받는 중국인들이 큰 自負心을 가지고, 活氣 있게 움직이고 있다는 것을 실감할 수 있었다. 이럴 때일수록 우리나라가 더욱 활발하게 중국과 交流하고, 국가발전에 盡力하지 않으면 안 되겠다는 생각이 들었다. 그리고 이왕 시작한 중국어 공부를 더욱 열심히 하여 앞으로는 발표뿐만 아니라 토론도 중국어로 할 수 있도록 실력을 향상시켜야겠다는 다짐을 하였다.

[별지 1]

韩国的民主主义发展与宪法裁判所的作用

李　东　洽*

* 大韩民国宪法裁判所 裁判官.

A、宪法审查的制度基础

1、韩国宪法裁判模式及其采用该模式的历史，法律依据

⑴ 宪法裁判所的建立

大韩民国宪法裁判所作为宪法体系中的主要机关，是于1988年第六共和国开始时建立的。

1987年修改宪法时不同政党之间就建立何种宪法裁判制度有所分歧，但最终决定建立可以判断法律的合宪性与包括政治问题在内的所有宪法性问题的独立的宪法裁判所。

⑵ 过去宪法裁判或司法审查的形式：

1）第一共和国(1948~1960）时期的宪法委员会

2）第二共和国(1960~1961）时期的宪法裁判所

3）第三共和国(1961~1972）时期的美国式司法审查制

4）第四共和国(1972~1981）与第五共和国(1981~1988）时期的宪法委员会

2、宪法裁判所与法院的关系

根据宪法规定，韩国司法功能由两个部门行使：一是包括大法院和下级法院的法院系统，二是宪法裁判所。两者关系如下：

⑴ 法院对法律的解释、适用与宪法裁判所的违宪法律审判

法院解释、适用法律要与宪法一致，如果对该法律的合宪性有疑问，应中止审理，等待宪法裁判所的决定。如果宪法裁判所宣布某一法律条款内容违宪，那么该法律条款将丧失效力。对法律的合宪性判断，法院有义务遵从宪法裁判所的决定，在具体的案件中不能适用违宪的法律内容。

⑵ 穷尽所有法律救济

宪法诉愿制度是救济因公权力的作为或不作为而受到侵害的公民基本权利的制度。这一领域有可能与因个人权利受到公权力的作为或不作为的侵害而提起的行政诉讼相重复。因此《宪法裁判所法》第68条第1款规定在穷尽其他法律救济之前不可以提请宪法诉愿审判。

⑶ 对法院裁判的宪法诉愿

根据《宪法裁判所法》第68条第1款的规定，法院的判决不能成为宪法诉愿审判的对象。因此宪法诉愿审判权原则上不涉及法院的裁判。

但是，当法院适用了已被宪法裁判所判定为违宪的法律进行裁判，并因此而侵害了公民的基本权利时，该裁判就能成为宪法诉愿的对象。

⑷ 对命令、规则、行政处分的宪法裁判

当命令、规则或处分是否违反宪法或法律成为审判的前提时，大法

院享有对其进行最终审查的权限(宪法第107条第 2 款)。但是法院对行政立法的违宪判决不能使行政立法本身失效，而是以具体规范审查的形式只是排除适用于该案件。相反，宪法裁判所的违宪决定则可以使立法本身失效。

在这里存在争议的是，如果命令、规则直接侵害公民基本权利时该命令与规则是否可以成为宪法诉愿的对象的问题。大法院认为根据宪法的规定，法院对命令与规则的裁判管辖是排他性的，但宪法裁判所则认为使行政立法本身失效的诉讼不能适用法院的救济程序，因此这种情形时则应允许宪法诉愿(1990. 10. 15. 89 Hun-Ma 178，判例集 2，365)。

为了解决这一问题，有人主张应废除韩国宪法第107条第 2 款，只允许宪法裁判所对命令、规则进行合宪性最终审查。

⑸ 关于变形决定的分歧

就宪法裁判所的变形决定(宪法不一致，限定违宪与限定合宪)，宪法裁判所与法院存在很大的分歧。宪法裁判所认为这是违宪决定中的一种类型，而法院则认为这仅仅是法律解释的一种，并没有违宪决定的约束力。

现行《宪法裁判所法》对变形决定是否可以约束法院没有明确的规定。因此一些国会议员试图使其明文化，使宪法裁判所的变形决定具有约束力。

B、宪法裁判所的地位和组成

1、作为司法机关的宪法裁判所

宪法裁判所审查法律的唯一标准就是宪法，而非政治判断。宪法裁判所一直坚持，宪法裁判所不能为了贯彻自己的意见而对应由政治部门决定的问题进行扩大解释。因此大家普遍认为韩国的宪法裁判所是一个司法机关，而非政治机关。

2、宪法裁判所裁判官的资格

宪法裁判所裁判官限定为具有律师资格的人。《宪法裁判所法》第5条规定，裁判官在从事下列各项中的一项职业15年以上，年满40周岁以上的人中任命。(1) 法官、检察官、律师；(2) 具有律师资格的人在国家机关、国家公营企业、政府投资机关等其他法人中从事法律业务者；(3) 具有律师资格的人，在公认的大学具有法学助教授(助教授介于讲师和副 教授之间) 以上职称者。

一些人提议把资格放宽至法学教授，但这一提议并没有反映到现行法律当中。这是因为韩国的很多法学教授并没有律师资格。

3、裁判官任期及连任的可能性

宪法第112条规定宪法裁判所裁判官任期为 6 年，可以连任。《宪法裁判所法》第 7 条第 2 款规定，宪法裁判所所长退职年龄为70 岁，其他宪法裁判官退职年龄为65岁。

最近出现了把宪法裁判官的任期延长至9 年, 并取消连任的建议。此外还出现了或者废止裁判官退休制度, 或者统一所长与其他裁判官的退休年龄的建议。

4、裁判官的任命程序与独立性保障

根据宪法规定, 总统任命9 名宪法裁判官, 其中3人由国会选出, 3人由大法院长指定, 3人由总统选定。宪法裁判所所长经国会同意, 总统在裁判官中任命(宪法第111条第 2、3、4 款, 宪法裁判所法第 6 条第 1 款)。

对此任命程序, 有些人认为专家的作用未能充分体现, 有些人认为大法院长指定3人裁判官的行为缺乏民主正当性, 有降低宪法裁判所的重要性之忧, 有些人则认为其他裁判官的任命也应经国会的同意或所有裁判官都应由国会选出。

C、宪法裁判所的管辖范围

1、抽象性规范审查权

韩国宪法裁判所并不能进行抽象性规范审查。但是, 有讨论认为应导入新的制度, 即如果有政府或者国会1/3议员的请求, 宪法裁判所应进行抽象性规范审查。

2、违宪法律审判权

根据宪法第111条第1款第1项的规定，宪法裁判所有权应法院的请求对法律进行违宪审查。如果法院在未决诉讼中有合理的理由认为法律的内容可能违宪，就可以向宪法裁判所提请违宪法律审判。因此我们可以说韩国宪法采用了具体性规范审查制度。

在美国式司法审查体系下，法院对违宪法律审查采取消极的态度，因此几乎不启动违宪法律审判权。为了解决这个问题，宪法裁判所法第68条第2款规定，即使法院不提请违宪法律审判，诉讼当事人也可以通过宪法诉愿的形式申请具体性规范审查。实践中这一制度效果显著，这一类型的宪法诉愿案件也很多(是法院提请违宪法律审判案件的3倍)，其中大约有15%被宪法裁判所所认容。

宪法裁判所可以对法律条款作出合宪或者违宪的决定，也可以作出变形决定，即宪法不一致、限定违宪或限定合宪的决定。

3、宪法中为了保障基本权的特别程序

宪法诉愿审判制度是公民的基本权利受到公权力的侵害时对其进行救济的制度(宪法第111条第1款第5项、宪法裁判所法第68条第1款)。

提起宪法诉愿的前提是请求人的基本权利因法院判决以外的公权力的作为或不作为而正在受到直接的侵害(宪法裁判所法第68条第1款，宪法第111条第5款)。

由于国会的立法权也是一种公权力，因此当法律直接侵害了公民基本权利时，权利人也可以提起宪法诉愿。

在宪法诉愿审判中作出违宪决定与认容决定需6人以上裁判官同意。

4、公权力主体间权限分配之争

⑴ 权限争议审判

宪法裁判所有权就国家机关之间、国家机关与地方自治团体以及地方团体之间的权限争议进行审判(宪法裁判所法第111条第1款第4项, 宪法第68条第1款)。

◇首尔特别市和政府间的权限争议案(2009. 5. 28. 2006 Hun-Ra 6, 判例集 21-1(下), 418)。

原《地方自治法》第158条规定"就地方自治团体的自治事务, 行政自治部长官可以根据报告对文书、帐簿或会计进行监查", 此外但书中还规定"此时监查限于违反法律的事项"。对此规定宪法裁判所解释但书中所指的监查权并非是事前性、一般性监查权, 而是限定其对象与范围的监查权。在本案件中所涉及的行政安全部长官等通报实施监查的事务涉及首尔特别市几乎所有的自治事务, 没有特定的被监查对象, 也没有具体明确哪项自治事务违反哪条法律, 因此判定行政安全部长官等的协同监查侵害了宪法与地方自治法赋予首尔特别市的地方自治权。

⑵ 权限争议审判的程序及其效果

只有"国家机关或者地方自治团体"才有权向宪法裁判所提请权限争议审判。

权限争议审判的请求只在被请求人的处分或不作为侵害了宪法或者法律赋予给请求人的权限或存在侵害的显著危险时才能提请(宪法裁判所法第61条第2款)。

⑶ 国家机关间的权限争议审判

宪法裁判所法第62条第 1 款规定，只有国会、政府、法院与中央选举管理委员会才能成为权限争议审判的当事人。

对此，宪法裁判所认为有必要扩大诉讼当事人的范围，因此认定了国会议长与国会议员个人的当事人能力(1997. 7. 16. 96 Hun-Ra 2, 判例集 9-2, 154)。

◇国会表决中的国会议员与国会议长等的权限争议案(2009. 10. 29. 2009 Hun-Ra 8 · 9 · 10(合并), 判例集 21-2(下), 14)

就《〈关于新闻等的自由与功能保障的法律〉的全部修改法律案》的宣布议决行为，宪法裁判所认为，虽然可以认定该法律案的表决过程中质疑与讨论程序存在违法行为，而且该违法行为也侵害了国会议员的审议、表决权，但是这种程序上的违法不能使宣布议决行为无效。宪法裁判所以此理由驳回了宣布议决行为的无效确认请求。

5、民主程序化保障

⑴ 违宪政党解散审判权

宪法裁判所掌有政党解散审判权。当政党的目的或活动违背民主的基本秩序时，经国务会议审议，政府可以向宪法裁判所提起政党解散审判请求。(宪法第 8 条第 4 款、第111条第 1 款第 3 项，宪法裁判所法第55条)

⑵ 选举诉讼

韩国宪法裁判所无权就选举诉讼案件进行审判。在总统选举或国会大选中，大法院才有权审判选举诉讼案件。

但是，由于选举是对宪法中的主要机关赋予公权力的民主程序，因此有人认为由宪法裁判所掌有选举诉讼审判权更为合理。

6、对高级公务员的弹劾审判权

宪法第111条第 1 款第 2 项与宪法裁判所法第48条规定，总统、国务总理、国务委员、行政各部长官、宪法裁判所裁判官、法官以及其他法律规定的公务员在职务执行中违背宪法或法律时，国会可以议决弹劾追诉。

宪法裁判所法第53条第 1 款规定，一旦控诉请求成立，宪法裁判所就应当宣告罢免被请求人。宪法裁判所受理的相关案件到目前为止只有弹劾总统的一件。

该弹劾总统案件中，国会请求弹劾的总统是卢武铉，但宪法裁判所认为虽然总统做出了违反宪法与法律的行为，但是该行为尚未达到作出弹劾决定的程度，因此驳回了弹劾请求。这是宪法裁判所在一个相对较短的时间里通过宪法的方式解决对立与分歧的案件，具有里程碑的意义。

7、司法建议

宪法裁判所无权对宪法解释问题提出建议。

8、宪法裁判所权限的重要度

把宪法裁判所的权限按其重要性排列如下：违宪法律审查权、宪法诉愿审判权、权限争议审判权、弹劾审判权。在受理的 19,666 个案件中，共有 607 个案件被认定违宪。

D、宪法裁判所决定的约束力

1、对立法机关的约束力

⑴ 决定的主文与理由

关于宪法裁判所违宪决定的主文具有约束力没有任何争议。但是学说与宪法裁判所先例没有明确决定的理由是否也具有约束力、立法机关是否应无条件地遵从决定等问题。对此有一定的争议。

这里就存在一个所谓的重复立法的问题，即立法者制定与被认定为违宪的法律相同或实质上相似的法律时应如何对待的问题。

对此，宪法裁判所的立场可以解释为两种，但这两种立场在解决问题问题方面没有明显区别：第一种解释认为(宪法裁判所的决定)对于国会的约束力非常有限，只要重复立法有其合理性就给予承认；第二种解释虽然不承认(宪法裁判所的决定)对于国会的约束力，但也不承认立法机关的重复立法自由，只有重复立法有充足的合理性时才对其许可。

⑵ 尊重立法权的宪法不一致决定

在作出违宪决定的论证中，宪法裁判所会向立法机关予以指引，但该指引对立法机关没有直接约束力。有时，宪法裁判所考虑到立法机关的权威性，会在作出法律的部分内容违宪的决定中设定一定期限，使立法机关修改法律。如果立法机关在期限内没有修改违宪部分，那么该法律将自动失效。

宪法裁判所自成立22年以来在135件案件中对 100 个法律做出了宪法不一致决定。其中 7 个法律即使限期届满都未被修改(2010年 9月 30日)。

2、对法院的约束力

⑴ 被判定违宪的法律规定的效力

原则上，法律或法律的某条款自被判定为违宪之日起失效。但是涉及刑事处罚的法律或法律条款却具有溯及力。宪法裁判所主张以下几种情况可以例外地适用溯及力原则：第一：1）通过法院的提请或宪法诉愿审判请求的程序向宪法裁判所提出违宪法律审查的案件；2）在作出违宪决定之前以相同理由向宪法裁判所提请违宪法律审查或者向法院申请违宪法律审查的案件；3）虽然未申请违宪法律审查的提请，但是该法律或条款成为裁判的前提，法院应对其认定溯及力的案件。

第二、即使认定溯及力也不会侵害法律的稳定性，不会侵害受旧法保护所形成的既得利益者的利益，而且否认溯及力反倒显著违反正义、平等等宪法理念时可以认定溯及力。哪些案件属于这一类型，应由负责具体规范审查的宪法裁判所在违宪决定中明确，但是如果未对其明示，那只能法院在考虑该法律的沿革、性质、保护法益的基础上合理地处理。

⑵ 关于变形决定效力的意见分歧

宪法裁判所主张违宪决定包括宪法不一致决定、限定合宪决定、限定违宪决定，并根据宪法裁判所法第47条第１款规定这些决定都具有约束力(1997. 12. 24. 96 Hun-Ma 172 · 173(合并)，判例集 9-2, 842)。

而大法院却坚持认为限定合宪决定与限定违宪决定仅仅是宪法裁判所做出的法律解释而已，根据法院对法律解释与适用的排他性原则，宪法裁判所的法律解释对法院不具有约束力(大法院 2001. 4. 27. 判决，95 Jaeda 14)。

案例：原所得税法案

当宪法裁判所判定原所得税法的部分条款限定违宪(1995. 11. 30. 94 Hun-Ba 40, 95 Hun-Ba 13(合并)，判例集 7-2, 616) 时，大法院主张这只是宪法裁判所对于问题条款应当如何解释所表达的观点，并拒绝遵循该决定。

在撤销法院判决的宪法诉愿案件中，宪法裁判所主张如果对宪法裁判所法第68条第1款规定中的“法院的裁判”的解释包括通过适用宪法裁判所已经判定违宪的法律来侵害公民的基本权的裁判，那该条款是违宪的(1997. 12. 24. 96 Hun-Ma 172 · 173(合并)，判例集 9-2, 842)。在这案件中宪法裁判所撤销了大法院的判决与税务机关的课税处分。最后税务机关尊重宪法裁判所的决定，未再征税。

3、对宪法裁判所的约束力

同样或类似的法律成为审判对象时，宪法裁判所可以变更之前的决定。从这个角度分析，宪法裁判所的决定对宪法裁判所自己本身没有约束力。但是，如果条件没有变化或没有必要时，宪法裁判所应当尊重之前的决定和理由。

经6名(以上)裁判官一致同意，宪法裁判所可以变更对宪法与法律的解释、适用的意见(宪法裁判所法第23条)。截止目前，宪法法院先后20次推翻了先例。

4、对行政机关的约束力

行政机关一直谨慎遵循宪法裁判所的决定，尚未出现特别问题。

E、宪法裁判所判例

1、关于自由权的判例

◇ 依照国家安全法延长犯罪嫌疑人羁押期限案(1992. 4. 14. 90 Hun-Ma 82, 判例集 4, 194, 206, 210)

宪法裁判所认为，国家安全法第19条中的有合理的理由时可以将犯罪嫌疑人的羁押期限延长至50天的规定期限过长，明显侵害了犯罪嫌疑人的人身自由、无罪推定原则和迅速得到审判的权利。

◇ 禁止罪犯狱外活动案(2004. 12. 16. 2002 Hun-Ma 478, 判例集 16-2(下), 548)

宪法裁判所认为，罪犯为了身体和精神健康在监狱外进行活动是行使他的最基本的权利。因此禁止罪犯在监狱外的一切活动，违反了必要的最低限度原则，侵害了宪法第10条赋予的个人尊严与价值追求权、第12条赋予的人身自由权。

◇ 电影事前检阅制度案(2001. 8. 30. 2000 Hun-Ka 9, 判例集 13-2, 134)

宪法裁判所判定影像等级委员会实施的影像等级保留制度属于宪法禁止的事前检阅，因此作出了违宪判决。

◇ 广告事前审查案(2008. 6. 26. 2005 Hun-Ma 506, 判例集 20-1(下), 397)

宪法裁判所认为，让韩国广告自律审议机构进行电视广告事前审查的事项属于宪法所禁止的事前检阅，因此作出了违宪判决。

◇ 军事秘密泄露案(1992. 2. 25. 89 Hun-Ka 104, 判例集 4, 64)

宪法裁判所主张军事秘密应当限于必要的最小范围，从而使公民的表现自由与知情权的范围最大化。

◇禁止在外国使馆周边集会案(2003. 10. 30. 2000 Hun-Ba 67, 判例集 15-2 (下), 41, 58-59等)

宪法裁判所判定, 韩国集会示威法第11条第 1 款关于禁止在外国使馆周边100米 内进行集会的规定超出了为达成立法目的所必须的必要的范围, 违反了最小侵害原则

◇禁止夜间室外集会案(2009. 9. 24. 2008 Hun-Ka 25, 判例集 21-2 (下), 427)

集会示威法第10条规定原则上禁止日出前、日落后的室外集会(即夜间室外集会), 但是在但书中又规定了例外情况, 即所属管辖的警察局长同意时可以例外。对此规定, 宪法裁判所认为, 警察局长的许可是对室外集会时间限制的补充, 因此不能将其视为事前许可, 即不违反宪法第21条第 2 款规定的“禁止事前许可”原则。同时宪法裁判所又认为该法律禁止的时间范围过长, 违反了最小侵害原则与法益均衡原则, 因此作出了宪法不一致决定(单纯违宪 5 人, 宪法不一致 2 人, 合宪 2 人), 变更了1994年的合宪决定。

◇共同处罚法人案(2009. 7. 30. 2008 Hun-Ka 17, 判例集 21-1(上), 64)

宪法裁判所认为, 韩国青少年保护法处罚法人雇佣人员的犯罪时, 不考虑能否向法人追究其雇佣人员的犯罪行为的责任, 同时处罚法人的规定是违宪的。其理由是, 尽管现在有必要加大对法人反社会性质的侵害法益行为的制裁, 但是立法机关一旦采用刑罚手段就必须得遵守宪法中关于刑罚的原则, 即从法治主义与罪刑法定原则导出的责任主义原则, 因此认为其规定违反了宪法。

◇判决前拘禁日期计算案(2009. 6. 25. 2007 Hun-Ba 25, 判例集 21-1 (下), 784)

刑法第57条第 1 款规定裁判官有权对是否把判决前拘禁日期算入

刑期进行裁量。宪法裁判所认为只把一部分的判决前拘禁日期算入刑期的作法不仅侵害人身自由，也不是防止滥上诉的好办法，阻碍了被告人的裁判请求权与上诉权的行使。此外，即使被拘禁的被告人故意作出了延迟裁判等的不当行为，但因此而不把判决前拘禁日期的一部分不算入刑期的行为是根据态度进行制裁的行为，所以违反了适法程序原则与无罪推定原则，因此宪法裁判所作出了违宪决定。

◇为了侦查大国民党总统候选人李明博操作股票价格的犯罪嫌疑而任命特别检察官等的法律案(2008. 1. 10. 2007 Hun-Ma 1468，判例集 20-1(上)，1)

宪法裁判所认为以特定人为搜查对象的法律并不一定是违宪，只要有合理的理由就有其正当性。国会有权在考虑各种因素的基础上决定特别检察、对特别案件的搜查以及搜查对象的范围等事项。即宪法裁判所认定了国会的广泛的裁量权。但是认为该法规定的“参考人(被侦查机关进行调查的犯罪嫌疑人以外的人)同行命令制”违反了“令状主义”，对拒绝同行的处以罚款有可能侵害人身自由，因此对它作出了违宪决定。

◇通奸案(2008. 10. 30. 2007 Hun-Ka 17等，判例集 20-2 (上)，696)

虽然在此案件中赞同违宪的意见属于多数，但是尚未达到宣布违宪所必需的6人，因此宪法裁判所作出了处罚通奸行为的刑法第241条不违反宪法的决定。

宪法裁判所认为，该法律条款是为了保护婚姻关系和维护社会秩序而制裁通奸行为的规定，是为了达到正当立法目的而采用的适当的方法，虽然其“刑罚”存在过分严格的问题，但是这属于立法形成的自由，从我们的法律意识与事先预防通奸的必要性考虑，不能说处罚通奸行为的立法者的判断是恣意的。而且很难判定该法律条款违反禁止过剩原则，侵犯了性的自我决定权与私生活的秘密与自由，也不能判定用法定刑只处以徒刑的规定就是过重的刑罚。

持反对意见的裁判官5人中3人认为此法律条款违反禁止过剩原则，限制了个人的性的自我决定权与私生活的秘密与自由，因此违反了宪法；1人认为此法律条款是超过法治国家的界限行使了国家刑罚权，因此与宪法不一致；1人认为此法律条款违反了责任与刑罚间的比例原则，因此违反了宪法。

◇凭借婚约奸淫案(2009. 11. 26. 2008 Hun-Ba 25, 2009 Hun-Ba 191(合并), 判例集 21-2(下), 520)

宪法裁判所以6(违宪)：3(合宪) 变更了2002年以7(合宪)：2(违宪) 作出的决定。宪法裁判所分析凭借婚姻奸淫罪时，即处罚“凭借婚姻或其他欺骗手段奸淫没有淫行习惯的妇女的人”的犯罪时认为个人的性行为属于私生活的隐私领域，因此国家应尽量不予介入。宪法裁判所认为该条款不仅侵害了男性的性的自己决定权与私生活的自由，违反了男女平等，而且以保护女性的名义也否认了女性的性的自己决定权，因此作出了违宪决定。

◇死刑制度案(2010. 2. 25. 2008 Hun-Ga 24, 判例集 22-1(上), 36)

宪法裁判所以 5(合宪)： 4(违宪) 的比例决定了死刑制度不违反宪法。首先，虽然现行宪法对死刑制度没有直接地禁止或许可，但是结合其他宪法条款考虑，文本解释上应间接地承认死刑制度。此外，生命虽然在理念上具有绝对的价值，但是宪法并没有明确规定绝对基本权，宪法第37条第 2 款也规定国民的所有自由和权利在国家安全保障、维持秩序、公共福利的需求下可以用法律对其进行限制。因此为了保护同等的价值，即其他生命或为了保护不小于该价值的公共利益，在不可避免的情况下生命权也可以成为一般法律留保的对象。当死刑适用于极恶的犯罪时，死刑制度本身符合立法目的的正当性、方法的适当性、侵害的最小性、法益的均衡性，因此限制生命权并不违背宪法中的比例原则，也不违背规定人的尊严与价值的宪法第10条。

◇关于网上选举运动中确认实名的案(2010. 2. 25. 2008 Hun-Ma 324, 2009 Hun-Ba 31(合并)，判例集 22-1(上), 347)

宪法裁判所以 7(合宪)：2(违宪)的比例决定，选举运动期间网络主页的公示栏、聊天室允许上传支持或反对政党候选人的文章时应确认实名，如果没有确认实名则要求删除其上传内容的原公职选举法第82条6的第1款、第6款、第7款不违反宪法。

◇关于生命伦理与安全的法律上胚芽的案(2010. 5. 27. 2005 Hun-Ma 346, 判例集 22-1(上), 275)

认为把胚芽看做实验品或废弃对象的生命伦理法第13条第1款违反宪法而提起的宪法诉愿案件中宪法裁判所裁判官以全员一致的意见作出了合宪决定。虽然可以说受精后着床前的胚芽有着变为人的潜在性，但是用现在的自然科学认知水平与科技水平难以期待她变为独立人的成长可能性，也无法找到把初期胚芽视为人的社会性承认，因此宪法裁判所认为难以认定初期胚芽基本权的主体性。此外，对于胚芽生成者而言，他们提供的带有自身遗传基因信息的身体的一部分着床于母体之后，出生变为人时才具有生物学上的父母的地位，因此他们具有对胚芽的管理与处分方面的自己决定权。只有当这样的自我决定权显著地违反对胚芽保护的宪法价值时才能对它进行限制。宪法裁判所认为保存胚芽五年以后才能废弃的条款其立法目的正当、方法适当、侵害最小且没有违反法益均衡原则，所以作出了合宪决定。

2、关于社会权的判例

获得社会保障的权利

立法机关对社会保障等基本的社会权享有广泛的立法形成权。立法机关可以在合理标准内考虑各种必要的社会与经济因素而做出立法决定。这种立法只要未超出必要的基本社会权的保障范围就不会违宪(2001. 9. 27. 2000 Hun-Ma 342, 判例集 13-2, 422, 433)。

◇夫妻所得税征税案(2002. 8. 29. 2001 Hun-Ba 82 判例集 14-2, 170)

宪法裁判所认为, 所得税法第61条要求对夫妻双方的总收入作为征税基础的规定属于对已婚夫妇的歧视, 因此违宪。

◇综合不动产征税案(2008. 11. 13. 2006 Hun-Ba 112, 2007 Hun-Ba 71 · 88 · 94, 2008 Hun-Ba 3 · 62, 2008 Hun-Ka 12(合并) 判例集 20-2(下), 1)

宪法裁判所认为, 立法目的、综合不动产征税的性质及其所负担的程度没有超出立法裁量。但是, 在没有考虑房屋所有人对房屋所有权的情况下就合并计算并征收大量的税的行为严重超出了立法目的所要求的必要程度, 是对房屋所有人财产权的过分限制。而且综合不动产税的课税方法并非是以个人为单位, 而是以家庭为单位的规定会对结婚者、事实婚姻者、独身者等之间形成差别对待, 因此宪法裁判所认为违反了宪法第36条第1款规定的婚姻与家庭生活中个人尊严与两性平等原则, 作出了宪法不一致决定。

3、关于其他基本权的判例

◇迁都案(2004. 10. 21. 2004 Hun-Ma 554 · 566(合并), 判例集 16-2(下), 1)

尽管宪法没有明文规定，但首尔作为首都的地位以宪法惯例的形式已经有效的存续了600多年，这是自韩国宪法制度建立以来最基本且自明的宪法惯例之一。要想废除宪法惯例，就应当依照修改宪法的程序，即根据宪法第130条的规定，修改宪法应经国民投票。国民有权通过投票表明自己对修改宪法的意见。基于此，宪法裁判所判决建立新首都的特别法没有经过宪法修改程序，并试图以普通法律的形式变更宪法，这侵犯了公民在宪法修改中的投票权。

4、关于对女性及少数人的平等保护原则的判例

◇同姓同宗禁止结婚案(1997. 7. 16. 95 Hun-Ka 6等, 判例集 9-2, 1, 17-18)

韩国民法第809条禁止同姓同宗的人结婚，这不仅缺乏社会妥当性与合理性，而且直接与“个人尊严与价值及追求幸福的权利”的宪法理念和基于“个人尊严与性别平等”而建立、维持婚姻家庭生活的宪法规定发生冲突。此外，法律禁止的范围为同姓，是父系血缘关系，这是缺乏合理性的歧视，故而违反宪法中的平等原则。

◇国籍法案(2000. 8. 31. 97 Hun-Ka 12, 判例集 12-2, 167)

原韩国国籍法采取的是父系血缘主义制度，孩子出生时的国籍与父亲相同，而母亲的国籍只是作为补充。因此韩国父亲与外国母亲生的子女与韩国母亲与外国父亲生的子女间形成了差别对待，这不利于母亲是

韩国人的子女及其母亲。所以宪法裁判所宣布原国籍法违反了宪法第11条第 1 款规定的男女平等原则。

◇户主制案(2005. 2. 3. 2001 Hun-Ka 9等, 判例集 17-1, 1)

民法第778条(家族血统的继承者、分家者、由于其他原因建立或恢复家庭者, 有义务成为户主。) 宪法裁判所 认为 不考虑当事人的意思与自己决定权, 用法律强求户主的地位, 因此违背了关于人的尊严的规定, 而且在获得户主地位上也差别对待了男女。民法第781条第一款后部分规定(子入父户籍) 以及民法第828条第 3 款的规定(妻入夫户籍) 无视当事人的意思与自己选择权, 单方面地形成了关于婚姻与子女的身份关系, 因此违背了关于人的尊严的规定, 而且没有正当理由差别对待了男女。所以上述规定违反了宪法, 但是考虑到暂时适用问题, 作出了宪法不一致决定。

◇视觉障碍按摩师案(2008. 10. 30. 2006 Hun-Ma 1098, 1116, 1117, 判例集 20-2(上), 1089)

宪法裁判所认为, 只将按摩师资格证授予具有视觉障碍的人的规定是基于帮助他们实现公民良好的生活权。这符合立法目的。最后, 宪法裁判所宣布该条款既没有违反平等对待原则, 也没有违反职业选择自由权, 符合宪法第37条第 2 款规定的限制基本权利的范围。

◇交通事故处理特别法案(2009. 2. 26. 2005 Hun-Ma 764, 2008 Hun-Ma 118(合并), 判例集 21-1(上), 156)

宪法裁判所变更了交通事故处理特别法合宪的态度, 认为该法第 4 条第 1 款中的因职务过失或重大过失而导致被害人重伤害时也不能提起公诉的规定侵害了诉讼中被害人陈述的权利。

宪法裁判所认为因该法第 3 条第 2 款但书中规定的交通事故受到重伤害的被害人与该但书中未被规定的交通事故而受到重伤害、死亡的被害人之间存在差别对待, 并且有合理的理由, 因此该法第 4 条第 1 款的内容侵害了平等权，违反了宪法。其不合理的理由如下：第一、就因交通事故不属于该但书中规定的偶然性而使其受害人不能行使诉讼中的陈述权是不合理的。第二、重伤害与死亡结果之间的非法性很难判断出孰轻孰重，因此与死亡不同，只是重伤害时不能起诉加害人的规定也不合理。

5、平衡中央政府、国家与地方自治团体的基本途径

对地方自治制度的宪法保障

宪法裁判所判决：宪法对地方自治制度的保护源于人民主权…这一地方自治的核心内容不得被立法或中央政府侵犯…中央与地方自治团体间的权力的垂直分配需要协调，在协调过程中地方自治的核心价值不得被侵犯(1998. 4. 30. 96 Hun-Ba 62, 判例集 10-1, 380)。

F、结　　论

过去，韩国宪法委员会或者美国式的司法审查并不活跃，有时仅仅起着宪法裁判的装饰作用。韩国最后在1988年建立了宪法裁判所，作为维护宪法和保护公民基本权利的最后一道防线，和原来不同的是，宪法裁判所以其活跃和在宪法裁判中的成功表现而闻名。

尽管宪法裁判所只有22年的相对短暂的历史，但它却作为一个宪法性机构成功地建立了宪法裁判体系。宪法裁判所也成为人们心目中基本权利的最后守卫者，并得到了法学家、学者及人民的广泛支持和积极评价。例如，通过报纸进行的民意调查中，宪法裁判所每年都被评为最受

信任的政府机构。同时，宪法裁判所正在将其活动范围延伸到国外，并在2010年建立的“亚洲宪法裁判所联合”中发挥着带头人的作用，笔者也有幸担任了该联合筹备委员会的议长一职。

但是，宪法裁判所也需要跨越许多障碍，例如自身的能力及权限，包括缺乏对选举诉讼的管辖权、对法律的抽象性规范审查权、对法院判决提起宪法诉愿的审判权，以及涉及裁判官的提名与任命的程序问题等。为了解决这些问题，宪法裁判所必须深刻分析这些问题并作出必要的改进。

宪法裁判所谨记所有公民的支持与信念，通过宪法裁判的方式将个人尊严和价值等宪法价值传播到社会中，从而使宪法成为一种生活方式。只有那时，宪法裁判所才能深入民心、获得人民的信任和情感，并收获个人尊严、价值、自由和平等的丰硕的宪法之果。

审判案件累计表

1988. 9. 1. ~ 2010. 9. 30. 现在

区分	受理	处理												未结
		合计	决定										撤回	
			计	违宪	宪法不一致	限定违宪	限定合宪	认容	合宪	弃却	却下	其他		
合计	19,666	19,001	18,378〈437〉	392〈269〉	135〈100〉	52〈39〉	28〈29〉	345	1,368	5,972	10,080(8,631)	6	623	665
违宪法律	715	653	545〈226〉	179〈166〉	51〈37〉	15〈9〉	7〈14〉		252		41		108	62
弹劾	1	1	1							1				
政党解散														
权限争议	70	58	47					14		12	21		11	12
宪法诉愿 计	18,880	18,289	17,785〈211〉	213〈103〉	84〈63〉	37〈30〉	21〈15〉	331	1,116	5,959	10,018(8,631)	6	504	591
宪法诉愿 §68①	16,145	15,804	15,358〈94〉	62〈52〉	31〈33〉	11〈9〉		331	4	5,959	8,955(7,750)	5	446	341
宪法诉愿 §68②	2,735	2,485	2,427〈117〉	151〈51〉	53〈30〉	26〈21〉	21〈15〉		1,112		1,063(881)	1	58	250

* 注：1. 决定栏下〈 〉中是成为审判对象的法律条文的数字。

2. 宪法诉愿审判案件中由指定裁判部处理的案件数记载于( )里，本栏中的数字包括此数。

3. 关于法令的§68①的宪法诉愿审判案件被认容时根据其内容分为违宪、宪法不一致与限定违宪。

弃却：受理诉讼的法院认为无诉讼理由或不合法而宣告无效的行为。

却下：提请的诉讼不具备形式要件或不合法而未对诉讼内容进行判断而终止审理的行为。

[별지 2]

한국 민주주의의 발전에 있어 헌법재판소의 공헌

이 동 흡*

* 대한민국 헌법재판소 재판관.

一. 헌법심사의 조직적 기초

1. 한국의 헌법재판 모델과 그 역사적 · 법적 채택근거

(1) 헌법재판소의 설립

대한민국의 헌법재판소는 헌법체계의 주요기관으로 1988년 제 6 공화국의 시작과 더불어 설립되었다. 1987년의 헌법 개정과정에서 헌법재판을 어떻게 규정할 것인가에 관하여 정당간의 견해가 대립되었으나, 결국 법률의 합헌성 심사와 다른 정치적 문제를 포함한 모든 헌법적 문제를 판단하는 독립된 헌법재판소를 설립하는 것으로 결정되었다.

(2) 과거의 헌법재판 또는 사법심사의 형태

(i) 제 1 공화국(1948~1960)의 헌법위원회

(ii) 제 2 공화국(1960~1961)의 헌법재판소

(iii) 제 3 공화국(1961~1972)의 미국식 사법심사제도

(iv) 제 4 공화국(1972~1981)과 제 5 공화국(1981~1988)의 헌법위원회가 존재하였다.

2. 헌법재판소와 법원의 관계

헌법상 사법기능은 대법원과 하급 법원으로 구성되는 법원과 헌법재판소 두 가지로 구분된다. 양자의 관계에 관해서는 이하의 점을 지적할 수 있다.

(1) 법원의 법률해석과 적용 및 헌법재판소의 위헌법률심판

법률의 해석과 적용에 있어 법원은 우선 헌법에 합치되도록 법률을 해석하고 적용하여야 하고, 그 때 법률의 합헌 여부가 문제되는 경우에는 해당 사건의 심리를 중지하고 합헌성에 대한 헌법재판소의 결정을 기다려야 한다. 법률 조항의 내용이 헌법재판소에 의하여 위헌이라고 선언되면, 그 법률 조항은 법적 효력을 상실한다. 법률의 합헌성에 관하여 법원은 헌법재판소의 결정에 따라야 할 의무가 있고, 구체적인 사건에서 위헌인 법률 내용을 적용할 수 없다.

(2) 다른 구제절차를 모두 거쳤을 것

헌법소원심판은 공권력의 행사·불행사 등으로 침해된 국민의 기본권을 구제하는 제도이다. 이 영역은 공권력의 행사 또는 불행사에 의한 개인의 권리침해를 다루는 행정소송과 심사영역이 중복될 가능성이 있다. 헌법소원은 최후의 권리구제수단이므로 헌법재판소법 제68조 제1항에서는 다른 법률에 구제절차가 있는 경우에는 그

절차를 모두 거친 후가 아니면 헌법소원심판을 청구할 수 없도록 규정하고 있다.

⑶ 법원의 재판에 대한 헌법소원

헌법재판소법 제68조 제1항에 따르면, 법원의 재판은 헌법소원심판의 대상이 되지 아니한다. 따라서 헌법재판소의 헌법소원 심판권은 원칙적으로 법원의 재판에는 미치지 아니한다. 다만, 헌법재판소가 위헌 선언을 한 법률을 법원이 적용함으로써 결과적으로 국민의 기본권이 침해된 경우에 그러한 법원의 재판은 헌법소원의 대상이 될 수 있다.

⑷ 명령, 규칙, 행정처분에 대한 헌법재판

명령, 규칙 또는 처분이 헌법이나 법률에 위반되는지의 여부가 재판의 전제가 된 경우에는 대법원이 이를 최종적으로 심사할 권한을 갖는다(헌법 제107조 제2항). 그러나 행정입법이 위헌이라는 법원의 판결은 해당 행정입법 자체를 무효로 하는 것이 아니라, 구체적 규범통제의 형태로 해당 사건에서 그 행정입법의 적용을 배제하는 효과를 갖는 데 그친다. 한편 명령·규칙에 대한 헌법재판소의 위헌결정은 그 명령·규칙 자체를 실효시킨다는 차이가 있다.

명령이나 규칙이 직접 국민의 기본권을 침해한 경우에 그러한 명령·규칙이 헌법소원의 대상이 될 수 있는지의 여부가 문제된다. 대법원은 헌법의 규정에 따라 명령·규칙에 대한 독점적이고 배타적인 재판관할이 법원에 있다고 하였으나, 헌법재판소는 국민의 기본권을 직접 침해한 행정입법이 있는 경우, 그 행정입법 자체의 효력을 소송물로 다투는 법원의 구제절차가 존재하지 않으므로, 이러한 경우는 헌법소원이 허용되어야 한다고 하였다(1990.10.15. 89헌마178, 판례집 2, 365).

더욱이 이러한 불명확함을 해결하기 위하여 헌법 제107조 제2항을 전면적으로 개정하여 명령, 규칙의 합헌성에 관한 최종적 심사는 헌법재판소만이 이를 행사할 수 있도록 하여야 한다는 주장이 있다.

(5) 변형결정을 둘러싼 갈등

헌법재판소의 변형결정('한정위헌'과 '한정합헌')을 둘러싸고 헌법재판소와 법원은 상당한 의견대립을 보인다. 헌법재판소는 위와 같은 결정유형을 위헌결정의 하나로 판단하는 데 반하여, 법원은 이를 기속력이 있는 위헌결정이 아닌 법률해석의 하나로 보고 있다.

그런데 현행 헌법재판소법은 변형결정이 법원을 기속하는지의 여부에 관하여 명확히 규정하지 않고 있다. 이러한 사정으로 인하여 헌법재판소의 변형결정에 법적 기속력을 부여하는 명문의 법률규정을 제정·개정하고자 하는 국회의원들의 시도가 있다.

二. 한국 헌법재판소의 지위와 구성

1. 사법기구로서의 헌법재판소

법률의 합헌성심사에 있어 헌법재판소의 유일한 기준은 정치적 판단이 아닌 헌법이다. 헌법재판소는 헌법이 정치적 영역(political branches)에 의하여 결정되도록 위임하고 있는 문제에 관하여, 헌법재판소 자신의 견해를 관철시키기 위하여 헌법을 확장해석해서는 안 된다는 입장을 견지해 왔다. 따라서 한국 헌법재판소는 일반적으로 정치적 기구가 아닌 사법적 기구로 인식되어 있다.

2. 헌법재판소 재판관의 자격

헌법재판소 재판관의 후보와 임명은 변호사의 자격을 가진 자로 한정된다. 헌법재판소법 제 5 조는 여기에 다음과 같은 요건을 추가하고 있다. 즉 재판관은 15년 이상 다음 각 호의 하나에 해당하는 직에 있던 40세 이상의 자 중에서 임명한다: (1) 판사 · 검사 · 변호사 또는 (2) 변호사의 자격이 있는 자로 국가기관, 국 · 공영기업체, 정부투자기관 기타 법인에서 법률에 관한 사무에 종사한 자, (3) 변호사의 자격이 있는 자로 공인된 대학의 법률학 조교수 이상의 직에 있던 자.

한편 법학교수 등을 포함시키자는 방안도 제시되었으나, 이러한 의견은 현행법에 반영되지 아니하였다. 이는 한국의 특수한 사정으로 다수의 법학교수들이 변호사의 자격을 갖고 있지 않다는 점에 주의할 필요가 있다.

3. 재판관의 임기와 연임가능 여부

재판관의 임기는 6년으로 연임할 수 있다(헌법 제112조 제 1 항, 헌법재판소법 제 7 조 제 1 항). 정년은 헌법재판소장이 70세, 그 이외의 헌법재판관은 65세로 한다(헌법재판소법 제 7 조 제 2 항).

최근 헌법재판관의 임기를 최소한 9 년으로 연장하고 연임을 금지하자는 견해가 제시되었다. 또한 재판관의 정년 규정은 폐지하거나 적어도 재판소장과 다른 재판관의 정년을 동일하게 하여야 한다는 견해도 있다.

4. 재판관의 임명절차 및 독립성의 보장

헌법에 의하면 9 인의 재판관은 대통령이 이를 임명하는데, 그 중 3 인은 국회에서 선출하는 자, 3 인은 대법원장이 지명하는 자, 그리고 3 인은 대통령이 선정하는 자이다. 또한 헌법재판소의 장은 재판관 중에서 국회의 동의를 얻어 대통령이 임명한다(헌법 제111조 제 2 항, 제 3 항 및 제 4 항, 헌법재판소법 제 6 조 제 1 항).

이러한 임명절차에 관하여 전문가의 역할이 불충분하다는 지적이 있다. 그리고 3 인의 재판관을 대법원장이 지명하는 것은 민주적 정당성의 관점에서 적절하지 않으며, 헌법재판소에 대한 평가 절하를 초래할 우려가 있다는 견해도 있다. 이와 더불어 재판소장 이외의 재판관 임명에도 국회의 동의를 요구하여야 한다는 견해나 모든 재판관을 국회에서 선출하여야 한다는 의견도 있다.

三. 헌법재판소의 관장사항

1. 추상적 규범통제권

한국 헌법재판소는 추상적 규범통제권을 가지지 아니한다. 그러나 정부 또는 국회의원 재적의원 총수의 3 분의 1 의 요청이 있는 경우, 추상적 규범통제권을 행사하는 제도를 새로이 도입하여야 한다는 논의가 있다.

2. 위헌법률심판권

헌법재판소는 법원의 위헌심판제청에 의하여 법률에 대한 위헌심사를 할 수 있다(헌법 제111조 제1항 제1호). 법원은 계속중인 사건에 있어 법률의 내용에 위헌의 합리적인 의심이 있는 경우에는 헌법재판소에 대하여 위헌법률심사를 제청할 수 있다. 이러한 의미에서 한국헌법은 '구체적 규범통제' 제도를 채택하고 있다고 할 것이다.

그런데 미국식의 사법심사제도 하에서는 법원이 위헌법률심판에 소극적이어서 위헌법률심판권은 거의 작동하지 않았다. 이러한 문제를 해결하기 위하여 헌법재판소법 제68조 제2항은 법원이 위헌법률심판제청을 하지 아니하더라도 당해 소송의 당사자가 헌법재판소에 헌법소원의 형식으로 구체적 규범통제를 신청할 수 있도록 하고 있다. 이 절차는 효과적으로 기능하여 이러한 유형의 헌법소원 사건 수는 상당히 많으며(법원에 의한 위헌법률심판제청사건 수의 약 3배), 그 중 약 15%의 인용결정이 내려졌다.

헌법재판소는 법률 조항에 대하여 합헌 또는 위헌의 결정을 할 수 있고, 변형결정으로서 헌법불합치, 한정위헌 또는 한정합헌 결정을 내릴 수 있다.

3. 헌법상 기본권 보장을 위한 특별한 절차

헌법소원심판제도는 공권력에 의하여 헌법상 보장된 국민의 기본권이 침해된 경우 이를 구제하는 제도이다(헌법 제111조 제1항 제5호, 헌법재판소법 제68조 제1항).

헌법소원심판을 청구하기 위해서는 청구인의 헌법상 보장된 기본권이 법원의 재판을 제외한 공권력의 행사 또는 불행사로 인하여 직접, 그리고 현재 침해받고 있어야 한다.

국회의 입법권 또한 공권력에 속하므로 법률이 기본권을 직접 침해하는 경우에는 역시 헌법소원의 대상이 된다.

헌법소원심판에서 위헌결정이나 인용결정에 이르기 위해서는 재판관 6인 이상의 찬성을 요한다.

4. 공권력 주체간의 권한 배분에 관한 다툼

(1) 권한쟁의심판

헌법재판소는 국가기관 상호간, 국가기관과 지방자치단체 및 지방자치단체 상호간의 권한쟁의에 관한 심판권을 갖는다(헌법 제111조 제1항 제4호, 헌법재판소법 제61조 제1항).

서울특별시와 정부 간의 권한쟁의사건(2009. 5. 28. 2006헌라6, 판례집 21-1(하), 418)

구 지방자치법 제158조 본문은 "행정자치부 장관…은 지방자치단체의 자치사무에 관하여 보고를 받아 서류·장부 또는 회계를 감사할 수 있다"고 하고, 동조 단서는 "이 경우 감사는 법령위반사항에 한하여 실시한다"고 규정하였다. 이 규정에 대하여 헌법재판소는 동 단서 규정의 감사권은 사전적·일반적인 포괄감사권이 아니라 그 대상과 범위가 한정적인 제한된 감사권이라고 해석하여야 한다고 하였다. 본 사건에서 문제된 행정안전부 장관 등이 감사실시를 통보한 사무는 서울특별시의 거의 모든 자치사무를 감사대상으로 하므로 사실상 피감사대상이 특정되지 않고, 구체적으로 어느 자치사무가 어느 법령에 위반하는가를 명확히 하지 않은바, 행정안전부 장관 등의 합동감사는 헌법 및 지방자치법에 의하여 부여된 서울특별시의 지방자치권을 침해하고 있는 것이라고 판시하였다.

⑵ 권한쟁의심판의 절차 및 효과

권한쟁의심판은 '국가기관 또는 지방자치단체'만이 이를 청구할 수 있다.

권한쟁의심판의 청구는 피청구인의 처분 또는 부작위가 헌법 또는 법률에 의하여 부여받은 청구인의 권한을 침해하였거나 침해할 현저한 위험이 있는 때에 한하여 청구할 수 있다(헌법재판소법 제61조 제 2 항).

⑶ 국가기관간의 권한쟁의심판

헌법재판소법 제62조 제 1 항 제 1 호는 국회, 정부, 법원 및 중앙선거관리위원회가 권한쟁의심판의 당사자가 된다고 규정하고 있다.

이에 관하여 헌법재판소는 권한쟁의심판에서의 소송당사자의 범위를 확대할 필요성을 인정하여 국회의장뿐 아니라 국회의원 개인의 당사자능력을 인정하였다(1997. 7. 16. 96헌라2, 판례집 9-2, 154).

국회의 표결을 둘러싼 국회의원과 국회의장 등의 권한쟁의사건
(2009. 10. 29. 2009헌라8 · 9 · 10(병합), 판례집 21-1(하), 14)

헌법재판소는 '신문 등의 자유와 기능보장에 관한 법률의 전부개

정법률안'의 가결선포행위에 관하여, 해당 법률안의 표결과정에서 질의·토론절차상의 위법이 있고, 이것이 국회의원의 심의·표결권을 침해한 것은 인정되나, 이러한 절차상의 위법이 있었다고 하여도 해당 가결선포행위 그 자체가 무효로 되는 것은 아니라는 이유로 가결선포행위에 대한 무효확인청구를 기각하였다.

5. 민주적 절차 규율의 보장

(1) 위헌정당해산심판권

헌법재판소는 정당해산심판권을 갖는다. 정당의 목적이나 활동이 민주적 기본질서에 위배되는 경우, 정부는 국무회의의 심의를 거쳐 헌법재판소에 그 해산을 제소할 수 있다(헌법 제8조 제4항·제111조 제1항 제3호, 헌법재판소법 제55조).

(2) 선거소송

한국 헌법재판소는 선거소송에 관한 심판권을 갖지 아니한다. 대통령 선거나 국회의원 선거의 경우, 대법원이 선거소송의 심판권을 갖는다.

그러나 선거는 헌법상 주요기관에 대하여 공권력을 부여하는 민주적 절차이므로, 헌법재판소가 선거소송의 심판권을 갖는 것이 보다 바람직하다는 견해가 있다.

6. 일정 고위공무원에 대한 탄핵심판권

헌법 제111조 제1항 제2호 및 헌법재판소법 제48조는 대통령, 국무총리, 국무위원, 행정 각부의 장, 헌법재판소 재판관, 법관, 기타 법률이 정하는 공무원이 그 직무집행에 있어서 헌법이나 법률을 위반한 때에는 국회가 탄핵소추를 의결할 수 있다고 규정하고 있다.

헌법재판소법 제53조 제1항은 탄핵심판청구가 이유 있다고 인정하는 경우에 헌법재판소는 피청구인을 해당 공직에서 파면하는 결정을 선고한다. 참고로 한국 헌법재판소에 제기된 탄핵심판청구 사건은 하나이며, 대통령의 탄핵심판에 관한 것이었다.

당시 대통령에 대한 탄핵심판사건에서, 국회는 당시 노무현 대통령에 대한 탄핵소추안을 가결하였다. 그러나 헌법재판소는 대통령이 헌법과 법률을 위반하는 행위를 한 사실은 인정하였으나, 그 행위에 탄핵결정을 가져올 만큼 헌법질서에 역행하는 적극적인 의사는 인정할 수 없으므로, 대통령에 대한 파면결정을 정당화할 이유는 존재하지 않는다는 이유로 이 탄핵심판청구를 기각하였다. 이 사건은 헌법재판소가 비교적 짧은 기간 내에 헌법적으로 하자가 없는 방법으로 대립과 갈등을 해결한 획기적인 사건으로 기록될 것이다.

7. 법률해석문제에 관한 자문의견 제출권

헌법재판소는 헌법해석문제에 관하여 자문의견을 낼 권한을 갖지 아니한다.

8. 헌법재판소 권한의 중요도

헌법재판소 권한을 중요도의 순으로 나열하면, 위헌법률심사, 헌법소원, 권한쟁의, 탄핵사건 순일 것이다. 지난 22년 간 헌법재판소에 청구된 총 19,666건 중에서 607건의 위헌결정이 내려졌다.

四. 헌법재판소 결정의 기속력

1. 입법부에 대한 기속력

(1) 주문과 이유

위헌결정을 선언한 헌법재판소 결정의 주문이 기속력을 가지는 것에는 의문의 여지가 없다. 그러나 이론과 헌법재판소의 선례에 따르면, 결정 이유 또한 기속력을 가지는가, 입법부는 위헌 결정에 예외 없이 따라야 하는가를 명확히 하고 있지 않아 논의의 대상이 되고 있다.

이는 입법자가 위헌으로 결정된 법률과 동일하거나 실질적으로 유사한 법률을 제정한 경우, 즉 이른바 반복 입법이 발생한 경우 문제된다.

헌법재판소의 결정에 비추어 보면 헌법재판소의 기본적 입장은 문제해결에 있어서는 특별한 차이가 없다고 할 수 있지만, 다음과 같은 두 가지의 해석이 가능할 것이다. 하나는 국회에 대한 기속력을 한정적 의미로 해석하여 동일 또는 유사한 입법의 반복에 합리적인 정당화 사유가 있으면 이를 인정하는 것이다. 다른 하나는 국회에 대한 기속력을 인정하지 않지만 입법부에 대하여 반복 입법의 제한 없는 자유를 인정하는 것이 아니라, 반복 입법에 대한 합리적인 정당화 사유가 있는 경우에 한하여 반복하여 그러한 입법을 할 권한을 허용한다는 해석이다.

(2) 입법권의 존중이라는 측면에서의 헌법불합치 결정

헌법재판소는 위헌결정을 할 때, 결정이유에서 입법부에 대한 가이드라인을 제시할 수 있다. 이 가이드라인은 직접 입법자를 기속하는 것은 아니다. 또한 헌법재판소는 입법권을 존중하는 의미에서 법률의 어떤 부분이 위헌이라고 하여도 해당 법률의 위헌상태를 시정하도록 기한을 두어 헌법불합치 결정을 선고할 수 있다. 이러한 경우 그 기한이 종료되고 현행 법률이 그 기한 내에 개정되지 아니하면 그 법률은 자동적으로 효력을 상실한다.

헌법재판소는 22년간 135건의 사건에서 100개의 법률에 대하여 헌법불합치 결정을 내렸다. 그러나 7 개의 법률은 시정기한이 만료한 후에도 개정되지 아니한 채로 남아 있다(2010년 9 월 30일 현재).

2. 법원에 대한 기속력

(1) 위헌으로 결정된 법률규정의 효력

원칙적으로 위헌으로 결정된 법률 또는 법률의 해당 조항은 그 결정이 있은 날로부터 효력을 상실한다. 다만, 형벌과 관련된 법률 또는 법률조항은 소급하여 그 효력을 상실한다. 그런데 헌법재판소는 다음과 같은 경우에는 예외적으로 소급효가 적용된다고 하였다. 첫째, i) 구체적 규범통제의 실효성을 보장한다는 견지에서, 법원의 제청・헌법소원청구 등을 통하여 헌법재판소에 법률의 위헌결정을 위한 계기를 부여한 당해 사건, ii) 위헌결정이 있기 전에 이와 동종의 위헌 여부에 관하여 헌법재판소에 위헌법률심판제청을 하였거나 법원에 위헌법률심판제청신청을 한 경우의 당해 사건, 그리고 iii) 따로 위헌법률제청신청을 아니하였지만 당해 법률 또는 법률의 조항이 재판의 전제가 되어 법원에 계속중인 사건에 대하여는 소급효를 인정하여야 할 것이다. 둘째, 당사자의 권리구제를 위한 구체적 타당성의 요청이 현저한 반면에 소급효를 인정하여도 법적 안정성을 침해할 우려가 없고, 나아가 구법에 의하여 형성된 기득권자의 이득이 침해될 사안이 아닌 경우로서, 소급효의 부인이 오히려 정의와 평등 등 헌법적 이념에 현저히 반하는 때에도 소급효를 인정할 수 있다. 어떤 사안이 후자의 범위에 들어가는가에 관해서는 본래 규범통제를 담당하는 헌법재판소가 위헌선언을 하면서 직접 그 결정주문에서 밝혀야 할 것이나, 직접 밝힌 바가 없으면 그와 같은 경우에 해당하는지 여부는 법원이 구체적 사건에서 해당 법률의 연혁·성질·보호법익 등을 검토한 후 제반 이익을 형량하여 합리적·합목적적으로 정하여 대처할 수밖에 없을 것으로 본다.

(2) 변형결정의 효력에 관한 의견대립

헌법재판소는 헌법불합치결정, 한정합헌결정, 한정위헌결정과 같은 형태의 결정도 법률의 위헌결정에 포함된다고 하며, 이러한 유형의 결정은 헌법재판소법 제47조 제1항에 의하여 기속력을 갖는다고 하고 있다(1997. 12. 24. 96헌마172·173(병합), 판례집 9-2, 842).

그럼에도 불구하고 대법원은 한정합헌결정과 한정위헌결정은 단지 헌법재판소가 행한 법률해석의 하나라고 간주하여 법률의 해석과 적용은 법원의 배타적인 영역이므로 헌법재판소의 법률해석은 법원에 대한 기속력을 갖지 아니한다고 하였다(대법원 2001. 4. 27. 선고 95재다14).

결정례) 구 소득세법 사건

헌법재판소가 구 소득세법의 규정에 대하여 한정위헌결정을 내렸을 때(1995. 11. 30. 94헌바40, 95헌바13(병합), 판례집 7-2, 616), 대법원은 그러한 결정은 헌법재판소가 해당 법률규정을 어떻게 해석하여야 하는가에 관한 견해를 표명한 것에 불과하므로, 이러한 헌법재판소의 결정에 따르는 것을 거부한다고 하였다.

그러나 법원 판결의 취소를 구한 헌법소원 사건에서, 헌법재판소는 헌법재판소법 제68조 제1항을 '법원의 재판'에 헌법재판소가 위헌으로 결정한 법령을 적용함으로써 국민의 기본권을 침해한 재판도 포함되는 것으로 해석하는 한도 내에서 위헌이라고 판시하였다(1997. 12. 24. 96헌마172·173(병합), 판례집 9-2, 842). 이 사건에서 헌법재판소는 문제된 대법원의 판결을 취소하고, 조세행정당국이 부과한 과세처분도 취소한다고 판시하였다. 조세행정당국은 이러한 헌법재판소의 결정을 존중하여 징수를 하지 아니하였다.

3. 헌법재판소에 대한 기속력

헌법재판소는 동일하거나 유사한 법률규정이 문제된 경우 종전의 결정을 변경할 수 있다. 이러한 측면에서 보면, 헌법재판소 결정의 기속력은 헌법재판소 자체까지에는 미치지 않는다고 할 수 있다. 그러나 헌법재판소는 사정의 변경이나 다른 결정을 할 필요가 없는 경우에는 종전의 결정과 그 이유를 존중하여야 한다.

헌법재판소가 이미 판시한 헌법 또는 법률의 해석·적용에 관한 의견을 변경하는 경우에는 재판관 6인 이상의 찬성을 요한다(헌법재판소법 제23조). 지금까지 헌법재판소는 20회에 걸쳐 재판소의 결정을 변경한 바 있다.

4. 행정부에 대한 기속력

행정부는 헌법재판소의 결정을 존중하고 있으며, 아직까지 행정부에 대한 기속력이 문제되는 특별한 경우는 없었다.

五. 헌법재판소의 결정례

1. 자유권에 관한 판례

◇국가보안법에 의한 구속기간의 연장 사건(1992. 4. 14. 90헌마82, 판례집 4, 194, 206, 210)

헌법재판소는 국가보안법상의 범죄에 있어 수사를 계속함에 상당한 이유가 있는 경우 구속기간을 50일까지 연장할 수 있도록 한 국가보안법 제19조의 규정은 불필요한 장기의 것이고, 따라서 피의자의 신체의 자유, 무죄추정의 원칙 및 신속한 재판을 받을 권리를 침해한 것이라고 판시하였다.

◇수형자의 실외운동금지 사건(2004. 12. 16. 2002헌마478, 판례집 16-2(하), 548)

헌법재판소는 실외운동은 구금되어 있는 수형자의 신체적·정신적 건강 유지를 위한 최소한의 기본적 요청이므로 수형자에 대하여 일체의 운동을 금지하는 것은 필요 최소한의 정도를 넘어선 것으로 수형자의 헌법 제10조의 인간의 존엄과 가치 및 제12조의 신체의 자유를 침해하는 것이라고 판시하였다.

◇ 영화의 사전검열제도 사건(2001. 8. 30. 2000헌가9, 판례집 13-2, 134)

헌법재판소는 영상물등급위원회가 실시하는 영화의 등급보류제도는 헌법이 금지하는 사전검열에 해당하여 위헌이라고 판시하였다.

◇ 방송광고의 사전심의 사건(2008. 6. 26. 2005헌마506, 판례집 20-1(하), 397)

헌법재판소는 방송위원회로부터 위탁을 받은 한국광고자율심의기구로 하여금 텔레비전 방송광고의 사전심의를 담당하도록 한 것은 헌법이 금지하는 사전검열에 해당하여 위헌이라고 판시하였다.

◇ 군사기밀누설 사건(1992. 2. 25.89헌가104, 판례집 4, 64)

헌법재판소는 군사기밀의 범위는 국민의 표현의 자유 내지 알 권리의 대상영역을 최대한 넓혀 줄 수 있도록 필요 최소한에 그쳐야 한다고 하였다.

◇ 외교기관 인근 집회금지 사건(2003. 10. 30. 2000헌바67등, 판례집 15-2(하), 41, 58-59 등)

헌법재판소는 '외교기관'의 경계지점으로부터 100미터 이내의 장소에서는 옥외집회 또는 시위를 할 수 없도록 규정한 집회 및 시위에 관한 법률 제11조 제1항은 입법목적을 달성하기에 필요한 범위를 넘는 과도한 제한으로 최소침해의 원칙을 위반한 것이라고 판시하였다.

◇ 야간옥외집회금지 사건(2009. 9. 24. 2008헌가25, 판례집 21-2(하), 427)

집회 및 시위에 관한 법률 제10조 본문은 일출 전 또는 일몰 후의 옥외집회(이하 "야간옥외집회"라 한다)를 원칙적으로 금지하고, 동조 단서는 일정한 경우에 관할경찰서장이 야간옥외집회를 허가한다고 규정하였다. 이 규정에 관한 위헌법률심판에서 헌법재판소는 관할경찰서장의 허가를 규정한 단서조항은 본문에 의한 제한을 완화하는 것으로서 옥외집회에 대한 사전허가로는 볼 수 없고, 따라서 위 단서의 존재와는 관계 없이 이 규정은 헌법 제21조 제 2 항이 정하는 '사전허가금지'에는 위반하지 않으나, 다만 이 규정에 의하여 집회를 금지하고 있는 시간대가 지나치게 광범위하여 침해최소성의 원칙에 반하고, 법익균형성도 갖추지 않았다는 이유로 동 규정은 헌법에 합치하지 아니한다고 판시하여 1994년의 합헌결정을 변경하였다(단순위헌 5 인, 헌법불합치 2 인, 합헌 2 인).

◇ 법인양벌규정 사건(2009. 7. 30. 2008헌가10, 판례집 21-1(상), 64)

헌법재판소는 법인이 고용하고 있는 종업원 등이 범죄를 저지른 경우, 법인에게 종업원 등의 범죄행위의 책임을 물을 수 있는가의 여부를 전혀 묻지 아니하고 바로 그 법인도 벌금형에 처한다고 규정하고 있는 청소년보호법의 양벌규정에 대하여, 오늘날 법인의 반사회적인 법익침해활동에 대하여 법인 그 자체에 직접 제재를 가할 필요가 높다고 하여도 입법자가 일단 형벌이라는 수단을 선택한 이상 형벌에 관한 헌법상의 원칙, 즉 법치주의와 죄형법정주의로부터 도출되는 책임주의의 원칙이 준수되어야 한다고 하여 동 규정은 헌법에 위반한다고 판시하였다.

◇ 미결구금일수의 산입 사건(2009. 6. 25. 2007헌바25, 판례집 21-1(하), 784)

형법 제57조 제1항은 미결구금일수는 형기에 산입하되 그 범위는 재판관의 재량에 맡기고 있다. 헌법재판소는 미결구금일수의 일부만을 본형에 산입하는 것은 신체의 자유에 대한 침해이고, 피고인의 상소에 대한 의사를 위축시켜 상소의 남용방지라는 목적을 위한 적절한 수단이라고 할 수 없어 피고인의 재판청구권이나 상소권의 행사를 저해한다고 하였다. 또한 구속피고인이 고의로 재판을 지연하는 등 부당한 소송행위를 하였다고 하여도 그 때문에 미결구금기간의 일부를 산입하지 않는 것은 소송상의 태도에 대하여 형벌상의 제재를 가하는 것으로, 이는 적법절차의 원칙 및 무죄추정의 원칙에 반하여 위헌이라고 판시하였다.

◇ 한나라당 대통령후보 이명박의 주가조작 등 범죄혐의의 진상규명을 위한 특별검사의 임명 등에 관한 법률 사건(2008. 1. 10. 2007헌마1468, 판례집 20-1(상), 1)

헌법재판소는 특정인을 수사대상으로 하는 법률이라고 하여도 반드시 위헌이 되는 것은 아니며, 합리적 이유가 있으면 정당화된다고 하였다. 즉 특검의 인정, 특정 사건에 대한 특검의 수사 실시, 수사대상의 범위 등은 국민의 대표자인 국회가 모든 사정을 고려하여 정하는 것으로 국회의 폭넓은 재량이 인정된다고 판시하였다. 다만, 동법이 규정하는 '참고인 동행명령제'에 대해서는 영장주의에 반할 뿐 아니라 동행에 응하지 않으면 벌금을 과하는 경우 신체의 자유 등의 기본권을 침해할 수 있으므로, 이 참고인 동행명령제의 규정에 한하여 위헌이라고 판시하였다.

◇간통죄 사건(2008. 10. 30. 2007헌가17등, 판례집 20-2(상), 696)

헌법재판소는 이 사건에서 비록 재판관 5 인의 위헌의견과 재판관 4 인의 합헌 의견으로 나뉘어져 위헌의견이 다수이기는 하나 법률의 위헌선언에 필요한 정족수 6 인에 미달하므로, 배우자 있는 자의 간통행위 및 상간행위를 처벌하는 형법 제241조가 헌법에 위반되지 않는다는 선언을 하기로 결정하였다.

헌법재판소는 이 사건 법률조항은 혼인관계를 보호하고 사회질서를 유지하기 위하여 간통 및 상간 행위를 제재하는 것으로 정당한 입법목적 달성을 위한 적절한 수단이며, 다만 '형벌'의 제재규정이 지나친 것인지 문제되나 이는 기본적으로 입법형성의 자유에 속하며, 간통이 사회질서를 해치고 타인의 권리를 침해한다고 보는 우리의 법의식 및 간통의 사전예방 필요성에 비추어 볼 때, 간통을 형사처벌하기로 한 입법자의 판단이 자의적인 것이라 할 수 없다고 설시하였다. 또한 헌법재판소는 이 사건 법률조항이 과잉금지 원칙을 위반하여 개인의 성적 자기결정권, 사생활의 비밀과 자유를 침해한다고 보기 어렵고, 법정형으로 징역형만을 규정하고 있으나 지나치게 과중한 형벌을 규정하고 있다고 보기 어렵다고 설시하였다.

한편 재판관 5 인의 반대의견 중 재판관 3 인은 이 사건 법률조항은 과잉금지 원칙에 위반하여 개인의 성적 자기결정권과 사생활의 비밀과 자유를 제한하는 것이므로 위헌이라고 하였고, 재판관 1 인은 이 사건 법률조항이 법치국가적 한계를 넘어 국가형벌권을 행사한 것으로 헌법에 합치되지 않는다는 헌법불합치 의견을 개진하였으며, 재판관 1인은 이 사건 법률조항이 책임과 형벌 간 비례의 원칙에 위반된다는 위헌의견을 제시하였다.

◇ 혼인빙자간음죄 사건(2009. 11. 26. 2008헌바25, 2009헌바191(병합), 판례집 21-1(하), 520)

헌법재판소는 2002년 7 대 2 로 합헌결정을 내린 이후 7 년 만에 6 인의 위헌, 3 인의 합헌으로 입장을 변경하였다. '혼인을 빙자하거나 기타 위계에 의하여 음행의 상습 없는 부녀를 기망하여 간음한 자'를 형벌에 처하는 혼인빙자간음죄에 대하여, 헌법재판소는 개인의 성행위는 사생활의 내밀한 영역에 속하고, 국가의 개입은 최소한에 그쳐야 한다고 선언하였다. 따라서 동 조항은 남성의 성적 자기결정권과 사생활의 자유를 침해하고, 남녀평등에도 반할 뿐 아니라 여성을 보호한다는 미명 하에 여성의 성적 자기결정권도 부인하고 있다고 보아 위헌이라고 판시하였다.

◇ 사형제 사건(2010. 2. 25. 2008헌가23, 판례집 22-1(상), 36)

헌법재판소는 재판관 5(합헌): 4(위헌)의 의견으로 사형제도가 헌법에 위반되지 아니한다고 결정하였다. 먼저 사형제도는 현행 헌법상 그 금지나 허용이 직접적으로 규정되어 있지는 않지만, 다른 헌법조항과 관련하여 볼 때 문언의 해석상 간접적으로 인정되는 것으로 보아야 한다고 설시하였다. 또한 비록 생명이 이념적으로 절대적인 가치를 지닌 것이라 하더라도 헌법은 절대적 기본권을 명문으로 인정하지 않고 있을 뿐 아니라, 헌법 제37조 제 2 항에서는 국민의 모든 자유와 권리는 국가안전보장, 질서유지, 공공복리를 위하여 필요한 경우 법률로써 제한될 수 있도록 규정하고 있는바, 최소한 동등한 가치가 있는 다른 생명 또는 그에 못지 않은 공공의 이익을 보호하기 위해 불가피한 경우에는 생명권 역시 헌법 제37조 제 2 항에 의한 일반적 법률유보의 대상이 될 수 있다고 보았다. 따라서 사형이

극악한 범죄에 한정적으로 선고되는 한 사형제도 자체는 입법목적의 정당성, 수단의 적합성, 피해의 최소성, 법익의 균형성 등을 모두 갖추었으므로 생명권 제한에 있어서 헌법상 비례원칙에 위배되지 않으며, 인간의 존엄과 가치를 규정한 헌법 제10조에도 위배되지 않는다고 판시하였다.

◇ 인터넷상의 선거운동에 있어 실명확인 사건(2010. 2. 25. 2008헌마324, 2009헌바31(병합), 판례집 22-1(상), 347)

헌법재판소는 인터넷 언론사에 대하여 선거운동기간중 해당 인터넷 홈페이지의 게시판·대화방 등에 정당·후보자에 대한 지지·반대의 글을 게시할 수 있도록 하는 경우, 실명인증의 기술적 조치를 할 의무 및 위와 같은 글이 "실명인증"의 표시가 없이 게시된 경우 이를 삭제할 의무를 부과한 구 공직선거법 제82조의6 제1항, 제6항, 제7항에 대하여 재판관 7(합헌): 2(위헌)의 의견으로 헌법에 위반되지 아니한다고 결정하였다.

◇ 생명윤리법상 배아에 관한 사건(2010. 5. 27. 2005헌마346, 판례집 22-1(상), 275)

인공수정을 시도하여 배아를 생성한 부부와 산부인과 의사, 법학자, 윤리학자, 생성된 초기배아 등이 배아를 생명으로 간주하지 않고 실험 및 폐기대상으로 삼도록 한 생명윤리 및 안전에 관한 법률 제13조 제1항 등이 헌법에 위반된다며 낸 헌법소원에 대하여, 헌법재판소는 재판관 전원일치 의견으로 합헌 결정을 내렸다. 먼저 수정 후 착상이 되기 전 배아가 인간으로 발전할 잠재성을 갖고 있다고 볼 여지가 있으나, 현재의 자연과학적 인식수준과 과학기술 수준에서 볼 때 독립적인 인간으로서의 성장가능성을 기대하기 힘들고, 이러한 초기배아가 인간으로 인식된다거나 그와 같이 취급하여야 할 사회적 승인이 존재한다고 보기 어렵다는 점 등을 고려해 볼 때, 초기배아의 기본권 주체성을 인정하기 어렵다고 판단하였다. 또한 배아생성자와 관련하여서는 배아에 대해 자신의 유전자 정보가 담긴 신체의 일부를 제공하고 그 배아가 모체에 착상하여 인간으로 출생할 경우 생물학적 부모로서의 지위를 갖게 되므로, 배아의 관리 또는 처분에 대해 헌법상 인정되는 자기결정권을 가진다고 보았다. 그러나 이러한 자기결정권은 배아의 법적 보호라는 헌법적 가치에 명백히 반할 경우 그 제한의 필요성이 상대적으로 큰 기본권이라 할 수 있으며, 따라서 헌법재판소는 배아를 5년간 보존한 후 폐기하도록 규정한 심판대상조항은 그 입법목적이 정당하고, 방법의 적정성이 인정되며, 피해의 최소성에 반하거나 법익의 균형성을 잃었다고 볼 수 없다고 판시하였다.

2. 사회권에 관한 판례

사회보장을 받을 권리

입법부는 사회보장을 받을 권리와 같은 기본적 사회권에 관하여, 법률을 제정함에 있어 광범위한 입법형성권을 갖는다. 입법부는 모든 사회·경제적 상황을 고려하여 합리적인 기준 하에서 입법적인 결정을 할 수 있다. 이러한 입법적 결정은 그것이 최소한으로 필요한 기본적 사회권의 보장 범위를 일탈하지 않는 한 헌법에 위반된다고 할 수 없다(2001. 9. 27. 2000헌마342, 판례집 13-2, 422, 433).

◇ 부부자산소득 합산과세제도 사건(2002. 8. 29. 2001헌바82, 판례집 14-2, 170)

헌법재판소는 소득세를 계산함에 있어 부부의 자산소득을 합산하도록 규정한 소득세법 제61조는 혼인한 부부에 대한 차별로 헌법에 위반된다고 판시하였다.

◇ 종합부동산세법 사건(2008. 11. 13. 2006헌바112, 2007헌바71 · 88 · 94, 2008헌바3 · 62, 2008헌가12(병합), 판례집 20-2(하), 1)

헌법재판소는 부동산의 가격안정 등의 입법목적의 정당성, 종합부동산세의 성질과 부담의 정도 등에 대하여 입법재량을 일탈한 것이라고는 할 수 없다고 하였다. 그러나 주택분의 종합부동산세의 부과규정에 대해서는 주택의 보유에 관한 사정을 고려하지 않고 고율인 누진세율을 적용하여 다액의 종합부동산세를 부과하는 것으로 그 입법목적의 달성에 필요한 정책수단의 범위를 넘어 주택보유자의 재산권에 대한 과도한 제한으로 보았다. 또한 종합부동산세의 과세방법을 '인별 합산'이 아니라 '세대별 합산'으로 규정한 종합부동산세법은 혼인한 자 또는 가족과 함께 세대를 구성하는 자를 개인별로 과세하는 독신자, 사실혼 관계의 부부, 세대원이 아닌 주택 등의 소유자 등에 비하여 불리하게 차별하여 취급하고 있어 혼인과 가족생활에 있어서의 개인의 존엄과 양성의 평등을 규정하는 헌법 제36조 제1항에 위반한다고 하여 헌법불합치 결정을 내렸다.

3. 기타 기본권에 관한 판례

◇ 신행정수도의 건설을 위한 특별조치법 사건(2004. 10. 21. 2004헌마554 · 566(병합), 판례집 16-2(하), 1)

헌법재판소는 수도로서의 서울에 관하여, 헌법이 명시적으로 규정하고 있지 않지만 600년 이상 관습헌법으로서 유효하게 존재하고 있고, 한국의 헌법체계 확립 이래 가장 근본적이고 자명한 관습헌법규범의 하나로서 인식되어 왔다고 하였다. 이러한 관습헌법을 폐지하기 위해서는 헌법이 정하는 헌법 개정의 절차를 밟아야 하는바, 헌법 제130조에 의하면 헌법 개정은 반드시 국민투표를 거치도록 되어 있고, 국민은 헌법 개정에 있어 투표를 통하여 그 의견을 표명할 권리를 갖는다. 해당 법률의 경우 헌법개정사항인 수도의 이전에 관하여, 헌법 개정이 아닌 일반 법률의 형태를 취한 것은 헌법 개정에 있어 국민이 갖는 참정권적 기본권인 국민투표권을 침해한 것으로 이는 헌법에 위반된다고 판시하였다.

4. 여성이나 소수자에 대한 평등원칙에 관한 판례

◇ 동성동본금혼제도 사건(1997. 7. 16. 95헌가6등, 판례집 9-2, 1, 17-18)

헌법재판소는 동성동본인 자의 혼인을 금지하는 민법 제809조의 규정은 사회적 타당성 내지 합리성을 상실하고 있을 뿐 아니라 "인간으로서의 존엄과 가치 및 행복추구권"을 규정한 헌법이념 및 "개인의 존엄과 양성의 평등"에 기초한 혼인과 가족생활의 성립 · 유지라는 헌법규정에 정면으로 배치된다고 판시하였다. 또한 혼인금지의 범위가 같은 성, 즉 부계 혈통의 성씨를 계승한 자간의 혼인을 의미하므로 이는 합리성을 결여한 성별에 있어서의 차별이며, 따라서 헌법상의 평등원칙에 위배된다고 하였다.

◇ 국적법 사건(2000. 8. 31. 97헌가12, 판례집 12-2, 167)

구 국적법은 국적취득에 있어 부계혈통주의를 채택하여 출생한 당시의 자녀의 국적을 부(父)의 국적에 따르는 것으로 하고, 모(母)의 국적에는 단지 보충적인 의미만을 부여하였다. 이에 따라 한국인 부와 외국인 모 사이의 자녀와 한국인 모와 외국인 부 사이의 자녀를 차별 취급하는 것은, 모가 한국인인 자녀와 그 모에게 불이익을 주게 되므로 헌법 제11조 제1항의 남녀평등원칙에 반한다고 판시하였다.

◇ 호주제 사건(2005. 2. 3. 2001헌가9등, 판례집 17-1, 1)

헌법재판소는 민법 제778조(일가의 계통을 계승한 자, 분가한 자, 또는 기타 사유로 인하여 일가를 창립하거나 부흥한 자는 호주가 된다)는 당사자의 의사와 자결권을 외면한 채 법률로 호주의 지위를 강요한다는 점에서 개인의 존엄에 반할 뿐만 아니라 호주 지위의 획득에 있어 남녀를 차별하고 있으며, 민법 제781조 제1항 본문 후단(자는 부가에 입적한다) 및 민법 제826조 제3항 본문(처는 부의 가에 입적한다)은 당사자의 의사와 자율적 선택권을 무시한 채 혼인 및 자녀에 관한 신분관계를 일방적으로 형성한다는 점에서 개인의 존엄에 반하고, 나아가 정당한 이유 없이 남녀를 차별하므로 헌법에 위반된다고 하여 잠정적용을 하기 위해 헌법불합치 결정을 선고하였다.

◇ 시각장애인 안마사 사건(2008. 10. 30. 2006헌마1098, 1116, 1117, 판례집 20-2(상), 1089)

헌법재판소는 시각장애인들에게만 안마사의 자격인정을 받을 수 있도록 한 규정은 시각장애인들의 생활수단을 보장하고 인간다운 생활을 할 권리를 실현하기 위한 것으로 입법목적의 정당성 등 비례의 원칙을 충족하고 있다고 판단하였다. 따라서 헌법재판소는 동 규정은 직업선택의 자유를 침해하였다고 할 수 없고, 헌법 제37조 제 2 항에서 말하는 기본권 제한입법의 헌법적 허용범위 내에 있다고 하였다.

◇ 교통사고처리특례법 사건(2009. 2. 26. 2005헌마764, 2008헌마118(병합), 판례집 21-1(상), 156)

헌법재판소는 교통사고처리특례법에 대하여 합헌결정을 내렸던 입장을 변경하여 동법 제 4 조 제 1 항 본문 중 업무상 과실 또는 중과실로 인한 교통사고로 피해자가 '중상해'를 입은 경우에도 공소제기를 할 수 없다고 규정한 부분은 피해자의 재판절차 진술권을 침해하는 것이라고 하였다. 또한 동법 제 3 조 제 2 항 단서에 해당하지 아니하는 교통사고에 의하여 중상해를 입은 피해자와 동 단서 조항에 해당하는 교통사고의 중상해 피해자 및 사망사고의 피해자 사이의 차별문제에 관하여, 헌법재판소는 동법 제 3 조 제 2 항 단서에 해당하지 않는 교통사고로 인하여 중상해를 입은 피해자는 자신에게 발생한 교통사고의 유형이 단서조항에 해당하지 않는다는 우연한 사정에 의하여 재판절차진술권을 행사할 수 없게 된다는 점, 그리고 피해자가 사망한 경우와는 달리 중상해를 입은 경우에는 가해운전자를 기소하지 아니하게 되는데, 중상해라는 결과의 불법성이 사망사고의 경우보다 작다고는 할 수 없으므로 이는 합리적인 이유 없는 차별로 동법 제 4 조 제 1 항 본문 중 업무상 과실 또는 중과실로 인한 교통사고에 의하여 피해자가 중상해에 이른 경우에 공소를 제기할 수 없다고 정한 부분은 평등권을 침해하여 헌법에 위반된다고 판시하였다.

5. 중앙정부, 국가 또는 지방자치단체 간의 균형에 관한 기본적 접근

◇ 지방자치제도의 헌법적 보장(1998. 4. 30. 96헌바62, 판례집 10-1, 380)

헌법재판소는 헌법상 지방자치제도는 국민주권의 원리에서 출발하는 것으로, 이러한 지방자치의 본질적 내용인 핵심영역은 입법 기타 중앙정부의 침해로부터 보호되어야 한다는 것을 의미한다. 따라서 중앙정부와 지방자치단체 간의 권력의 수직적 배분은 서로 조화가 요청되고, 그 조화과정에서 지방자치의 핵심영역은 침해되어서는 안 되는 것이라고 판시하였다.

六. 결 론

헌법위원회나 미국식 사법심사제도와 같이 수동적이거나 단순히 장식적 역할에 지나지 않았던 헌법재판의 형태를 거쳐 대한민국은 1988년 마침내 헌법재판소를 설립하였다. 과거 헌법재판을 담당하였던 기구들과는 달리 헌법재판소는 헌법적 쟁점을 판단함에 있어 헌법을 수호하고 국민의 기본권을 보호하기 위한 마지막 보루로서 능동적이고 성공적으로 그 역할을 수행하고 있다.

헌법재판소는 22년이라는 비교적 짧은 역사에도 불구하고 헌법재판기관으로서, 그리고 헌법기관 그 자체로 굳건히 자리매김하였다. 헌법재판소는 법조인, 학자, 국민들로부터 폭넓은 지지와 긍정적 평가를 받으면서 기본권의 마지막 수호자로서 뿌리내리게 되었다.

예를 들면 신문의 여론조사에서 헌법재판소는 매년 가장 신뢰받는 정부기관으로 선정되고 있다. 또한 이제 헌법재판소는 해외로 그 활동영역을 넓혀 2010년 7월 인도네시아의 자카르타 선언을 통하여 정식 발족하여 2011년 5월 한국에서 창립총회 준비 이사국 회의 개최가 예정되어 있는 '아시아헌법재판소연합'에서 리더십을 발휘하고 있으며, 현재 필자는 그 연합의 설립준비위원회 의장을 역임하고 있다.

그러나 아직 헌법재판소가 넘어야 할 과제도 남아 있다. 그 권한과 재판에 관하여 선거소송심판권이나 법률에 대한 추상적 규범통제권, 그리고 법원의 판결에 대한 헌법소원 심판권을 가지고 있지 않는 점, 그리고 재판관 후보자의 지명과 재판관의 임명 및 그 임기에 관한 문제를 들 수 있다. 이러한 과제를 해결하기 위하여 헌법재판소는 이러한 문제들을 깊이 연구하고 필요한 개선책들을 모색하여야 할 것이다.

모든 국민의 지지와 신념을 수호하면서 헌법재판소는 헌법재판을 통하여 사회 전체에 있어 인간의 존엄과 가치에 근거한 헌법적 가치를 확산시켜야 할 것이다. 그렇게 함으로써 헌법은 사람들의 삶의 기본적 조건을 규정하는 살아 있는 규범이 될 것이다. 또한 이를 통해 비로소 헌재가 뿌리내리고 국민들의 신뢰와 애정을 얻을 수 있으며, 인간의 존엄과 가치, 자유, 평등의 풍요로운 헌법적 결실을 맺을 수 있을 것이다.

[참 조]

심판사건누계표

1988. 9. 1.~2010. 9. 30. 현재

구 분	접수	처리												미제
		합계	결정										취하	
			계	위헌	헌법불합치	한정위헌	한정합헌	인용	합헌	기각	각하	기타		
합 계	19,665	19,001	18,378 〈437〉	392 〈269〉	135 〈100〉	52 〈39〉	28 〈29〉	345	1,368	5,972	10,080 (8,631)	6	623	664
위헌법률	715	653	545 〈226〉	179 〈166〉	51 〈37〉	15 〈9〉	7 〈14〉		252		41		108	62
탄 핵	1	1	1							1				
정당해산														
권한쟁의	70	58	47					14		12	21		11	12
헌법소원 계	18,879	18,289	17,785 〈211〉	213 〈103〉	84 〈63〉	37 〈30〉	21 〈15〉	331	1,116	5,959	10,018 (8,631)	6	504	590
헌법소원 §68①	16,144	15,804	15,358 〈94〉	62 〈52〉	31 〈33〉	11 〈9〉		331	4	5,959	8,955 (7,750)	5	446	340
헌법소원 §68②	2,735	2,485	2,427 〈117〉	151 〈51〉	53 〈30〉	26 〈21〉	21 〈15〉		1,112		1,063 (881)	1	58	250

* 주: 1. '결정' 란의 〈 〉는 심판대상이 된 법률조문의 수이다.
2. 헌법소원심판 사건 중 지정재판부의 처리 건수는 ( )의 안에 기재하고, 본란의 수에는 합계를 표기하였다.
3. 법령에 대한 제68조 제1항의 헌법소원심판 사건이 인용된 경우, 그 내용에 따라 위헌, 헌법불합치, 한정위헌 등으로 분류하였다.

[별지 3]

곁에서 지켜본 이동흡 헌재 재판관의 중국 특강

장 세 정*

솔직히 처음엔 큰 기대를 하지 않았다. 대한민국에서 속칭 잘 나간다는 고위층 인사들이 중국인들을 모아 놓고 폼 한 번 잡고 사진찍고 가려는 행사이겠거니 했다. 2007년 1월부터 중앙일보 베이징(北京) 특파원으로 일해 오면서 그렇고 그런 특별하지 않은 특강들을 무수히 봐 왔기 때문이다. 그래서 기대보다는 솔직히 경계심과 혹시나 하는 생각을 갖고 인민대학 법학원을 찾았다. "한국 민주주의 발전과 헌법재판소의 공헌"을 주제로 한 이동흡(59) 헌법재판소 재판관의 특강을 듣기 위해서였다.

2010년 10월 25일 오후 3시, 베이징대·정법대·국가행정학원에 소속된 중국의 내로라 하는 헌법 전문가들과 인민대 법학원의 교수 및 학생 100여 명이 모여들었다. 중국에는 헌법재판소가 없기 때문인지 중국 학자와 학생들은 한국의 헌재에 호기심어린 눈빛이 충만했다.

---

* 중앙일보 베이징 특파원.

한다위안(韓大元) 인민대 법학원장의 소개로 이 재판관이 이윽고 연단에 올랐다. 그가 “여러분 안녕하세요”라는 인사말을 중국어, 즉 “다쟈(大家) 하오(好)”라고 하자 장내에선 박수로 환영했다. 중국어로 한 두마디 인사를 준비해 왔으니 그래도 최소한 성의를 갖고 있는 분이라고 필자는 속으로 생각했다. 통상 한국 고위층 인사들은 한 두마디 서툰 중국어로 인사말을 건네고는 곧바로 통역을 쓰는 게 오랜 관행이다.

그런데 이 재판관은 간단한 인사말 뒤에도 통역을 부르지도 않고 연단에서 계속 중국어로 말을 이어 가기 시작했다. 물론 100점짜리 완벽한 중국어는 아니었다. 그러나 그는 최선을 다해 자신의 의사를 한국어도 영어도 아닌 중국어로 표현하며, 중국인들과 조금이라도 가깝게 소통하려고 노력하는 모습이 역력했다. 현장에 몰려든 중국인들이 알아듣기에 무리가 없는 중국어 솜씨였다.

그의 인사말이 계속되자 장내는 잠시 술렁이기 시작했다. 20대 유학생도 아니고 이웃나라 한국에서 온 고위급 인사가 중국어로 자신의 생각을 표현하는 장면은 그 자체가 신선한 뉴스였기 때문이다. 한국에서 온 수많은 고위급 인사들의 특강을 취재한 경험이 있는 필자로서도 오늘 장면은 처음 접하는 신기한 것이었다.

인사말이 끝나자 이 재판관은 중국어로 준비된 특강을 시작했다. 필자가 세어 보니 20쪽 가량이나 되는 자료를 중국어로 준비해 왔던 것이다. 한국 헌법재판소의 역사와 기능뿐 아니라 논란이 됐던 주요 판례들을 꼼꼼히 담았다. 이 재판관은 헌재의 역사와 역할, 헌재와 대법원과의 관계, 헌재 결정의 기속력 등을 중국어로 찬찬히 설명했다. 수도 이전 위헌 판결, 노무현 전 대통령 탄핵 재판, 동성동본 결혼 금지 위헌 판결, 간통죄와 사형제 논란 등 헌재의 판례들을 소개해 청중들의 관심을 배가시켰다.

이 재판관을 수행한 전병관 부장판사뿐 아니라 중국의 학자들은 특강이 진행된 40여 분간 구수(鳩首) 회의를 하듯 집중하면서 이 재판관의 한 마디 한 마디를 경청했다. 장내 분위기는 열띤 학습장을 방불케 했다.

일반적으로 중국에서 1 시간짜리 특강은 강의 50분, 질의응답 10분으로 끝난다. 그런데 이 날 특강은 예상을 빗나갈 정도로 특이했다. 40여 분의 특강에 이어 질의응답은 장장 100분간 계속됐다. 질문이 쏟아지면서 주최측이 "시간 관계상 질문을 더 이상 받지 못한다"고 선언할 때까지 계속될 만큼 분위기가 뜨거웠다.

이수중(李樹忠) 중국 정법대 교수는 "헌재의 변형결정(한정위헌과 한정합헌)을 대법원이 받아들이지 않으면 어떻게 처리하느냐"며, 헌재와 대법원 관계를 궁금해 했다. 이 재판관은 "그런 논란이 있었지만 요즘엔 대법원이 헌재의 결정을 수용하고 있다"고 소개했다.

왕레이(王磊) 베이징대 교수가 "변호사만 헌재 재판관이 될 수 있는 이유가 무엇인가"라고 묻자, 이 재판관은 "헌재 재판의 수준을 높이기 위해 교수·외교관 등 전문가를 참여시켜 재판의 수준을 끌어올리는 방향으로 향후에 법 개정이 이뤄질 수도 있다"고 부연 설명했다.

인민대 박사 과정 재학생 왕안펑(王安鵬)은 "한국의 헌재는 정치세력의 간섭과 영향력을 어떻게 대응하느냐?"고 묻기도 했다.

이 날 특강을 들은 인민대 재학생 선린(沈琳)은 "성숙한 헌법기구인 헌재가 서구에만 있는 줄 알았는데, 한국에서 사회 민주화에도 기여한 사실이 흥미로웠다"고 소감을 밝혔다. 이 학생의 진솔한 소감 한 마디를 들어 봐도 이 재판관의 이 날 특강은 대성공이라고 평가할 수 있을 듯했다.

특강이 끝나고 인민대 캠퍼스 안에 있는 식당에서 조촐한 뒷풀이가 있었다. 한·중 헌법 분야 권위자들의 사적인 대화를 지켜볼 기회를 필자도 얻을 수 있었다. 양측은 한 사람씩 돌아가면서 소감을 발표하고 건배를 제의하는 화기애애한 분위기였다.

식사 자리가 파한 뒤 숙소로 돌아가는 길에 근처 맥주집에서 이 재판관과 전병관 부장판사, 그리고 이 날 자리를 함께 한 몇몇 한국인들과 못 다한 이야기를 나누었다. 이 자리에서 필자는 중국을 화두 삼아 이 재판관과 다양한 시각을 교환하는 뜻 깊은 시간을 가질 수 있었다.

대학 때 중문학을 전공했지만 아직도 양파 같은 중국을 깊이 있게 이해하지 못하고 있는 필자의 아둔한 중국 독법(讀法)을 이 재판관은 끝까지 경청해 주었다. 그 자리에서 말로 표현은 하지 않았지만, 넉넉한 미소 너머로 넉넉한 인품을 느끼기에 부족함이 없었다.

솔직히 필자는 이번 특강을 계기로 이 재판관을 처음 만났다. 사회부 법조 출입 기자로서 일하던 1994~95년쯤 법원의 문턱을 집 드나들 듯한 경험은 있지만, 이 재판관과 개인적으로 접촉한 기억은 없다. 그의 재판 이력이나 성향도 잘 모른다. 요즘 속칭 자주 거론되는 보수파인지 진보파인지도 모른다.

다만, 그의 행동을 보면서 진보든 보수든 그와 같은 자세로 공직에 임한다면, 국민의 한 사람으로서 꽤 든든할 거라는 느낌을 강하게 이번에 받았음을 고백한다.

이 날 필자는 맥주잔을 기울이면서 이 재판관이 중국어를 공부하게 된 계기를 들을 수 있었다. "몇 년 전 상하이(上海)를 여행하면서 중국의 발전상을 보면서 나도 중국어를 배워야겠다고 결심했다.

지금까지 6년 여간 공부하고 있다"고 소개했다. 그는 영어뿐 아니라 일본어도 유창하게 구사한다고 다른 경로를 통해 전해 들었다. 그럼에도 그가 아직도 배움을 갈구하는 모습에 절로 숙연함이 들었다. 필자 스스로를 채찍질할 수 있는 소중한 기회였다.

이 날 이 재판관은 중국어 공부를 하면서 익혔다며 당나라 시인 유종원(柳宗元)의 5언 절구(絕句) 『강설(江雪)』을 중국어로 즉석에서 낭송했다. 온 세상이 눈 속에 덮힌 가운데 차가운 강물에 낚싯대를 드리운 싯구 속의 주인공. 어쩌면 아직도 뭔가 배움을 낚아 올리려는 이 재판관을 닮았다는 느낌이 들었다.

千山鳥飛絕　첩첩 산 중에 새들은 이미 떠났고

萬徑人蹤滅　여러 갈래 길엔 인적도 끊기었네

孤舟蓑笠翁　외딴 배에 오른 도롱이 삿갓 쓴 이

獨釣寒江雪　눈 내리는 찬 강물에 홀로 낚싯대 드리우네

이 재판관의 이 시에 감흥이 생긴 필자는 눈(雪)이란 매개체로 공감을 표시했다. 그래서 서산대사(1520~1604)의 『답설야중거(踏雪野中去)』를 답시로 읊조렸다. 한국의 고위 지도급 인사로는 최초로 중국에서 중국어로 특강을 성공리에 마무리한 날. 남보다 앞서 눈 덮힌 길을 걸어가는 한 나그네의 모습이 문득 떠올랐기 때문이다. 그가 오늘 중국 땅에 남긴 발자국이 뒷사람들에게 이정표가 되길 진심으로 바란다.

踏雪野中去 눈 내린 들판을 걸어갈 때는

不須胡亂行 발걸음을 어지러이 하지 마오

今日我行跡 오늘 걷는 내 발자국

遂作後人程 뒷사람의 이정표가 되리니

〈특강을 마친 다음 장세정 중앙일보 베이징 지국장과 함께 기념촬영〉

이동흡 헌법재판소 재판관

◆ 생년월일 : 1951년 1월 27일

◆ 학력사항

서울대학교 법과대학 학사

서울대학교 대학원 민사법 석사

죠지타운대학교 대학원 [미국] 법학 석사

◆ 경력사항

제15회 사법시험 합격

사법연수원 제5기 수료

군법무관

부산지방법원 판사

서울고등법원 판사

대법원 재판연구관

대구지방법원 부장판사

헌법재판소 헌법연구부장 파견

사법연수원 교수

대법원 사법제도발전위원회 제2분과위 위원

인천지방법원 부천지원 지원장

서울고등법원 부장판사

서울고등법원 수석부장판사

서울가정법원 법원장

수원지방법원 법원장

사법제도개혁추진위원회 실무위원

헌법재판소 재판관

아시아 헌법재판소연합 창립 준비위원회 위원장

◆ 주요 저서

- 헌법소송, 사법연수원, 2001
- 주석 행정소송법(공저)
- 주석 민사소송법(공저)

Mr. LEE, DONG - HEUB

Justice of Constitutional Court of Korea

☐ Name : Dong–Heub LEE

☐ Date of Birth : January 27, 1951

☐ Marital Status : Married(Wife, 4 children)

☐ Education :

- Received an LL.B. and LL.M. from Judicial Graduate School, Seoul National University
- Received an LL.M. from Georgetown University(U.S.A.)

☐ Professional Career

Passed the 15th Judicial Examination

Judge, Busan District Court

Judge, Seoul High Court

Law Clerk, the Supreme Court

Presiding Judge, Daegue District Court

Chief of Constitution Research Officer, Constitutional Court

Professor, Judicial Research & Training Institute

Chief Judge, Bucheon Branch of Incheon District Court

Presiding Judge, Seoul High Court

Chief Presiding Judge, Seoul High Court

Chief Judge, Seoul Family Court

Chief Judge, Suwon District Court

Justice, Constitutional Court

Chairperson of Preparatory Committee for Association of Asian Constitutional Court

世界로 나아가는 韓國의 憲法裁判

2011년 1월 10일 초판인쇄
2011년 1월 20일 초판발행

저 자 李 東 洽
발행인 안 종 만
발행처 (株) 博 英 社
서울특별시 종로구 평동 13-31번지
전화 (733)6771 FAX (736)4818
등록 1959. 3. 11. 제300-1959-1호(倫)

저자와의 협의하에 인지첩부를 생략함

www.pakyoungsa.co.kr e-mail: pys@pakyoungsa.co.kr

정 가 30,000원 ISBN 978-89-6454-637-6